教育部哲学社会科学重大课题攻关项目

"中华传统美德的传承发展研究"(19JZD034)的成果之一

北京高校思想政治工作研究战略课题

"理工科院校专业课教师教书育人责任落实研究"（BJSZ2018ZL02）的最终成果

北京市社会科学基金重点项目

"中华优秀传统文化融入大学生理想信念教育研究"（20LLZZB045）的成果之一

理工科院校专业课教师教书育人责任落实研究

张红霞 于成文 等 著

人民出版社

目　录

导　言

随着综合国力的提升，我国在国际社会中的作用与影响不断凸显，中华民族迎来了从站起来、富起来到强起来的伟大飞跃。同时，我们也清晰认识到，建成社会主义现代化强国、实现中华民族伟大复兴需要大批德才兼备的科技人才作支撑。理工科院校是培养科技人才的重要基地。目前，我国理工科院校的理工类学科优势明显、实力雄厚、发展迅猛，在科技创新和人才培养等方面发挥着重要作用，为我国社会主义建设和发展作出了巨大贡献。但是，长期以来，理工科院校在人才培养中更注重自然科学素质的培养，轻视学生人文素养和思想道德品质的提升，造成育人"孤岛"现象。高等教育是凝聚人心、完善人格、开发人力、培育人才、福泽千秋的工程。培养德智体美劳全面发展的社会主义建设者和接班人，推进教育现代化、建设教育强国、办好人民满意的教育，也是我国理工科院校的责任与使命。为完成这一使命，作为理工科院校主要师资力量的专业课教师，也要认真落实好教书育人责任，在教学中坚持立德树人，既教好书，还育好人，扭转以往理工科院校重教书轻育人、重智育轻德育的状况，有效化解理工科院校育人"孤岛"困境，将思想政治教育贯彻到教育教学的全过程，实现全员育人、全方位育人、全过程育人，更好地培养社会主义合格建设者和可靠接班人。因此，理工科院校专业课教师教书育人责任落实研究具有重要的理论意义和实践意义。本书围绕"理工科院校专业课教师教书育人责任落实"这一主题展开系统研究，共分为七章。

第一章概述了理工科院校专业课教师教书育人责任落实的基本内涵和相关理论，包括对理工科院校专业课教师和教书育人责任落实基本内涵的阐释，以及对理工科院校专业课教师教书育人责任落实的特征和构成要素的分析。

第二章从培育建设社会主义现代化强国和实现中华民族伟大复兴的支撑力量、提高理工科院校人才培养能力和落实立德树人根本任务、实现大学生自由全面和谐发展三个方面，详细论述了理工科院校专业课教师教书育人责任落实的重要意义。

第三章全面分析了理工科院校专业课教师教书育人责任落实现状。本研究设计了《理工科院校专业课教师教书育人责任落实现状调查问卷》(理工科院校专业课教师版和理工科院校学生版)，采取线上线下多种形式，面向清华大学、北京理工大学、北京航空航天大学、北京科技大学等10所在京理工科院校以及中国石油大学（华东）、太原理工大学等5所京外理工科院校的专业课教师和在校大学生，共发出问卷5000份，收回有效问卷4181份，其中专业课教师有效问卷1629份、学生有效问卷2552份。通过对所得数据的分析，本研究总结了当前理工科院校专业课教师教书育人责任落实取得的成就，指出了存在的问题，并详细分析了问题的成因。

第四章研究了理工科院校专业课教师教书育人责任落实的优势及面临的机遇和挑战。本研究认为，理工科院校专业课教师与学生专业同源思维相近更易言传身教，师生志同道合更易产生思想共鸣，专业课教学的实操性特质使其育人渗透力更强。同时，新时代党的教育方针为理工科院校专业课教师教书育人责任落实提供了政策支持，"三全育人"理念为其规划了实施模式，课程思政的广泛开展为其优化了育人氛围，"新工科研究与实践"项目为其强化了育人观念。但是，理工科院校专业课教师教书育人责任落实也面临着来自社会负面因素影响、传统管理理念、教师自身素质不足和大学生思想行为方式变化等方面的挑战。

第五章分析了理工科院校专业课教师教书育人责任落实的国外经验借鉴。本研究认为，国外理工科高校在制度设计中强调教师落实教书和育人的双重责任、在教学活动中着力引导教师落实教书育人责任、在非教学活动中注重发挥教师教书育人功能等经验都可以给我国理工科院校专业课教师教书育人责任落实带来有益启示。

第六章研究了国内理工科院校专业课教师教书育人责任落实的几个典型案例。例如，北京科技大学扎实推进教书育人"2+1"体系建设；西安电子科技大学深化"234"教育教学改革；大连理工大学以传承红色基因坚守教师育人根本职责；西北工业大学构建大思政格局，深化教育教学改革创新等。

第七章从加强专业课教师教书育人责任落实的制度保障、强化专业课教师教书育人责任落实的使命意识、增强专业课教师教书育人责任落实的本领能力、创新专业课教师教书育人责任落实的方式方法、拓展专业课教师教书育人责任落实的渠道阵地等方面提出了理工科院校专业课教师落实教书育人责任的现实路径。

本书聚焦"理工科院校专业课教师"，以"教书育人责任落实"为切入点，结合当今现实要求和专业课教师特点，以理论分析与实证研究相结合的方法，系统探索了理工科院校专业课教师教书育人责任落实的意义、现状、机遇与挑战、实现路径等，对深化该领域的学术研究具有重要理论价值。同时，本书结合理工科院校的专业特点，从国家、社会、学校、教师等多个层面探讨专业课教师教书育人责任落实中存在的问题、落实的具体方法和实现路径等，对指导和督促理工科院校专业课教师教书育人责任落实，培养全面发展的高素质人才具有重要实践意义。

第一章　理工科院校专业课教师教书育人责任落实概述

明确概念内涵是做好研究的基础。研究理工科院校专业课教师教书育人责任落实，需要准确界定理工科院校、专业课教师、教书育人责任落实的基本内涵，厘清教书与育人之间的关系。唯有如此，才能更准确地把握理工科院校专业课教师教书育人责任的特殊性，从而为研究奠定坚实的理论基础。

第一节　理工科院校专业课教师教书育人责任落实的基本内涵

认识是行动的先导。正确认知理工科院校专业课教师教书育人责任落实的相关概念，是研究的基础性工作。

一、理工科院校专业课教师的概念界定

在我国，高校设置的学科一般分为自然学科与社会学科两大类。其中，理科、工科、医学等学科归为自然学科，经济、管理、法律等归为

社会学科。从狭义角度看，理工科仅为"理学＋工学"专业，从广义角度看，理工科等同于"自然学科"，除了"理学＋工学"专业外，还囊括了农学、医学等专业。本研究中的理工科主要指的是狭义角度的"理工科"。

理工科院校，则是指以理学、工学学科门类及其下属专业为主的本科院校。一般来说，高校校名中冠以"工业""工程""科技""理工""航空""信息""电子""地质""矿业""煤炭""钢铁""冶金""石油""化工""交通""建筑""海事""机械""水利""电力"等术语的均为理工科院校，另外有一大部分以理工科见长的综合院校如清华大学、同济大学、天津大学等，也可归为理工科院校。国内理工科知名院校有清华大学、华中科技大学、中国科学技术大学、北京航空航天大学、上海交通大学、哈尔滨工业大学、天津大学、同济大学、北京科技大学、东北大学、国防科技大学、北京理工大学、华南理工大学等。

理工科院校专业课教师，主要指在理工科院校承担理工类专业课程的教学人员。

二、教书育人责任落实的含义

教书育人责任落实的概念中包含着谁来育人、通过什么育人、用什么育人以及育什么样的人等问题。

(一) 教书育人的内涵

教书育人是"教书"与"育人"的统一。《说文解字》有言："教，上所施下所效"；"育，养子使作善也"。教书的"教"就是教授、教导；"书"就是知识、技能，教书即传授知识、培养技能。育人的"育"，就是培育；"人"就是培育对象或学生，育人即培育学生。

20世纪50年代，我们党明确提出了"教书育人"的口号，强调教师不仅要传授知识，而且要做好思想教育。毛泽东在《关于正确处理人民内部矛盾的问题》中指出："思想政治工作，各个部门都要负责任。共产党应该管，青年团应该管，政府主管部门应该管，学校的校长教师更应该管。我们的教育方针，应该使受教育者在德育、智育、体育几方面都得到发展，成为有社会主义觉悟的有文化的劳动者。"① 改革开放以来，我们党密切结合时代特征，在实践中不断丰富和发展了教书育人的内涵。邓小平指出，一所学校能不能培养出合格的人才和全面发展的社会主义建设者，关键在教师。他认为，思想战线上的战士，都应当是"人类灵魂的工程师"。在当前这个转变时期，在社会主义精神文明建设和整个社会主义建设事业中，他们在思想教育方面的责任尤其重大。江泽民在《关于教育问题的谈话》中指出："教育是一个系统工程，要不断提高教育质量和教育水平，不仅要加强对学生的文化知识教育，而且要切实加强对学生的思想政治教育、品德教育、纪律教育、法制教育。"② 老师作为"人类灵魂的工程师"，不仅要教好书，还要育好人，各个方面都要为人师表。2008 年，胡锦涛在北京大学师生座谈会上发表重要讲话，希望老师们加强师德修养，淡泊名利，甘为人梯，认认真真教书，扎扎实实治学，带头营造良好学术风气。③ 2014 年，习近平总书记同北京师范大学师生座谈时，曾多次强调"教书育人"是"好老师"的衡量标准，"执着于教书育人"是"好老师"应有的道德情操，要求教师尽到教书育人的责任。不仅要为人师，还应成为人类灵魂的"工程师"。④

在学术界，许多学者也对教书育人的概念进行了探讨。有学者认为，所谓教书育人，就是教师通过承担各门课程的教学，向学生传授系统的科学文化知识，引导学生树立科学的世界观、人生观，指导学生主动地、有

---

① 《毛泽东文集》第七卷，人民出版社 1999 年版，第 226 页。
② 《江泽民文选》第二卷，人民出版社 2006 年版，第 588 页。
③ 胡锦涛：《在北京大学师生代表座谈会上的讲话》，《人民日报》2008 年 5 月 4 日。
④ 习近平：《做党和人民满意的好老师——同北京师范大学师生代表座谈时的讲话》，《人民日报》2014 年 9 月 10 日。

效地进行学习，营造良好的教学氛围来促进学生健康、快速地成长。① 有学者认为，教书育人主要是指教师在传授知识和培养能力的同时，对学生进行思想政治教育，培养全面发展的人才。② 有学者认为，教书育人指在教学过程中把"教知识"与"教思想"有机统一，使思想教育渗透于教书各环节。③ 也有学者认为，在我国，教书育人是指教师向学生传授系统的科学文化知识和技能，培养学生的科学文化素养，发展学生的智能，同时要以马克思主义为指导，以自身的道德行为示范，引导学生树立正确的世界观、人生观和价值观，促进学生全面发展。④

由此可见，教书育人是教师的天职。教师在教学教育过程中，既需要教书，也需要育人，二者相互配合，同向并行，不分先后。脱离育人的教书和脱离教书的育人，不是真正完整的教育过程。⑤ 具体而言，所谓教书育人，是指教师向学生传授系统的科学文化知识和技能，培养学生的科学文化素养，发展学生的智能；同时要以马克思主义为指导，以自身的道德行为示范，引导学生树立正确的世界观、人生观和价值观，促进学生全面发展。教书是智育，育人是德育，教书和育人是德育和智育关系在教师职责上的统一。⑥

（二）教书育人责任落实的含义

关于教师教书育人责任的落实，党和国家的很多重要文献中都有明确规定。1980 年，教育部、共青团中央出台的《关于加强高等学校学生

---

① 全国十二所重点师范大学联合编写：《教育学基础（第二版）》，教育科学出版社 2008 年版，第 118 页。

② 秦德祝：《高校教师教书育人原则新探》，《高等函授学报》（哲学社会科学版）2011 年第 5 期。

③ 王长瑞：《把思想教育融入教书育人工作当中》，《品牌研究》2014 年第 5 期。

④ 郑永廷、林伯海：《教书育人规律及其遵循对策研究》，《思想教育研究》2017 年第 6 期。

⑤ 郑永廷、林伯海：《教书育人规律及其遵循对策研究》，《思想教育研究》2017 年第 6 期。

⑥ 郑永廷、林伯海：《教书育人规律及其遵循对策研究》，《思想教育研究》2017 年第 6 期。

思想政治工作的意见》指出："不仅专职、兼职的政工干部要做思想政治工作，业务课教师也要做思想政治工作，特别要注意发挥马列主义理论课教师和各科骨干教师的作用。"这是最早明确业务课教师也要做思想政治工作的文献。1985 年 9 月 10 日第一个教师节，时任国家主席的李先念发出《在全社会造成"尊师重教"的风尚》，指出："共产主义事业的接班人，要靠你们培育。他们的思想、品德，要靠你们塑造；他们对人类文明继承发展的能力，要靠你们去培养"①，提出了全体教师既要塑造学生的思想品德又要培养学生的知识能力的双重要求。1994 年 1 月 1 日施行的《中华人民共和国教师法》明确规定："教师是履行教育教学职责的专业人员，承担教书育人、培养社会主义事业建设者和接班人、提高民族素质的使命。"② 而且把"关心、爱护全体学生，尊重学生人格，促进学生在品德、智力、体质等方面全面发展"明确为教师应履行的义务。③ 这就以国家立法的形式明确了教师应当承担的教书育人使命，并且由国家强制力保证实施。1994 年，中共中央颁布的《关于进一步加强和改进学校德育工作的若干意见》指出："进一步发挥全体教职工的育人作用。教师最关键，要认真履行《教师法》规定的教书育人任务。言传身教，为人师表，引导学生德智体全面发展。"④2004 年，中共中央、国务院联合下发的《关于进一步加强和改进大学生思想政治教育的意见》指出："高等学校各门课程都具有育人的功能，所有教师都负有育人的职责。广大教师要以高度负责的态度，率先垂范，言传身教，以良好的思想、道德、品格和人格给大学生

---

① 中共中央文献研究室：《社会主义精神文明建设文献选编》，中央文献出版社 1996 年版，第 194 页。

② 全国人民代表大会常务委员会法制工作委员会：《中华人民共和国法律汇编（1990—1994）》（下），人民出版社 1996 年版，第 883 页。

③ 全国人民代表大会常务委员会法制工作委员会：《中华人民共和国法律汇编（1990—1994）》（下），人民出版社 1996 年版，第 884 页。

④ 中共中央文献研究室：《社会主义精神文明建设文献选编》，中央文献出版社 1996 年版，第 535 页。

潜移默化的影响。要将思想政治教育融入大学生专业学习的各个环节，渗透到教学科研和社会服务的各个方面。"习近平总书记在 2014 年同北京大学师生座谈会上的讲话中指出："教师要时刻铭记教书育人的使命，甘当人梯，甘当铺路石，以人格魅力引导学生心灵，以学术造诣开启学生的智慧之门。"①2018 年在全国教育大会上，习近平总书记进一步指出："做老师就要执着于教书育人，有热爱教育的定力、淡泊名利的坚守"，"要把立德树人融入思想道德教育、文化知识教育、社会实践教育各环节"。2018年，教育部印发的《关于加快建设高水平本科教育 全面提高人才培养能力的意见》指出，要把思想政治教育贯穿于高水平本科教育全过程，要全面提高教师教书育人能力。由上观之，落实教书育人责任是教师应恪守不渝的责任和使命。

可见，教书育人责任落实，就是教师在教育教学过程中坚持教书和育人相统一，不仅传授学生以知识和技能，而且对学生进行思想教育和价值引导，以培养德才兼备的时代新人。

第二节　理工科院校专业课教师教书育人责任落实的特征

进入新时代，中国社会发展呈现新特点，人们社会生活方式和价值观念发生了新的变化，这必然使人们的意识发生变化。就像马克思、恩格斯在《共产党宣言》中指出的："人们的意识，随着人们的生活条件、人们的社会关系、人们的社会存在的改变而改变。"② 作为对社会变化反应最敏感的大学生群体，其思想观念必然也会受到影响，这不仅为教师落实教书

---

① 《习近平谈治国理政》第一卷，外文出版社 2018 年版，第 175 页。
② 《马克思恩格斯选集》第 1 卷，人民出版社 2012 年版，第 419—420 页。

育人责任提出了新的要求，也使得理工科院校专业课教师教书育人责任的落实呈现不同特点。

一、普遍性和特殊性

立德树人是高校的根本任务，教书育人是所有教师的职业使命，所有高校的所有教师在教学管理实践中都有落实好教书育人的责任。理工科院校的专业课教师是高校教师的重要组成部分，自然也不例外。同其他院校的所有教师一样，理工科院校专业课教师在教学实践过程中落实教书育人责任，就应把立德树人的理念贯彻于教学全过程，坚持知识传授和价值引领相统一，做到既教书又育人。这是所有教师教书育人责任落实的普遍规律。从另一个层面讲，不同事物在发展过程中各有其特征，理工科院校专业课教师教书育人责任落实与其他类别高校、学科专业、课程的教师相比，又有其自身的特殊性。如理工科院校专业课教师在课堂教学中落实教书育人责任，有别于思想政治理论课教师直接进行育人的显性教育特征，更表现为寓育人于教书的隐性过程。而且，专业课程中蕴含的思想政治教育元素，需要专业课教师充分挖掘并与知识教学转化融合，才能发挥其育人功能。由此而言，理工科院校专业课教师落实教书育人责任，不仅要遵循教书育人的普遍规律，而且也要结合其特殊性。

二、长期性和艰巨性

理工科院校专业课教师教书育人责任落实是一项长期而又艰巨的系统工程。纵向来看，理工科院校专业课教师教书育人责任的落实，不仅需要学校层面的科学顶层设计、教学管理层面的制度保障、教学单位的过程管理，而且需要专业课教师的思想自觉、广大学生的积极配合。横向来说，专业课教师落实教书育人责任，绝非专业课教师群体"孤军奋战"，而应是集辅导员、思想政治理论课教师、思想政治工作者等其他教师群体于一体的全员体系。诚然，在综合类大学或其他人文类高校，所有教师教书育人责任落实的过程都基本相似，都涉及多环节、多阶段、多主体，只要一个环节出了问题，就很难把这项工作做好。但从理工科院校来讲，这一过程的实现更加艰难。主要原因有三：一是理工科院校长期以来重理轻文的办学模式不能为专业课教师教书育人责任落实提供良好的基础条件。在理工科院校，理工科专业背景的学校管理者和一线任课教师占绝大多数。因此，无论是学校顶层设计，还是学科发展规划，乃至教学资源投入等都偏重理工类，在教学管理上更是侧重于知识传授和能力培养。基于此，想要在短时间内扭转这种局面是不太可能的。二是重教书轻育人的理工科专业教学模式弱化了专业课教师育人与教学的思想自觉。长期以来，理工科院校对专业课教师的职责定位、考核评价等都侧重于知识传授和能力培养等教书之效，很少关注育人效果，这就使得理工科院校专业课教师固化了只教书不育人的思想观念，想要在短时间内改变并在教学实践中努力实现，比较困难。三是理工科院校理工科方向的大学生对思想教育认同度较低。在理工科院校，多数理工类大学生早在义务教育阶段，就对数理化等理工类课程青睐有加，而对政治、历史等人文类课程感情淡漠。所以，理工科院校专业课教师更需要在隐性教育中潜移默化地落实育人责任，但隐性教育的开展相比于显性教育更加困难，在育人方法和育人艺术层面对专业课教师提出了更高的要求。

三、独立性和协同性

理工科院校专业课教师教书育人责任落实的主体是专业课教师，一定程度上，专业课教师可以独立开展工作，但同时也需要同思想政治理论课教师、辅导员等其他教师群体协同进行。一方面，专业课教师是理工科院校教师群体的主力军，专业课教师的教育教学活动是理工科院校教学活动的主要构成。长期以来，一大批理工科院校专业课教师潜心教书育人，传授专业知识和技能，为社会发展培养了大批专门人才。在此过程中，专业课教师是主体、主导，能够独立开展教书育人活动，他们结合学科专业特点，在知识传授过程中有意识地对学生进行品德教育，一定程度上落实了教书育人的责任。另一方面，专业课教师在落实教书育人责任过程中存在许多问题，比如专业课教师思想政治理论素养不足、发掘专业课程中思政元素的能力不够、课堂教学中育人艺术不高等问题，这些都使得专业课教师教书育人的实际效果不佳。如果专业课教师能够和思想政治理论课教师、辅导员结合起来，以思想政治理论课教师系统的思想政治理论素养补其短，以辅导员丰富的日常学生管理经验帮助其掌握育人方法，必能提高其教书育人责任落实效果。这也是当前理工科院校构建全员全程全方位"大思政"体系、落实好立德树人根本任务的现实需要。

四、多样性和统一性

理工科院校专业课教师落实教书育人责任具有多样性和一致性。一方面，理工科院校专业课教师落实教书育人责任的形式和方法具有多样性。从形式上讲，既可以在课堂教学中教书育人，也可以在指导学生参加各类社会实践活动、与学生日常交往活动中教书育人。从方法上说，既可以是言传身教，也可以是谆谆教诲，还可以是专业指导。也就是说，理工科院校专业课教师教书育人责任落实无定式无定法，只要结合实际，能达到教书育人之效，就都可以运用到实践中。另一方面，虽然理工科院校专业课教师落实教书育人责任具有多样性和灵活性，但也需遵循思想政治教育的一般规律。这要求专业课教师要遵从课程思政和思政课程同向同行的现实要求，在专业课和思政课、实践教学和社会实践活动相统一中落实好教书育人责任。但是，需要明确的是，强调专业课教师的育人作用绝不是说把专业课上成思想政治理论课，把专业课教师改造成思想政治理论课教师，把实践教学变成纯粹的社会实践活动。教书育人，既要教书，也要育人，教书和育人都不可偏废，二者具有内在统一性。

第三节　理工科院校专业课教师教书育人
责任落实的要素

从教育过程来看，理工科院校专业课教师教书育人责任落实作为一项基本的教育活动，其要素主要包括：责任落实主客体、责任落实内容、责任落实形式、责任落实标准等。

一、理工科院校专业课教师教书育人责任落实的主客体

主客体是教育活动的两个基本要素。缺少了任何一方，教育活动也就无法开展。对理工科院校专业课教师教书育人责任落实的过程而言，其主体为理工科院校专业课教师，客体为理工科院校理工类专业学生，二者各有其特点。

（一）主体——理工科院校专业课教师及其特点

教书育人责任落实是主客体双向互动的过程。责任落实的主体，即在责任落实过程中处于主导地位的一方，是整个过程的主动施教者，是依据一定社会或阶级的要求对教育客体施加教育影响的个体或群体。

理工科院校专业课教师是教书育人责任落实的主体，承担着向学生传授专业知识和基本技能，提升他们的专业能力和素养的职能。从当下的实际情况看，这一群体主要有以下特点：一是数量多。在多数理工科院校，专业课教师的数量在理工科院校教师群体中占据绝大多数。教育部的公开数据表明，目前我国80%的高校教师是专业课教师。二是与学生之间具有天然的亲密关系。专业课教师在学生心目中具有重要位置，学生亲其师、信其道，出于对教师专业学识的羡慕和钦佩，很容易接受教师的观点和教导；专业课教师与学生接触时间较多，对学生的学习、生活和成长比较容易产生潜移默化的影响。三是理工科院校专业课教师是坚守课堂阵地

的战斗员。当前，意识形态领域斗争的形势依然严峻，理工科院校作为科技人才密集的高地和培养社会主义建设者和接班人的重要阵地，成为各种势力竞相争夺青年的主要战场。理工科院校只有让每一位教师把每一门课程、每一个课堂都建设成为坚持党的领导的牢固阵地，不给任何错误思想观点提供传播舞台和可乘之机，才能切实落实立德树人，保证社会主义的办学方向。四是人文知识储备存在短板。另外，在高等教育过程中，为理工科专业开设的文科类课程比较少，而且均为选修课程，课程数量和质量均未受到足够的重视。大部分理工科专业课教师的知识体系中，长期缺乏文史、政治类等人文专业知识，特别是对思想政治教育缺乏系统的知识储备、教育理念、价值体系，教师育人能力也明显不足。而在工作中，专业课教师受到教学、科研等考核指标的压力，一般扎身于实验室，从事科学研究，也缺乏足够的时间精力及动力去学习所需的人文类知识，因此理工科院校专业课教师群体人文知识可能会有所欠缺。

（二）客体——理工科院校理工类专业大学生及其特征

理工科院校专业课教师教书育人责任落实的客体是指理工科院校理工类专业大学生，该群体有自己特点和特殊性。

当前理工科院校的大学生大多是"95后"和"00后"。他们成长于我国社会主义现代化建设的新时期，个性张扬是当前大学生鲜明的性格特征。他们大多都是独生子女，在家庭生活中所受的约束相对较少，久而久之，个性化烙印愈发明显。如特立独行的价值取向、标新立异的穿着风格以及独特的语言风格，其中叛逆行为表现尤为突出。当代学生的教育抵触心理明显，为当代教师开展教书育人工作设立了较高心理壁垒。但是，当前大学生的性格中也具有尊重现实、勇于竞争的积极取向，对社会发展更具敏感性。在激烈竞争的市场经济环境下，他们更客观务实，往往习惯于立足社会实际思考问题，并由此形成了一些特殊的行为模式。实际上，大多数大学生都乐于参与竞争，并享受竞争的乐趣，渴望能够在竞争中胜出，为自我谋求更好的发展空间。

除此之外，理工科院校由于学科特点、校园环境、生源、课程设置等原因，有着特殊的文化氛围，理工科大学生表现出其独有的特质：一是关注工具理性，淡化价值理性。理工类专业大学生以自然科学为主要研习内容，在学习和生活中多以科学理性或工具理性的思维方式为主导。他们在高扬本体论思维的工具理性、倡导"科学技术是第一生产力"的同时，往往对反映人文精神的价值理性有所忽视。二是偏重逻辑思维，忽视人文素养。由于长期的应试训练及思维训练的固化，加上学科属性的强化，理工类专业大学生擅长数学演算、逻辑推理，规则意识强、逻辑思维严谨。这在有助于养成求真务实的治学态度的同时，也可能导致他们看问题比较片面或机械化。理工类专业大学生对自然科学的热衷，在一定程度上也可能造成他们对人文学科的忽视，价值观塑造有待加强。三是致力科学研究，淡漠人际交往。理工类专业大学生学业压力较大，往往需要更多的精力致力于专业学习和各类实习实践，对课余生活综合能力的培养可能有所忽视，导致部分学生人际交往能力、语言表达能力和组织能力相对缺乏，综合素养有待提升。①

二、理工科院校专业课教师教书育人责任落实的内容

2020 年 5 月，教育部印发了《高等学校课程思政建设指导纲要》，其中指出："要在课程教学中把马克思主义立场观点方法的教育与科学精神的培养结合起来，提高学生正确认识问题、分析问题和解决问题的能力。理学类专业课程，要注重科学思维方法的训练和科学伦理的教育，培养学生探索未知、追求真理、勇攀科学高峰的责任感和使命感。工学类专业课程，要注重强化学生工程伦理教育，培养学生精益求精的大国工匠精神，

---

① 焦洁庆：《理工科院校大学生思想政治状况及其优化》，《学校党建与思想教育》2017 年第 12 期。

激发学生科技报国的家国情怀和使命担当。"[1] 这就明确了理工科院校专业课教师教书育人责任落实的主要内容。

（一）加强马克思主义及其中国化理论成果的教育

马克思主义及其中国化的理论成果，不仅包括马克思主义经典作家的思想理论，还包括毛泽东思想、邓小平理论、"三个代表"重要思想、科学发展观和习近平新时代中国特色社会主义思想。马克思主义中的自然观、自然科学观、人的全面发展观等理论成果及其精神内涵不仅是理工科院校专业课教师教书育人责任落实的根本指导思想，更为其教书育人提供了丰富的教学素材。在马克思看来，人的全面发展的实现既是一个实践性议题，需要通过生产力的发展加以推进，但同时也离不开教育和学习。马克思认为教育"不仅是提高社会生产的一种方法，而且是造就全面发展的人的唯一方法"[2]。显然，马克思的这些论述为理工科院校专业课教师教书育人责任落实提供了坚实的理论支撑，加强马克思主义及其中国化理论成果的教育就是要通过将马克思自然科学观和社会科学观嵌入专业课的课程教学体系当中，确保大学生在获得专业知识的同时形成正确的价值认知，进而在提升个体能力的过程中实现个性的解放和发展的全面化。

（二）融入社会主义核心价值观教育

在经济全球化和社会信息化的背景下，西方国家时刻伺机通过各种渠道和方式渗透其价值观念，很多网络自媒体中包含着大量良莠不齐的信息，存在相当多的虚假信息和负面宣传，唱衰中国、抹黑社会主义制度、宣扬历史虚无主义的声音不绝于耳，冲击着理工科大学生的思想意识和价值观念。部分理工科大学生对国家政治、时事热点不敏感，对社会主

---

① 《教育部关于印发〈高等学校课程思政建设指导纲要〉的通知》，教育部，http：//www.moe.gov.cn/srcsite/A08/s7056/202006/t20200603_462437.html。

② 《马克思恩格斯选集》第3卷，人民出版社2012年版，第710页。

义核心价值观内涵理解不深刻。这就要求理工科院校专业课教师在专业课教学中要培养学生辨别是非能力、家国情怀与责任担当，要在因材施教原则的指导下，加强社会主义核心价值观教育，帮助学生在主流价值观引导下选择人生道路和实现自我价值，引导学生把国家、社会、公民的价值要求融为一体，提高个人的爱国、敬业、诚信、友善修养，自觉把小我融入大我，不断追求国家的富强、民主、文明、和谐和社会的自由、平等、公正、法治，将社会主义核心价值观内化为精神追求、外化为自觉行动。

（三）加强中华优秀传统文化教育

中华优秀传统文化教育也是理工科院校专业课教师落实教书育人责任的重要内容，旨在引导大学生汲取中华文明的深厚传承，构筑自己的精神世界，树立正确世界观、价值观、人生观。加强对理工科学生的优秀传统文化教育不仅是对优秀传统文化的传承和弘扬，更有助于理工科学生提升自身的文化素养。并且，中国古代在数学、天文、气象、农学、医学等各学科取得过辉煌灿烂的成就，理工科院校专业课教师应结合各自学科特点，围绕该学科领域取得的成就不断挖掘专业知识和技能中的传统文化教育要素。这既可以激发学生兴趣、促进专业水平提升，又能弘扬和培育民族精神、提升大学生的民族自豪感、增强爱国主义情怀。

2014 年 10 月 15 日，习近平总书记在文艺工作座谈会上指出："传承中华文化，绝不是简单复古，也不是盲目排外，而是古为今用、洋为中用，辩证取舍、推陈出新，摒弃消极因素，继承积极思想，'以古人之规矩，开自己之生面'，实现中华文化的创造性转化和创新性发展。"[1] 这就要求我们善于把中华优秀传统文化和现代社会结合起来，古为今用，在高校中推广传承。加强理工科大学生的中华优秀传统文化教育就是要大力弘扬以爱国主义为核心的民族精神和以改革创新为核心的时代精神，教育引

---

[1]　《十八大以来重要文选选编》（中），中央文献出版社 2016 年版，第 136 页。

导学生深刻理解中华优秀传统文化中讲仁爱、重民本、守诚信、崇正义、尚和合、求大同的思想精华和时代价值，教育引导学生传承中华文脉，富有中国心、饱含中国情、充满中国味。特别是要积极弘扬爱国主义精神，把爱国主义教育作为永恒的主题根植于学生心中。

（四）深入开展法治教育

理工科院校专业课教师教书育人责任落实内容中还应该包含法治教育。理工科大学生大多具有较为扎实的理工类专业知识和技能，将来都要走向科技、生产、工程、管理等工作岗位。他们如果缺少法治素养，自身法律意识不强，有可能将自身所掌握的知识技能滥用乱用在违法犯罪的事情中，后果会非常严重。近年来，大学生犯罪事件呈逐年增长趋势，并呈现出暴力性、财产性、高科技性、网络化等特征。我国不时出现在校大学生利用高科技进行电信诈骗，甚至危害他人人身财产安全的案件。这都说明，法治素养理应是理工科大学生不可缺少的素养之一。因此，理工科院校专业课教师在落实教书育人责任时，要教育引导其树立法治观念，深化对法治理念、法治原则、重要法律概念的认知，提高运用法治思维和法治方式维护自身权利、参与社会公共事务、化解矛盾纠纷的意识和能力。

（五）深化职业理想和职业道德教育

职业理想即人们在从事特定职业时所具有的美好向往和追求，并在此基础上实现工作目标和自我价值；而职业道德则是指一定职业活动中应遵循的、体现一定职业特征的、调整一定职业关系的职业行为准则和规范。当前，部分理工科大学生并没有真正树立起职业理想。主要表现在没有崇高的长期目标性追求，只注重短期利益；职业志向不够坚定；缺乏实现职业理想的基本素养和力量。部分理工科大学生注重是否具有广博的专业知识，但是较为忽略实现职业理想所需要的品德修养和拼搏精神，因而限制了职业理想的实现。再者，在校大学生往往对社会职业存在较高的期望，

希望自己将来从事的职业同时具有较高的社会地位、不菲的薪资和良好的
工作环境等，但是过高的期望往往与社会现实产生巨大的落差。因此，理
工科院校专业课教师在教学过程中，应该融入相应的职业理想教育，引导
理工科大学生正确认识职业发展过程，树立高尚的职业理想，并且一步一
步地武装自己，使自己具有可以实现理想的无穷力量。职业道德教育更是
理工科院校专业课教师教书育人过程中必不可少的内容。理工科院校专业
课教师要注意挖掘和运用专业课中蕴涵的隐性教育资源，在专业知识与技
能的教授中融入科学家精神、工匠精神、诚实守信、敬业奉献等美好品德
的引导；要主动在教学过程中帮助学生解决职业生涯规划、择业就业等与
大学生切身相关的问题，帮助他们树立良好的心态，引导他们做出合适的
选择。

三、理工科院校专业课教师教书育人责任落实的形式

理工科院校专业课教师教书育人责任落实，需要其结合自身的专业特
点，采用灵活多样的教育形式，将教书育人内容贯穿教育教学实践活动的
全过程。

（一）课堂教学育人

课堂教学是教书育人的主渠道，专业课教师在课堂教学过程中要坚持
教书和育人相统一。首先，专业课教师必须深入研究教学内容，充分备
课，挖掘与授课内容相匹配的育人内容，在授课过程中积极主动地将育人
内容融入课程和实践活动中。其次，教师需要用正确的育人观念解析教学
内容，解析知识应用，有意识地将国家意识形态、社会核心价值观念融入
知识教育中，实现教师指导和学生自我教育结合，突出学生的主体地位。
最后，专业课教师要加强课堂中与学生的互动交流，在此过程中，专业课
教师需要耐心指导，及时帮助学生纠正错误观念，关注学生的思想观念是
否存在偏差。如果发现错误的思想苗头，应及时指出，并耐心给予同学正

确的指导，从而让同学们在课堂教学中获得成长，树立正确的人生观、价值观和世界观。

（二）实践活动育人

专业课教师不仅要注重对学生的理论教育，还要注重指导学生深入社会、企业、基层，将所学知识运用到学习实习、生产生活中。理工科院校专业课教师一方面要立足于自己的专业，从本专业中挖掘适合进行思想教育的元素，结合自己的专业课程，在教学方法上尝试更多的创新，将授课内容与课程思政结合得更加紧密；另一方面，理工科院校专业课教师除了理论知识的传授外，应多以事关国家发展的行业动态指导学生，积极参与到学生的实践活动中，将创新创业教育等方面的国家大政方针与学生实践活动相结合，引导学生用匠心改造生活，用科技回报社会，用行动改变命运，将爱国情与报国志投身于实践中。

（三）师生交往育人

人际交往是理工科院校专业课教师教书育人责任落实的重要方式。理工科院校专业课教师要努力成为大学生咨询心理问题与解决实际问题的知心朋友，通过线上与线下等方式引导大学生健康成长。如专业课教师要定期开展与育人相关的主题教育讲座，积极与学生互动交流、及时发现并回应学生们的思想困惑点、焦虑点、症结点，帮助大学生分析专业状况和就业形势，并结合专业特点与就业趋势引导大学生树立正确的职业观，鼓励学生明确奋斗目标、勇担社会责任，使他们为进入社会工作做好相应的心理与能力准备。

（四）多方协同育人

理工科院校专业课教师教书育人责任要得到充分发挥，还需要在"三全育人"的环境下，与学校各类资源联通，得到制度、人力、物力、财力等多方面的支持，形成思想政治教育的协同效应，共同服务于人才培养工作。首先，要与辅导员、思政课教师沟通交流，在理论与实践中加强互动。其次，要注重教师对学生的潜在影响。课程育人是全方位育人的一部分，对学生进行思想政治教育是每一名教师的责任，专业课教师要坚持"三全育人"，全员全过程全方位地推行课程思政，以自己的言传身教引导学生用正确的方法去认识世界，而不是生硬、刻板地去讲道理和灌输。最后，要建立健全协同育人体制机制，将课程思政作为教师考核指标，鼓励教师积极参与课程思政，推动专业课教师与学校思政力量贯通融合，齐向发力，促进学校课程思政和思政课程的同频共振，同向同行，最终实现协同育人。

四、理工科院校专业课教师教书育人责任落实的标准

理工科院校专业课教师教书育人责任落实的标准是全方位、多层次的。

（一）树立远大理想信念

理想信念事关世界观、人生观和价值观的建立，因此，学生能否树立远大崇高理想信念是衡量专业课教师教书育人责任落实与否的重要标准。专业课教师在教育教学过程中要有意识、有方法地融入中国历史特别是近现代史教育、革命文化教育、中国特色社会主义教育、中国梦主题教育、时事政策教育，引导学生深入了解中国革命史、中国共产党史、改革开放史和社会主义发展史，继承革命传统，传承红色基因，使其深刻领会实现中华民族伟大复兴是中华民族近代以来最伟大的梦想，从而增强学生对中国特色社会主义的道路自信、理论自信、制度自信、文化自信，使其树立为共产主义远大理想和中国特色社会主义共同理想而奋斗的信念和信心，立志肩负起民族复兴的时代重任。

（二）厚植爱国主义情怀

爱国主义是中华民族精神的核心，始终是中华民族坚强团结在一起的精神力量。学生是否具有爱国主义情怀是理工科院校专业课教师教书育人责任落实的考量标准。理工科院校专业课教师在落实教书育人责任时，要注重厚植学生的爱国主义情怀，坚持在教育教学过程中开展家国情怀教育、社会关爱教育和人格修养教育，传承发展中华优秀传统文化，大力弘扬中华传统美德、中华人文精神，引导学生了解中华优秀传统文化的历史渊源、发展脉络、精神内涵，增强其文化自觉和文化自信，以此促使学生把爱国和爱党、爱社会主义相统一，热爱和拥护中国共产党，立志听党话、跟党走，立志扎根人民、奉献国家，真正落实教书育人责任。

（三）加强品德修养

育人的根本在于立德，品德修养是"心"，加强品德修养的教育既是涵育人心、锤炼人格的德育，也是修身教育。只有具有良好品德修养，人们才能确立正确的价值标准，才能做到言有所据、行有所依、为有所归。可见，良好的品德修养是构建良好社会关系的前提条件，是实现人际和谐的基础。社会主义核心价值观就是一种大德，是国家之德、民族之德，是社会见之于个体、群体见之于个人的价值标准和道德依据，是正人心、正国心、正社会之心的标准。习近平总书记要求要在加强品德修养上下功夫，因此，理工科院校专业课教师教书育人责任落实的衡量标准之一就是能否让学生具有良好的品德修养。这需要理工科院校专业课教师引导学生培育和践行社会主义核心价值观，促使其踏踏实实做人，努力把社会主义核心价值观融入生活、渗透到心灵中，成为德行正、情怀深的人。

（四）增长知识见识

能否切实帮助学生增长知识见识是理工科院校专业课教师教书育人责

任落实的考量标准，专业课教师要充分履行传播知识、培育创新的职责，时刻引导大学生努力学习掌握科学知识，形成系统完善的知识结构，练就过硬的本领，以科技报国实现人生价值。理工科院校专业课教师在教书育人过程中要孜孜不倦地帮助学生增长知识见识，培养学生扎实的科学知识和科学素养，引导其关注世界形势及其发展变化，向高精尖迈步，让中国的科技实现"弯道超车"，引领世界先进科技潮流；要引导学生成为具有过硬本领、中国情怀、全球视野的科学人才，不仅能肩负起建设祖国的使命，还能承担起为世界、为人类作贡献，共筑人类命运共同体的责任。

（五）培养奋斗精神

古人云："天行健，君子以自强不息。"中国文化向来主张以自强不息为体、以苟日新日日新为道，新时代的青年学生要树立高远的志向，具有勇于奋斗的精神状态、乐观向上的人生态度，做到刚健有为、自强不息。然而，当代大学生生活在和平稳定和相对富裕的时代，经受时代变革和社会动荡的风雨较少，在艰难困苦中挣扎奋斗的日子也少，因而就更加需要培育其进取奋斗的进取意志和顽强拼搏的奋斗精神。因此，理工科院校专业课教师在教书育人责任落实中要注重学生奋斗精神的培育，其落实标准是学生能否树立努力奋斗、刻苦钻研意识；能否秉承工匠精神，解决学习生活中的各种难题；能否不怕困难，刚见勇为、自强不息、勇攀科学高峰，为增强国家科技实力、促进人类社会进步而坚持不懈奋斗。

（六）增强综合素质

习近平总书记强调要在综合素质上下功夫，这里的"综合素质"实际上侧重对学生思维和能力的教育，即教育引导学生完善综合能力，培养创新思维。思维既是一种能力，也是拓展其他方面能力的前提和基础。学生的综合能力体现综合素质，其中不仅仅包括思考和思维的能力，也包括判断选择、语言表达、组织管理、沟通协调、批判反馈等各方面的素质和水平。完成某一项具体工作可能需要某一方面的具体能力，但完成一项事业特别是作为社会主义的建设者和接班人去完成中国特色社会主义建设与中华民族伟大复兴的蓝图伟业，需要卓越、全面的综合素质。因此，专业课教师教书育人责任落实的标准要体现在增强学生的综合素质上，要帮助学生全方位、全面化发展和成长，使其具备社会主义建设者和接班人的综合素质和能力。

第二章 理工科院校专业课教师教书育人责任落实的重要意义

在新的历史条件下，我国正朝着世界强国的目标迈进。要通过"弯道超车"实现成为世界强国的目标，就迫切需要大批德才兼备、全面发展的科技人才。实力雄厚的理工科院校是科技人才培养的基地，而其专业课教师在人才培养中发挥着关键作用。然而，在以往重理轻文办学理念的影响下，理工科院校及其专业课教师多注重"育才"轻视"育人"，严重影响了人才培养的质量。因此，理工科院校专业课教师坚持立德树人，落实教书育人责任，对大学生成长、社会进步和国家发展具有重要现实意义。

第一节 建设社会主义现代化强国和实现中华民族伟大复兴的重要力量

在新的历史方位下，社会主义现代化强国建设和中华民族的伟大复兴迫切要求培养大批全面发展的优秀人才。理工科院校专业课教师肩负着培养人才、提高民族素质的重要使命，其教书育人责任落实在培养时代新人、实现科技创新、提高高等教育质量方面发挥着重要作用，能够为社会主义现代化强国建设和中华民族的伟大复兴提供强大的人才支撑。

一、培养时代新人的前提条件

在世界处于大发展大变革大调整之际，我国也面临着百年未有之大变局。新的历史条件下，习近平总书记基于新的战略高度，聚焦实现中华民族伟大复兴的历史使命，提出"培养担当民族复兴大任的时代新人"[①]，并在多次讲话中对其进行了深刻阐释。习近平总书记的相关论述明确了新时代人才培养的新目标，为当前的人才培养提供了理论指导和方向指引。人才培养新目标涵盖了三方面的含义：一是明确了人才培养的正确导向，即"培养一代又一代拥护中国共产党领导和我国社会主义制度、立志为中国特色社会主义奋斗终身的有用人才"[②]；二是明确了人才培养的核心要义，即要培养德智体美劳全面发展的社会主义建设者和接班人，其思想觉悟、道德水准、精神状态、文明素养、能力素质等都应符合新时代的要求；三是指出了人才培养的关键所在，即要以"六个下功夫"为抓手，从坚定理想信念、厚植爱国主义情怀、加强品德修养、增长知识见识、培养奋斗精神、增强综合素质多方面着手，引导大学生坚定理想信念、练就过硬本领、提升担当意识，在为祖国奉献和为人民服务的实践中勇敢担负起时代重任，成长为全面发展的时代新人。简言之，培养时代新人旨在培养全面发展的合格的社会主义建设者和接班人。而理工科院校专业课教师肩负着培养人才的重要任务，其目标群体主要是理工科院校的理工类专业大学生。受浓厚的理工文化影响，这些大学生具有鲜明的理工特性，其基本素质离合格的社会主义建设者和接班人的标准还有不同程度的偏差。理工科院校专业课教师坚持教书育人，能够充分利用自身的育人优势，精准掌握大学生的实际情况，有针对性地进行教育，并将教书育人贯穿到教育教

---

① 习近平：《决胜全面建成小康社会 夺取新时代中国特色社会主义伟大胜利——在中国共产党第十九次全国代表大会上的报告》，人民出版社 2017 年版，第 42 页。

② 《十九大以来重要文献选编》（上），中央文献出版社 2019 年版，第 647 页。

学、日常生活的全过程。这对提升大学生的基本素质，将其培养成为全面发展的时代新人具有极为重要的作用。因而理工科院校专业课教师教书育人责任落实是培养时代新人的前提条件。

二、实现科技创新的关键力量

当前正值世界新一轮科技革命和产业变革同我国转变发展方式的历史性交汇期，新科技革命和产业变革蓄势待发，"科学技术从来没有像今天这样深刻影响着国家前途命运，从来没有像今天这样深刻影响着人民生活福祉"[①]。"中国要强盛、要复兴，就一定要大力发展科学技术，努力成为世界主要科学中心和创新高地。"[②] 而大力发展科学技术，推进科技创新进步依赖于大批高素质科技创新人才。这迫切要求摒弃以往片面的人才培养理念，牢固树立全面发展的人才培养新理念，为社会主义现代化强国建设和中华民族的伟大复兴培养全面发展的高水平科技创新人才。理工科院校是培养高水平科技创新人才以及生产、传播前沿科学理论知识的重要基地，在科技创新中有着至关重要的地位。其专业课教师既是理工科院校人才培养的主力军、前沿科学理论知识输出的生力军，也是贯彻全面发展的人才培养新理念的重要主体。理工科院校专业课教师教书育人责任落实对于培养全面发展的高水平科技创新人才尤为重要，是实现科技创新的关键力量。

培养全面发展的高水平科技创新人才以人的全面发展为核心，涉及人才的思想意识、专业基础、创新创造能力等多个方面，要求培养符合时代需求的全面发展的各级各类优秀人才。而当前理工科大学生的创新意识总体上较为薄弱，科学素养和科学素质仍有待提高，因而为了满足时代对科

---

① 习近平：《在中国科学院第十九次院士大会、中国工程院第十四次院士大会上的讲话》，人民出版社 2018 年版，第 7 页。

② 习近平：《在中国科学院第十九次院士大会、中国工程院第十四次院士大会上的讲话》，人民出版社 2018 年版，第 8 页。

技、知识和人才的迫切需求，培养全面发展的高水平科技创新人才仍然需要将提高大学生的创新意识和科学素养置于重要位置。理工科院校专业课教师肩负着培养高水平科技创新人才的重要任务，其教书育人责任落实能够及时补齐制约理工科大学生全面发展的现实短板，促使理工科大学生成长为全面发展的高水平科技创新人才。其一，专业课教师能够结合其专业特色，在专业教学过程中引导大学生独立思考、在思想碰撞中激发创新的火花，在指导大学生创新创业活动中激发其创新热情，在指导大学生科研竞赛的过程中引导其掌握各种创造技能方法。这在培植大学生的创新思维能力、激发创新创造活力、培养高水平科技创新人才方面发挥着不可或缺的作用。其二，大国工匠精神和科学精神是中华民族的宝贵精神财富，如"工匠精神中的尊师重道、勤勉敬业、精益求精、求实创新和科学精神所传导出来的追求真理、鼓励创新、批判质疑、严谨缜密"[1] 至今仍发挥着深远的影响，是每一个科技创新人才应具备的基本精神品质。理工科院校专业课教师在传授专业知识的过程中，会将这些精神蕴含的内涵渗透到大学生心中，并且专业课教师的榜样作用也会在无形中深化大学生对大国工匠精神和科学精神的认识理解，使得这些宝贵的精神品质逐渐扎根于大学生思想深处，熔铸于大学生的人格品质中，从而帮助大学生以科学的精神、方法和作风解决学习生活中遇到的各类难题。其三，专业课教师落实教书育人责任能够引导大学生正确认识与评价科学技术在人类社会生活中的作用，理性思考科学技术背后的人文精神、社会伦理等，从而有助于帮助大学生养成良好的科学素养。总之，理工科院校专业课教师教书育人责任落实有助于冲破陈旧教育理念影响，纠正部分教师育人过程中片面的思想认识和行为导向，从而培养大批全面发展的高水平科技创新人才，极大助益于科技创新进步。

---

① 林志凯：《术与道：从工匠精神到科学精神》，《福州大学学报》（哲学社会科学版）2017 年第 6 期。

三、提高高等教育质量的重要抓手

"高等教育发展水平是一个国家发展水平和发展潜力的重要标志。实现中华民族伟大复兴，教育的地位和作用不可忽视。"[①] 进入新时代以来，我国社会的主要矛盾发生了很大的改变，人们对高等教育的需求也发生了很大的变化，对优质高等教育资源的期待相较以往更加迫切。因此，"实现高等教育的内涵式发展是新时代背景下高等教育发展的阶段性特征，是我国高等教育发展模式演变的必然选择"[②]。而实现高等教育内涵式发展迫切要求提高人才培养质量，为社会主义现代化强国建设和中华民族的伟大复兴培养素质过硬的一流人才。理工科院校专业课教师是人才培养的重要主体，其教书育人责任落实与高等教育质量紧密相关，是提高高等教育质量的重要抓手。

具体而言，提高高等教育质量的关键在于提高高等教育的人才培养质量。人才培养质量是评价与衡量高等教育发展水平的重要标准，关乎人才培养的实际情况。提高人才培养质量的目的就是培养适合时代发展的素质过硬的一流人才。而我国现阶段还存在人才培养模式尚未完全满足国家和社会发展对人才的强烈需求，也尚未完全满足学生自身发展的内在需求等短板，掣肘人才培养质量的进一步提高。理工科院校专业课教师坚持教书和育人相统一，在教书育人过程中秉持德育为先、德学兼修的教学理念，有助于自下而上扭转部分理工科院校重"育才"轻"育人"的现象，促使理工科院校在人才培养过程中坚持正确导向，从顶层设计层面为提高人才培养质量提供坚实的保障。此外，课堂教学是人才培养的主阵地。理工科院校专业课教师坚持立德树人、落实教书育人责任，有助于深化课程与课堂教学改革、促进教学与科研相结合、探索更为有效的育人方式，从而满

---

① 《习近平谈治国理政》第二卷，外文出版社 2017 年版，第 376 页。
② 冯晓丽：《人才培养质量：内涵式发展与"双一流"建设的和谐变奏》，《高教探索》2019 年第 4 期。

足学生自身发展的内在需求，从具体实施层面为提高人才培养质量奠定深厚基础。因此，理工科院校专业课教师教书育人责任落实在提高人才培养质量方面发挥着重要作用，是提高高等教育质量的重要抓手。

第二节　提高理工科院校人才培养能力和落实立德树人根本任务的关键环节

高校立身之本在于立德树人，落实立德树人根本任务的核心在于提高人才培养能力。提高理工科院校人才培养能力要始终以育人为中心，紧紧围绕育人而展开。理工科院校专业课教师是理工科院校人才培养的主力军，其教书育人责任落实在确保理工科院校正确育人方向、优化理工科院校育人环境、建强理工科院校育人队伍、完善理工科院校教育体系方面发挥着重要作用。因而理工科院校专业课教师教书育人责任落实是提高理工科院校人才培养能力，落实立德树人根本任务的关键环节。

一、确保理工科院校人才培养方向的内在要求

育人方向是理工科院校人才培养的基础，决定理工科院校人才培养的定位和导向。理工科院校能否坚持正确政治方向对大学生成长成才、理工科院校建设发展、国家和民族的未来影响重大。理工科院校专业课教师承担着专业课教学、创新创业教育、思想政治教育等多项任务，其影响渗透在学生教育教学的各个环节，在人才培养中发挥着最为关键的作用。坚持正确育人方向是理工科院校专业课教师教书育人责任落实的前提和基础。理工科院校专业课教师教书育人责任落实对确保理工科院校人才培养正确政治方向有着重要意义。其一，坚持中国特色社会主义高校办学方向是坚持正确政治方向的根本。理工科院校是党领导下的高校，是中国特色社会主义高校，肩负着为社会主义现代化建设培养优秀人才的重大任务，必须

旗帜鲜明地坚持正确的政治方向，全面贯彻党的教育方针。理工科院校专业课教师在履行教书育人职责使命的过程中坚持"四个服务"，不断强化"四个服务"意识，在育人过程中始终坚持正确政治思想和价值导向的引导，在一定程度上能够避免理工科院校在人才培养方面走上歧路。其二，培养社会主义建设者和接班人是坚持正确政治方向的核心。培养德智体美劳全面发展的社会主义建设者和接班人是理工科院校的根本任务。而专业课教师是理工科院校人才培养的中坚力量，在培养理想信念坚定、爱国情怀浓厚、知识本领过硬的高水平创新型人才方面发挥着不可或缺的重要作用，其教书育人责任落实是培养合格社会主义建设者和接班人的关键所在。其三，坚持把立德树人作为中心环节是坚持正确政治方向的关键。理工科院校能否培养出适应时代发展的高质量人才，能否培养出全面发展的高素质人才，能否培养出富有创造力的高科技创新人才，关键在于专业课教师。理工科院校专业课教师坚持立德树人，将立德树人融入教育教学全过程是其教书育人责任落实的题中应有之义。其教书育人责任落实是坚持把立德树人作为中心环节的有力举措。因此，理工科院校专业课教师教书育人责任落实是确保理工科院校人才培养方向的内在要求。

二、优化理工科院校育人环境的重要手段

理工科院校的人才培养离不开一定的育人环境，因而提高理工科院校的人才培养能力要求不断优化理工科院校的育人环境，为理工科院校的人才培养营造健康、和谐、稳定的育人环境。理工科院校专业课教师是培育高水平科技人才的主力军，是维护理工科院校意识形态安全的重要力量，也是理工科院校文化育人的重要主体。其教书育人责任落实对于培育理工科院校理性平和的健康心态，为理工科院校人才培养营造健康、和谐、稳定的育人环境发挥着不可或缺的重要作用。

第一，理工科院校专业课教师教书育人责任落实有助于维护理工科院校意识形态安全，为理工科院校的人才培养营造和谐的育人环境。理工科

院校是培养新时代高素质创新人才的重要基地。理工科院校意识形态状况直接关乎理工科院校的人才培养，关乎理工科院校的和谐稳定，更关乎国家和社会的长治久安。因此，做好理工科院校的意识形态工作，维护理工科院校的意识形态安全尤为重要。理工科院校专业课教师是做好理工科院校意识形态工作的重要主体，其教书育人责任落实对于维护理工科院校意识形态安全，为理工科院校人才培养营造和谐的育人环境具有非常重要的作用。具体而言，一方面，随着时代的发展，我国社会各方面都发生了很大的改变，国家的综合实力和国际影响力不断提高，人民生活的幸福感和满足感不断增强。而西方敌对势力认为我国的发展进步对其霸权造成了极大的威胁，极尽所能围追堵截渗透，企图瓦解我国社会的思想共识，遏制我国发展壮大。加之全球化和网络信息技术的深入发展使得西方各种社会思潮、文化意识以及价值观念等迅速涌入我国社会生活的各个角落。一些诸如拜金主义、极端民族主义和个人主义等不良思想观念隐匿其中，拜金享乐、唯利是图、是非不分、损人利己等现象屡见不鲜，价值观扭曲、道德行为失范等现象时有发生，不断冲击着社会道德和主流价值观念，严重影响社会和谐稳定。理工科院校也逐渐成为多种意识形态的集散地，成为意识形态工作的前沿阵地。另一方面，大学生是实现中华民族伟大复兴的生力军，未来也是社会主义事业的建设者和接班人，肩负着时代赋予的重要使命。与此同时，大学生正处于自我意识和价值观念形成的关键时期，思想活跃，主体意识高涨，对世界和未来充满好奇心，乐于尝试新鲜事物，勇于探索未知世界，但自身阅历有限，心理尚未完全成熟，极易受各种不良思想文化浸染，出现价值观念模糊、道德行为失范等问题，尤其需要精心教育和引导。基于此，大学生一直以来都是非主流意识形态渗透和浸染的重点对象。理工科院校专业课教师与大学生接触较多，在专业课教学、学科竞赛、创新创业、毕业设计等过程中均发挥着重要作用，在大学生当中颇有威信。所以专业课教师结合自身的专业优势，发挥教书育人作用更容易引导大学生全面客观地认识当代中国和外部世界，帮助大学生理解不良思想文化背后的错误本质；同时也更容易以马克思主义中国化理论成果武装学生头脑，用社会主义核心价值观和中华优秀传统文化滋养学生心灵，引导理工科大学生坚定理想信念，坚定"四个自信"，为理工科大学生的成长成才打下坚实的科学思想基础。这对增强主流意识形态的凝聚力，做好理工科院校意识形态工作，维护理工科院校的意识形态安全具有非常重要的作用。

第二，理工科院校专业课教师教书育人责任落实有助于为理工科院校的人才培养营造浓厚的文化育人氛围。理工科院校在长期的历史积淀中形成了涵盖精神文化、制度文化、物质文化等在内的特色鲜明的理工文化，在理工科院校的人才培养过程中发挥着不可或缺的作用。其中，理工科院校的精神文化是理工科院校人才培养的精神引领，是理工科院校内在的不可替代的重要教育力量。它凝聚着理工科院校全体师生共同的精神追求和价值观念，深深影响着每一位学子的性格品位气质。因而理工科院校在人才培养过程中"要更加注重以文化人以文育人"①，"通过文化传承和文化熏染来达到培育合格人才的目的"②。理工科院校专业课教师是理工科院校校园文化建设的驱动者，也是理工科院校文化育人的重要主体，其教书育人责任落实有助于为理工科院校的人才培养营造健康、浓厚的文化育人氛围，从而能够充分发挥理工科院校校园文化对大学生的影响力和感染力，无形中提升大学生的科学文化素养和品德修养。具体而言，文化育人不同于其他的育人载体，它是通过隐性的、渗透式的、间接的方式对大学生施加影响，使其在潜移默化中受到熏陶和感染，达到教化人和完善人的效果。一方面，理工科院校校园文化不会直接促进大学生的发展，只有在大学生充分理解内化的基础上，才能帮助其形成稳定的人格特征，涵养独特的气质，进而塑造健全人格和高尚品格。而这一过程离不开理工科院校

---

① 《习近平谈治国理政》第二卷，外文出版社 2017 年版，第 378 页。

② 赵旻：《中华优秀传统文化育人功能与价值的创造性转化》，《思想教育研究》2018 年第 8 期。

专业课教师的教育引导。理工科院校专业课教师是理工科院校校园文化的承载者、塑造者和传播者，其教书育人责任落实有助于引导大学生不断深化对理工科院校校园文化，尤其是理工科院校精神文化的理解和认同。并且还有助于将蕴含其中的思想理念和价值取向转化为大学生内在的精神信仰和价值追求，从而逐渐完善其人格品质，提升其思想文化素养。另一方面，要发挥理工科院校校园文化的育人功能，需要理工科院校专业课教师在教育教学过程中有意识地设计和营造一定的文化育人氛围，对大学生施加潜移默化的影响。理工科院校专业课教师落实教书育人责任，在教书育人过程中不断探索更为有效的育人方式方法，有助于大学生在无形之中受到校园文化的影响和教育，不断提升自身的文化素养。

第三，理工科院校专业课教师教书育人责任落实有助于为理工科院校的人才培养打造稳定的良性育人环境。理工科院校人才培养是一个持续而长期的动态过程，离不开稳定的良性育人环境。而理工科院校综合功能是包括人才培养、科学研究、社会服务与文化传承创新等功能要素在内的整体性功能。其整体功效的发挥是促使理工科院校良性运转的重要保证，更是提高理工科院校人才培养质量与水平的基本要求。理工科院校专业课教师教书育人责任落实在优化理工科院校综合功能中发挥着不容忽视的作用，有助于为理工科院校的人才培养打造稳定的良性育人环境。具体而言，作为新时代高素质创新型人才培养的重要基地，理工科院校的核心功能就是人才培养，科学研究、社会服务、文化传承创新均围绕人才培养而开展，而人才培养又是通过科学研究、服务社会、文化传承创新来实现的。以人才培养为纽带，人才培养质量的提升必然会提升理工科院校的科学研究水平，增强其社会服务水平，为其文化传承创新提供动力。反之，科学研究、服务社会、文化传承创新等部分功能的优化也有助于推进理工科院校的人才培养工作，从整体上优化理工科院校的综合功能。"大学组织机构必须具备综合性和柔性，将人才培养、科学研究、社会服务和文化传承创新视为一个有机整体，方可实现大学功能的整体功效。"[1] 在此基础上，才能实现培养社会发展所需要的人，即"培养社会发展、知识积累、文化传承、国家存续、制度运行所要求的人"[2] 的人才培养目标。理工科院校专业课教师既是理工科院校人才培养的重要主体，也在理工科院校的科学研究、社会服务与文化传承创新等功能要素中发挥着重要作用。理工科院校专业课教师是理工科院校科技创新团队的有生力量，其在科学研究过程中形成的一系列科研成果在推进理工科院校产学研用结合过程中发挥着重要作用，同时，专业课教师在科学研究过程中形成的新知识、新思想也在不断推进科技文化传承创新。理工科院校专业课教书育人责任落实有助于打通"教"与"研"的内在通道，促进产教融合，从而更好地培养全面发展的高素质专门人才和拔尖创新人才。因此，理工科院校专业课教师落实自身教书育人责任，有助于增强理工科院校综合功能的育人效能，为理工科院校的人才培养提供稳定、良性的育人环境。

综上，理工科院校专业课教师教书育人责任落实是优化理工科院校育人环境的重要手段，有助于为理工科院校的人才培养营造和谐、健康、稳定的育人环境。

三、建强理工科院校育人队伍的内生动力

理工科院校人才培养的关键在于教师，教师队伍的素质直接影响着理工科院校的人才培养能力。所以要想提高理工科院校人才培养能力必然要加强理工科院校教师队伍建设，切实提升教师队伍的育人能力和育人水平。党的十九大报告指出，要"加强师德师风建设，培养高素质教师队伍"[3]。习近平总书记在北京大学师生座谈会上的讲话中也强调："建设政

---

①　任燕红：《大学功能整体性的内在构成》，《国家教育行政学院学报》2018 年第 4 期。

②　习近平：《在北京大学师生座谈会上的讲话》，《人民日报》2018 年 5 月 3 日。

③　习近平：《决胜全面建成小康社会　夺取新时代中国特色社会主义伟大胜利——在中国共产党第十九次全国代表大会上的报告》，人民出版社 2017 年版，第 46 页。

治素质过硬、业务能力精湛、育人水平高超的高素质教师队伍是大学建设的基础性工作。"① 这也对理工科院校育人队伍建设提出了具体要求，理工科院校育人队伍建设也应围绕政治素质、业务能力和育人水平三方面展开。理工科院校专业课教师在理工科院校教师队伍中占据着较大比重，是理工科院校育人队伍的重要组成部分，其自身素质能力状况会直接影响理工科院校育人队伍的整体水平，所以加强理工科院校育人队伍建设必然要以专业课教师素质能力提升为重点。而理工科院校专业课教师教书育人责任落实有助于提升专业课教师的政治素质、业务能力和育人水平，对提升理工科院校整个育人队伍的育人能力和育人水平有着重要作用。所以，理工科院校专业课教师教书育人责任落实关乎理工科院校整个育人队伍建设情况，有助于为理工科院校人才培养提供充分的育人动能。

第一，理工科院校专业课教师教书育人责任落实有助于提升专业课教师的思想政治素质。师德师风既是评价教师队伍的第一标准，也是评价教师素质的首要标准。《中共中央 国务院关于全面深化新时代教师队伍建设改革的意见》强调，教师队伍建设要突出师德，要将提高教师思想政治素质和职业道德水平摆在首要位置。② 因而加强教师师德师风建设，提高教师的思想政治素质和职业道德水平是理工科院校高素质教师队伍建设的首要任务。专业课教师是理工科院校教师队伍的重要组成部分，占理工科院校教师队伍的大多数，其思想政治素质关乎整个理工科院校教师队伍的师德师风建设，在一定程度上，专业课教师思想政治素质的提高有助于筑牢整个教师队伍的思想道德根基。所以，理工科院校专业课教师思想政治素质提升是理工科院校高素质教师队伍建设的着重点。而专业课教师教书育人责任落实在提升其思想政治素质方面发挥着关键作用。人才培养的辩证法揭示"人才培养一定是育人和育才相统一的过程，而育人是本。人无

---

① 习近平：《在北京大学师生座谈会上的讲话》，《人民日报》2018 年 5 月 3 日。

② 《中共中央 国务院关于全面深化新时代教师队伍建设改革的意见》，《人民日报》2018 年 2 月 1 日。

德不立，育人的根本在于立德"①。良好的思想道德修养是大学生成长成才的关键，因而切实提升大学生的思想道德水平，引导大学生形成良好的思想道德品质是专业课教师的重要职责。但是，专业课教师自身的思想政治状况会在无形中对大学生的思想道德造成影响，而且这种影响是深远而持久的。专业课教师想要落实好自身教书育人职责，提升学生的思想道德水平，就必须要坚持教育者先受教育，要以"立德"为基础，注重师德养成，坚持"以德立身、以德立学、以德施教、以德育德"②，不断提高自身的思想政治素质和职业道德水平。从这个意义上而言，理工科院校专业课教师教书育人责任落实有助于提升专业课教师的思想政治素质。

第二，理工科院校专业课教师教书育人责任落实有助于提升专业课教师的业务能力。业务能力精湛既是高素质教师队伍建设的基本要求，也是理工科院校专业课教师教书育人责任落实的内在要求。专业课教师作为理工科院校人才培养的中坚力量，在人才培养过程中具有诸多育人优势，其业务能力直接与理工科院校人才培养状况相勾连，也直接关系理工科院校整个教师队伍的专业化水平。所以，专业课教师业务能力提升是理工科院校高素质教师队伍建设的着眼点，对于提升理工科院校整个教师队伍专业化水平，建设业务精湛的高素质教师队伍具有非常重要的作用。而理工科院校专业课教师业务能力的提升与其教书育人责任落实密切相关。具体而言，衡量专业课教师业务能力的关键在于专业课教师是否具备扎实的学识。"扎实的知识功底、过硬的教学能力、勤勉的教学态度、科学的教学方法是老师的基本素质，其中知识是根本基础。"③理工科院校专业课教师要落实好教书育人的职责使命，成为大学生"锤炼品格、学习知识、创

---

①　习近平：《在北京大学师生座谈会上的讲话》，《人民日报》2018年5月3日。

②　《中共中央　国务院关于全面深化新时代教师队伍建设改革的意见》，《人民日报》2018年2月1日。

③　习近平：《做党和人民满意的好老师——同北京师范大学师生代表座谈时的讲话》，《人民日报》2014年9月10日。

新思维、奉献祖国的引路人"①，就必须要树立终身学习理念，按照"四有好老师"的标准要求自身，不断提升自身专业素质能力。基于此，理工科院校专业课教师教书育人责任落实有助于提升专业课教师的业务能力。

第三，理工科院校专业课教师教书育人责任落实有助于提升专业课教师的育人水平。育人水平高超是高素质教师队伍的核心要求，也是考核教师队伍建设的重要标准。理工科院校专业课教师是理工科院校教师队伍的重要组成部分，也是理工科院校人才培养的主力军。所以，理工科院校专业课教师育人能力和育人水平关乎整个理工科院校教师队伍建设，提升其育人能力和育人水平是理工科院校高素质教师队伍建设的着力点。对于理工科院校专业课教师而言，教书育人这一本职工作直接关乎其能否成为一名好老师。因而要成为一名好老师就必须要落实好教书育人职责使命。这要求专业课教师必须时刻铭记教书育人使命，执着于教书育人，不断提高自身的育人能力和育人水平。理工科院校专业教师教书育人责任落实，一方面会从内在要求层面提高专业课教师提升自身育人能力和育人水平的积极性和主动性；另一方面也会从外在标准方面迫使专业课教师提升自身育人能力和育人水平。因为，在现实中，有关学者的研究表明，理工科院校专业课教师教书育人责任落实虽然总体上取得了较好的成绩，但现实中确实还存在诸多问题。究其原因，与专业课教师自身的育人意识、育人能力和育人水平相关。而理工科院校专业课教师在落实教书育人责任的过程中，其落实自身职责使命的思想认识会随实践不断提升，其育人能力和育人水平也会随之不断提高。因此，理工科院校专业课教师落实好教书育人责任，在一定意义上有助于提高理工科院校专业课教师的育人水平。

---

① 《中共中央 国务院关于全面深化新时代教师队伍建设改革的意见》，《人民日报》2018年2月1日。

四、完善理工科院校教育体系的重要环节

为适应高等教育内涵式发展、国家"双一流"建设的内在要求以及国家创新驱动发展战略对科技创新人才的迫切需求，培养德才兼备、全面发展的高水平科技创新人才成为了理工科院校人才培养的新目标和新要求。而培养什么人、如何培养人与理工科院校的人才培养体系密切相关。习近平总书记在北京大学师生座谈会上的讲话强调"要形成更高水平的人才培养体系"①。而后在全国教育大会上的讲话中，习近平总书记再一次提出"要构建德智体美劳全面培养的教育体系，形成更高水平的人才培养体系"②。因而理工科院校要提高其人才培养能力，落实其立德树人根本任务，必然要从完善人才培养体系着手，构建德智体美劳全面培养的教育体系，为理工科院校的人才培养提供有力的保障。而理工科院校专业课教师对大学生思想道德、科学文化等方面的影响是全面的。其教书育人责任落实在培养全面发展的优秀人才，构建德智体美劳全面培养的教育体系中发挥着重要作用，是完善理工科院校教育体系的重要环节。

构建德智体美劳全面培养的教育体系是涉及教育教学诸多体系的综合系统工程。其中，思想政治工作体系是贯通其中的核心体系，在理工科院校人才培养体系中居于优先位置。然而，实际中，思想政治工作体系中存在的思想政治教育与专业教育"两张皮"以及政工队伍建设与专业课教师队伍建设"二道劲"是阻碍理工科院校教育体系进一步完善的顽瘴痼疾。所以，要构建德智体美劳全面培养的教育体系，必须先要打通理工科院校专业教育和思想政治教育的内在壁垒，打破理工科院校思想政治教育的孤岛困境。中共中央、国务院印发的《关于加强和改进新形势下高校思想政治工作的意见》指出"要坚持全员全过程全方位育人"③。中共教育部党组

---

① 习近平：《在北京大学师生座谈会上的讲话》，《人民日报》2018 年 5 月 3 日。
② 《十九大以来重要文献选编》（上），中央文献出版社 2019 年版，第 653 页。
③ 《关于加强和改进新形势下高校思想政治工作的意见》，《光明日报》2017 年 2 月 28 日。

印发《高校思想政治工作质量提升工程实施纲要》要求，"一体化构建内容完善、标准健全、运行科学、保障有力、成效显著的高校思想政治工作质量体系，形成全员全过程全方位育人格局"①。通过构建"三全育人"大思政创新格局，凝聚多方面育人力量，对大学生进行全方位的思想价值引导，是完善理工科院校教育体系的必然之举。理工科院校专业课教师是"三全育人"的重要主体，其教书育人责任落实是"三全育人"大思政创新格局构建的重要力量，也是完善理工科院校教育体系的重要环节。

　　理工科院校专业课教师教书育人责任落实在完善理工科院校教育体系中的重要作用，主要归结为以下几点：其一，理工科院校专业课教师教书育人责任落实是实现全员育人的内在要求。全员育人要求覆盖理工科院校的各类育人主体，各级管理人员和行政人员、党政工作者、教辅人员、后勤服务人员等均囊括其中。理工科院校专业课教师队伍庞大，是理工科院校全员育人不可或缺的重要主体。其二，理工科院校专业课教师教书育人责任落实是理工科院校全过程育人的重要环节。完善理工科院校教育体系必须要将立德树人融入教育教学的全过程。习近平总书记在全国高校思想政治工作会议中指出："思想政治理论课要坚持在改进中加强，提升思想政治教育亲和力和针对性，满足学生成长发展需求和期待，其他各门课都要守好一段渠、种好责任田，使各类课程与思想政治理论课同向同行，形成协同效应。"② 理工科院校专业课程在大学生的课程体系中占较大比重，是全过程育人的重要组成部分，因而更不能忽视专业课程的德育功能，必须将立德树人融于专业课程教学之中。理工科院校专业课教师承担着大量专业课程的教学任务，其教书育人责任落实能够在专业课程教学过程中将课程本身蕴含的思政元素融入课堂教学中，在知识技能教育过程中加强对大学生的思想道德引导，从而守好专业课程的一段渠，种好责任田。其

---

① 《关于印发高校思想政治工作质量提升工程实施纲要的通知》，中共教育部党组，http://www.moe.gov.cn/srcsite/A12/s7060/201712/t20171206_320698.html。

② 《习近平谈治国理政》第二卷，外文出版社 2017 年版，第 378 页。

三，理工科院校专业课教师教书育人责任落实是理工科院校全方位育人的重要组成部分。理工科院校专业课教师在课上课下、线上线下、校内校外等多个维度均发挥着重要的育人作用，其教书育人责任落实亦是理工科院校全方位育人中不可或缺的重要一环。

第三节　实现大学生自由全面和谐发展的有力保证

大学生是祖国的未来、民族的希望。实现大学生自由全面和谐发展是马克思主义关于人的全面发展学说的具体要求，是人的发展和社会进步的基本要求，是理工科院校人才培养的根本要求，也是大学生自我完善的内在要求。理工科院校专业课教师肩负着教书育人重要职责使命，是先进思想文化的传播者，是中国共产党执政的坚定支持者，也是大学生健康成长的指导者和引路人。因而理工科院校专业课教师教书育人责任落实是实现大学生自由全面和谐发展的有力保证。

一、筑牢大学生思想根基的必要条件

大学阶段是大学生思想形成发展的关键时期，能否在这一关键时期筑牢大学生的思想根基，对大学生的成长发展影响深远。随着社会经济和多元文化的发展以及对外交流合作机会的增多，大学生的思想价值观念更加趋于多样化。与此同时，不良思想文化和价值观念对大学生的侵蚀渗透更加广泛，方式也更为隐蔽。因而如何及时回应大学生思想价值观念的新变化、新需求和新问题，更加贴近大学生的思想实际、生活实际，有针对性地引导大学生的思想价值观念，帮助其形成正确的思想价值观念也成为一个亟待解决的重要问题。习近平总书记指出："'传道'是第一位的。一个老师，如果只知道'授业'、'解惑'而不'传道'，不能说这个老师是完全称职的……一个优秀的老师，应该是'经师'和'人师'的统一，既要

精于'授业'、'解惑',更要以'传道'为责任和使命。"① 理工科院校专业课教师不仅在大学生的专业学习生活中扮演着非常重要的角色,而且在大学生思想价值观念形成发展过程中还发挥着极为重要的作用。其教书育人责任落实有助于抓住大学生价值观念形成发展的黄金期,对大学生进行全方面的思想价值引导,帮助大学生树立正确的世界观、人生观和价值观,筑牢大学生的思想根基,为其健康成长夯实思想基础。

　　一方面,理工科院校专业课教师教书育人责任落实有助于在专业教育教学的过程中对大学生进行全过程全方位思想价值引导,帮助大学生形成正确的思想认识与价值判断,坚定理想信念,"树立对马克思主义的信仰、对中国特色社会主义的信念、对中华民族伟大复兴中国梦的信心"②,为大学生的健康成长打牢思想之基。如专业课教师将专业课程本身蕴含的德育资源融入大学生的专业知识技能教育过程中,可以使大学生在了解科学技术,直观感受科学力量的过程中,发现科学之美,理解科技本身蕴含的人文情怀,读懂科学精神的本质;也可以在介绍专业课程时,向大学生介绍相关学科领域的优秀人物,使其在了解各行各业优秀科学家追求科学真理、为国奉献的先进事迹的过程中,培育浓厚的爱国主义情怀等。专业课教师在指导大学生专业实习实践的过程中,可以帮助大学生在解决实际遇到的难题、做好一件件小事的过程中培育良好心态、磨砺坚强意志、培养奋斗精神。专业课教师在科学研究过程中可以让大学生明白坚守职业道德与学术道德的重要性,在用取得的研究成果服务社会的过程中让大学生学会责任和担当。另一方面,理工科院校专业课教师教书育人责任落实也有助于在专业教育教学的过程中随时了解大学生的思想动态,及时发现并遏制不良思想苗头和价值倾向的发展,引导大学生辨清不良思想文化和价值观念的错误本质,从而及时清除不良思想文化和价值观念对大学生的负面

---

① 习近平:《做党和人民满意的好老师——同北京师范大学师生代表座谈时的讲话》,《人民日报》2014 年 9 月 10 日。

② 习近平:《在纪念五四运动 100 周年大会上的讲话》,《人民日报》2019 年 5 月 1 日。

消极影响，为大学生的健康成长扫除思想障碍。

二、培养大学生创新思维能力的重要方式

"青年是祖国的前途、民族的希望、创新的未来。"[①] 大学生尤其是理工科大学生是未来应用型技术人才的主力军，而理工科院校的专业课教师不仅是大学生专业知识的传授者和专业技能提升的指导者，更是创新思维和创新意识的培养者。其教书育人责任落实能够在传授专业知识的过程中不断提升大学生的专业素养和专业技能，提高大学生的综合能力和综合素质，并在此基础上进一步培养大学生的创新思维和创新意识，提升其创新能力，从而帮助大学生叩响科学真理的智慧之门。第一，理工科院校专业课教师的启发引导能够为大学生提供专业的教育指导。本科阶段是大学生接受系统专业培训的基础阶段。其目的不只是让大学生习得相关专业知识，提升相关专业技能，更是要强化其思维训练，使大学生形成良好的专业思维。并且大学生在专业学习的过程中也存在诸多迷茫与不解，这些都需要专业课教师的精心教育和引导。专业课教师在向大学生传授专业知识的过程中有意识地引导他们从多角度深入思考，发散式思考，不断激发大学生专业学习的兴趣和求知欲望，使其更加深刻地了解问题的本质，获取解决问题的新思路和新见解，有助于帮助他们形成良好的专业思维。第二，理工科院校专业课教师的言传身教能够为大学生提供良好的行为示范。"师者，人之模范也。"[②] 教师的言行具有很强的示范性，会对学生产生极大的影响。专业课教师在指导学生的过程中，教师自身具有的优秀品质，如治学严谨、恪守学术道德和职业规范、探索科学真理、关注社会等会在无形中熏陶感染大学生。同时，专业课教师在带领大学生攻克专业难题的过程中表现出来的勇于奋斗的精神状态、乐观向上的人生态度都对其

---

① 习近平：《在中国科学院第十九次院士大会、中国工程院第十四次院士大会上的讲话》，人民出版社 2018 年版，第 24 页。

② 扬雄：《法言·学行》，中华书局 2012 年版，第 21 页。

造成了深远的影响。马克思曾经写道："在科学上没有平坦的大道，只有不畏劳苦沿着陡峭山路攀登的人，才有希望达到光辉的顶点。"① 专业课教师自身实际言行中呈现出的优秀品质和乐观态度，将会是大学生未来攀登科技高峰的宝贵财富。第三，理工科院校专业课教师能够提升大学生的综合能力，为其创新思维培养奠定基础。专业课教师在指导大学生实验实训的过程中，不单注重教会学生相关的专业知识，还注重提升大学生的沟通交往能力、团结协作能力等，不断提升大学生的综合能力。这是培养大学生创新意识和创新思维能力的重要基础。总之，理工科院校专业课教师在教书育人过程中对大学生创新意识和创新思维的激发、鼓舞与培养，有助于开阔其思维视野，提高其思想认识水平，进而不断提升大学生的创新思维和能力，持续激发大学生的创新创造活力，为大学生的自由全面和谐发展奠定深厚基础。

三、疏解大学生成长困惑的重要渠道

自进入大学阶段，大学生的学习生活都发生了巨大的转变，一方面开始尝试独立生活，对未来充满期望和憧憬，探索未知的劲头很足；另一方面因其尚未成熟，又常常面临诸多自身难以化解的困难疑惑，既影响大学生的身心健康，也影响其独特个性人格的塑造，影响其自由全面和谐发展。理工科院校专业课教师是大学生健康成长的指导者和引路人，其教书育人责任落实是化解大学生成长路上诸多困惑，使其保持良好的心理状态，塑造其完善的人格，实现其自由全面和谐发展的重要渠道。

理工科院校专业课教师是大学生人生道路的指引者，能够帮助大学生及时拨开思想迷雾。全球化背景下，大学生对外交流学习的机会日益增多，不同文明的交流碰撞在为大学生带来更为开阔的视野的同时，不同的思想文化、价值观念以及生活方式也容易使大学生产生一些困惑。理工科

---

① 《马克思恩格斯文集》第 5 卷，人民出版社 2009 年版，第 24 页。

院校专业课教师应结合自身专业优势，引导大学生正确认识世界和中国发展大势以及中国特色和国际比较，正确看待不同文明之间的异同，从而及时消除大学生的困惑，帮助大学生在交流学习中形成正确的世界观。另外，网络信息技术的日新月异使得网络空间成为人们生活不可或缺的重要一部分。现实社会的种种集中投射到网络空间之中，或被聚焦放大、或被扭曲失真、或被歪曲利用。大学生身处信息漩涡中心，自身理性思考判断能力尚不成熟，更容易在纷繁复杂的网络信息中失去正确的方向，产生诸多困惑迷茫。专业课教师在教书育人过程中更容易把准大学生的认知盲点和痛点，帮助大学生理性鉴别网络空间中的思想、言行，及时扫清大学生的困惑迷茫，引导大学生树立和践行社会主义核心价值观，不断提高自身道德修养，追求更有高度、更有品位的人生。

理工科院校专业课教师是大学生专业学习的点拨者，能够激发大学生提升专业技能的信心。不少专业课教师既承担着日常的课堂教学责任，也是大学生实验实训、科技竞赛的指导者。不论从时间长度讲，还是从时间跨度讲，理工科院校专业课教师与大学生接触较多，联系密切。因而专业课教师不仅可以在课前课后为大学生解决专业学习上的困惑，也可以在指导实验实训、科技竞赛等的过程中为大学生给予专业的点拨，化解其专业方面的诸多困惑，从而不断激发大学生的求知欲望，提升大学生的专业知识技能，为大学生未来的学习发展奠定深厚的理论功底。

理工科院校专业课教师是大学生职业生涯的领航者，能够为大学生职业启航保驾护航。大学生，尤其是处于毕业季的大学生正处于人生的十字路口，对未来充满迷茫。对于在校大学生而言，尽管在大学阶段学习到了很多专业知识，但对自身所学专业的要求特点、就业情况仍不甚明朗，特别是在职业选择和提升自我竞争力等方面充满诸多困惑。实际上，不少学校都开展了"本科生导师制"，担当本科生导师的很多是专业课教师。专业课教师具有扎实的专业理论功底，也具备较多的实践经验和人生阅历，更容易从大学生的实际出发，帮助大学生制定科学的职业生涯规划，或者为大学生提供更切合实际的宝贵建议，从而可以有效解决大学生在职业选择过程中的诸多困惑，为其未来的职业发展指明方向。

理工科院校专业课教师是大学生日常生活的知心人，能够为大学生健康生活传递温暖。大学生在日常生活中经常会遇到很多挫折，产生诸如情感、人际关系等方面的困惑。但由于对挫折缺乏正确的认识、自身抗压能力和心理承受能力较弱、缺乏合适的倾诉对象等，部分大学生的负面消极情绪郁积而又难以合理宣泄，严重影响其正常的学习生活，更有甚者，往往容易采取较为极端的、非理性的解决方式，最终有可能造成不可挽回的后果。而理工科院校专业课教师与学生接触较多，与学生交流的机会多，在学生心目中有着较高威信，更容易及时知晓大学生在生活中遇到的各种困惑，也更便于引导大学生正确认识其所面临的各种困惑，同时他们可以及时采取积极恰当的解决方式，从而及时消解大学生的心理困惑，引导大学生正确看待成长过程中的挫折和困难，保持健康良好的心态。

总之，基于理工科院校专业课教师在大学生学习生活中的重要地位和影响，其教书育人责任落实能够疏解大学生成长中遇到的思想困惑、学业困惑、职业选择困惑以及心理困惑等，从而帮助大学生更好地成长为一名全面发展的优秀人才。

第三章　理工科院校专业课教师教书育人责任落实现状

党的十八大以来，习近平总书记在多个场合谈及尊师重教相关问题，并对广大教师提出了殷切希望。习近平总书记在全国教育大会上指出，我们办的是社会主义教育，必须坚持教育为人民服务、为中国共产党治国理政服务、为巩固和发展中国特色社会主义制度服务、为改革开放和社会主义现代化建设服务。这为高校教师落实教书育人责任提供了根本遵循。教师是人类灵魂的工程师，承担着神圣使命。特别是高校教师，其思想政治状况具有很强的示范性和引导性。理工科院校专业课教师是理工科院校教师队伍的重要主体，也是理工科院校教学工作的主要实施者，其业务能力和思想品德的高低直接影响其教书育人责任落实是否到位，更影响理工科院校立德树人的实际效果。因此，理工科院校要坚持"传道者先明道信道，教育者先受教育"，突出全员全方位全过程的师德养成，通过学习、实践、调研、集中备课和研讨等方式，拓展教师文化视野，全面提高专业课教师育人的意识和能力，推动专业课教师成为先进思想文化的传播者，学生健康成长的指导者和引路人。系统分析理工科院校专业课教师教书育人责任落实现状的调研结果，在此基础上阐述理工科院校专业课教师教书育人责任落实取得的成就，深入剖析存在的问题及其成因，能够为接下来的研究奠定现实基础。

第一节　理工科院校专业课教师教书育人
责任落实的调研概况

为更好地调研理工科院校专业课教师教书育人责任落实现状，厘清此类院校专业课教师对于落实教书育人责任的认识和实践方式，课题组设计了《理工科院校专业课教师教书育人责任落实现状调查问卷》。此问卷分为理工科院校专业课教师版和理工科院校学生版，采取线上线下多种形式，面向清华大学、北京理工大学、北京航空航天大学、北京科技大学等 10 所在京理工科院校以及中国石油大学（华东）、太原理工大学等 5 所京外理工科院校的专业课教师和在校生，共发出问卷 5000 份，收回有效问卷 4181 份，其中专业课教师有效问卷 1629 份、学生有效问卷 2552 份。在 1629 位参与调查的专业课教师中，男性教师有 1027 人，占比 63%；女性教师有 602 人，占比 37%。其中，共产党员 1255 名，占比约为 77%；政治面貌为群众的教师有 296 人，占比约为 18%；其余教师为民主党派成员。参与调研的教师涵盖各个年龄层，但以青年教师为主。其中，30 岁以下教师 73 人，占比约为 4%；31—40 岁教师 846 人，占比约为 52%；41—50 岁教师 487 人，占比约为 30%；50 岁以上教师 223 人，占比约为 14%。受访教师中，任教年限主要集中在 3—20 年之间。其中，任教 3 年以下教师为 271 人，占比约为 17%；任教 3—10 年教师有 579 人，占比约为 36%；任教 11—20 年教师有 493 人，占比约为 30%；任教 21—30 年教师有 200 人，占比约为 12%；86 名教师任教 30 年以上，占比约为 5%（见图 3-1）。他们的职称情况为：正高级教师有 348 人，占比约为 21%；副高级教师有 732 名，占比约为 45%；中级职称有 498 人，占比约为 31%；初级教师 51 人，占比约为 3%。并且，具有博士学历的占比约为 75%，硕士学历的占比约为 20%，本科及以下学历的占 5%。

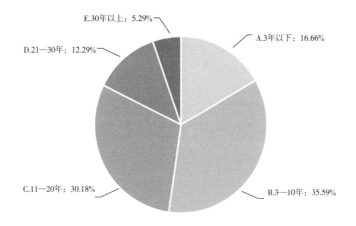

图 3-1　受访教师任教年限分布图

在参与调查的 2552 名学生中，男生所占比例为 64%，女生所占比例 36%。学历结构情况为：本科生有 2127 名，占比约为 83.35%；硕士研究生 339 名，占比为 13.28%；博士研究生 86 名，占比为 3.37%（见图 3-2）。从政治面貌上看，共青团员比例占约为 79%，中共党员比例为 16%，群众仅为 5%。

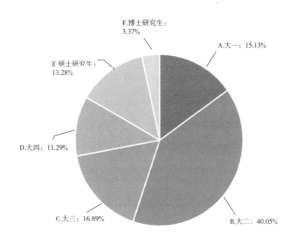

图 3-2　受访学生年级分布图

　　课题组在问卷数据的基础上，围绕理工科院校专业课教师育人意识、素质、能力以及理工科院校在校生的反馈，对理工科院校专业课教师落实教书育人责任的现状加以深入分析。此外，为了进一步明晰理工科院校在专业课教师教书育人责任落实过程中的现状、难点以及问题，了解各高校在实践过程中形成的特色案例，课题组对多所理工科院校的思政工作负责人、专业课教师、管理人员、学生等进行了深入访谈和案例收集。从对学生的访谈情况和调研数据分析发现，在校生对于专业课教师具有教书育人责任的认知较为一致，受访学生整体对当前理工科院校专业课教师教书育人责任落实的情况表示满意，绝大多数学生认为所在学校的专业课教师可以做到教书与育人相统一、言传与身教相统一。但是，调研结果也显示，理工科院校专业课教师在落实教书育人责任时依然存在认知偏差、积极性不高、方法单一等问题，亟需改进。专业课教师的问卷调查和访谈结果显示：专业课教师对其教书育人责任的认可度较高，超过90%的受访教师认为自己所授专业课具有明显的育人职能。同时，绝大部分教师认为应该加强课程思政建设，并在专业课教学中融入更多的人文、哲学和社会科学内容，这充分说明当前专业课教师落实教书育人的意识较为明确。不过，专业课教师在教书育人责任范畴的认知上还有较大差异。在受访教师中，有50%以上的受访教师认为在课外不一定需要或者不需要关心学生思想状况和学习生活状况。因此，可以看出，理工科院校专业课教师教书育人责任落实的实效性有待进一步提高。

第二节　理工科院校专业课教师教书育人责任落实取得的成就

　　理工科院校专业课教师是理工科院校教师队伍的主要组成部分。教师所肩负的责任义务、教学活动以及教育和人才培养的目标等都使专业课教

师在其教学过程中居于主导地位。因此，理工科院校专业课教师教书育人
责任落实直接关系到理工科院校人才培养质量。通过对实证调研结果的数
据分析发现，当前理工科院校在校生对于专业课教师具有教书育人责任的
认知较为一致，接近70%的受访学生认为专业课教师是具有德育责任的，
并有70.69%的学生认为所在院校的师德师风状况整体较好（见图3-3）。
与之相对，受访学生整体对当前理工科院校专业课教师教书育人责任落实
的情况表示满意。可见，当前理工科院校专业课教师教书育人责任落实总
体情况向好。尤其是随着课程思政建设的不断深入，高校专业课教师落实
教书育人责任愈发成为高校教育改革事业发展的重点。为深入贯彻习近平
总书记关于教育的重要论述，落实立德树人根本任务，近年来，各理工科
院校围绕专业课教师如何落实好教书育人责任这一重要命题，立足体制机
制建设做出了许多有益尝试，总结了一些经验，取得了一定的成就，主要
体现在以下几个方面。

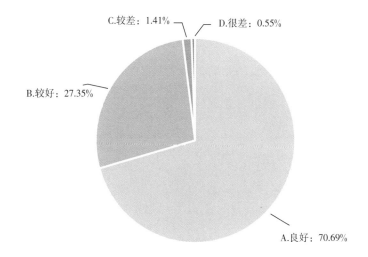

图3-3　关于学生对专业课教师的师德师风评价的调查

一、教书育人相关制度及其长效机制不断健全

党的十八大以来，国家高度重视大学生的思想政治教育和高校教师队伍建设工作，反复强调教师在教书育人中的重要性。习近平总书记在多次讲话中都提到高校教师要始终坚持"教书与育人相统一"，党中央和教育部等先后出台了《关于进一步加强和改进新形势下高校宣传思想工作的意见》《关于全面深化新时代教师队伍建设改革的意见》《关于加强和改进新形势下高校思想政治工作的意见》《关于深化新时代学校思想政治理论课改革创新的若干意见》《深化新时代教育评价改革总体方案》等一系列制度文件。从政策文件的出台目的来看，主要是发挥旗帜导向作用，引导高校教师树立全程育人、全方位育人和全员育人的教育观念，营造教书育人的良好氛围和环境。对于理工科院校而言，制度建设及其产生的工作机制是保障专业课教师落实教书育人责任的重要条件。我国各大理工科院校根据中央的指示和精神要求，围绕教师教书育人责任落实也相继建立健全本校的相关制度。课题组调查发现，各高校在工作机制建设方面初见雏形并取得一定成效。绝大多数理工科院校依据国家印发的相关政策文件以及教育部印发的《新时代高校教师职业行为十项准则》等规则规范，结合实际情况先后印发、修订了促进专业课教师教书育人责任落实的师德建设长效机制实施细则、教师道德行为规范、师德建设与监督委员会议事规则、师德"一票否决"和师德考核实施细则等文件，明确规定教书育人为落实高校教师师德的主要目标，着力完善校院两级教师思想政治工作和教书育人责任落实的考核评价机制，在人才引进、职务评审、岗位聘任、干部选拔、评奖评优等工作中均加入教书育人考核环节，以制度引导广大教师自尊、自律，切实落实教书育人责任。

理工科院校党政领导对理工科院校专业课教师教书育人责任落实给予了高度的重视。他们对此基本形成了较为一致的观点，即认为教书育人是教育的目的，是学校的根本任务，也是教师的天职。这为促进专业课教师

教书育人责任制度建设奠定了政治基础。在具体实践过程中，理工科院校党政领导一直紧抓这项工作，不断加大对这项工作的管理力度。不少理工科院校都在领导机构和工作制度等方面进行了一定的探索，也取得了一定的成就。一是组建成立党委教师工作部等专职部门。2015 年以来，西安交通大学等多所高校陆续成立党委教师工作部，设置专门机构、配备专职人员来重点加强专业课教师思想政治工作和教书育人工作。这一部门的设置对于加强教师的思想政治工作，完善师德师风考评体系，引导专业课教师更好地落实教书育人责任起到了重要的促进作用。并且，成立党委教师工作部还为新形势下做好高校教书育人的协同工作提供了便利条件。理工科院校专业课教师教书育人责任落实要适应新时代的复杂环境，切实提升育人的质量和实效性，就必须充分利用教育工作、管理工作和专业教师队伍内部的互补性，将单个专业课教师教书育人责任落实与专业课教师整体队伍教书育人责任落实统一起来，为激发理工科院校专业课教师自觉教书育人创造良好的环境。而党委教师工作部的成立为实现这一目的奠定了组织基础。二是构建专业课教师教书育人责任落实的工作领导体系。许多理工科院校在这一方面做出了很多努力。例如，某些理工科院校通过立柱架梁形成纵横交错的思政工作体系，除整体的思政工作领导小组之外，还专门成立了教师工作、学生工作、民族宗教工作等 10 个思政工作领导小组。这些工作小组的成员包括党政领导干部、专职思政工作教师队伍，还包括了一线专业课教师。这一工作体系保证了理工科院校在做好顶层设计、强化宏观统筹的过程中，可以进一步完善思想政治专项课题研究机制、课题选题应急机制、建立课题成果推介机制，从而调动了一大批专业课教师参与教学理论和课程思政等方面的研究。三是建立了许多相关的具体工作制度。例如，北京科技大学注重专业课教师思想政治工作，通过建立以上率下制度，让领导干部带头示范引领校园理论学习风尚，分别做实了领导干部上讲台、担任学生党支部理论学习导师制度等；并建立教辅结合制度，畅通了专业课教师与辅导员之间的沟通和协作。此外，部分高校还明确专业课教师教书育人工作标准和导向。各高校不断细化和强化专业课教师育人工作考核，明确教学的中心地位，认定思政育人工作量，并设定了思政育人基本工作要求。如西北工业大学制定专业课教师思政工作标准，将其纳入学校工作要点、校级领导述职、二级单位绩效考核、基层党委书记述职考评，层层压实思政工作责任，从而使专业课教师落实教书育人责任有了具体依托和考量方式。

可以看出，随着国家对教师教书育人责任落实的大力投入和政策支持，我国众多理工科院校已经开始为此建立了相关保障制度，虽然还存在许多不足之处，但是理工科院校专业课教师教书育人责任落实长效机制正在不断健全的过程中。

二、课程思政改革初见成效

课堂教学是理工科院校专业课教师教书育人的主阵地，承担着教书和育人的双重责任，必须坚持用习近平新时代中国特色社会主义思想铸魂育人，通过持续改革创新，有效增进广大师生对党的理论的政治认同、思想认同、情感认同。据统计，理工科院校 80% 以上的课程是专业课，推动所有课程承担起育人功能，构建全面覆盖、类型丰富、相互支撑的课程体系，是确保思想政治工作贯穿人才培养全过程的必然要求。韩愈在《师说》中写道："师者，所以传道授业解惑也。"为人师者，不仅要"授业、解惑"，而且要"传道"，即不仅要"教书"，还要"育人"。习近平总书记指出："教师要时刻铭记教书育人的使命，甘当人梯，甘当铺路石，以人格魅力引导学生心灵，以学术造诣开启学生的智慧之门。"① 这就要求教师不仅要当"经师"，而且要做"人师"。为了进一步落实专业课教师教书育人责任，加速思政元素与理工科专业课程之间的融合，理工科院校纷纷围绕理工科

① 习近平：《青年要自觉践行社会主义核心价值观——在北京大学师生座谈会上的讲话》，《人民日报》2014 年 5 月 5 日。

专业基本问题与思想政治教育之间的相互作用，着力推进构建全员、全过程、全课程育人格局下的"课程思政"建设体系。近年来，许多理工科院校接连成立了"课程思政"改革领导小组，均由党委书记亲自担任组长，并设立专门办公室予以推进落实。这是理工科院校贯彻落实教育部《高等学校课程思政建设指导纲要》(以下简称《纲要》) 文件精神的重要举措。《纲要》要求课程思政教学改革必须围绕高水平人才培养体系不断完善，要紧紧围绕国家和区域发展需求，构建全面覆盖、类型丰富、层次递进、相互支撑的课程思政体系，努力培养德智体美劳全面发展的社会主义建设者和接班人。因此，要充分发挥各门专业课程的思想政治教育功能，切实把思想政治工作贯穿教育教学全过程，形成各类各门课程协同育人格局，实现知识传授、能力培养与价值引领的有机统一。这就要求理工科院校围绕提升专业课教师教书育人意识和课程思政建设能力这两大基本出发点，立足教师师德品质与能力素质提升、全面融入教学和人才培养、汇集学校协同育人力量、搭建科学化育人评价体系四个基本要求，开展课程思政建设。例如，武汉大学成立课程思政教学改革指导委员会，学校教务处、人事处、教师发展中心、教育质量监测中心积极配合学工部、研工部和学校德育中心，有效发挥行政职能，将课程思政纳入年度重点工作予以推进，从而促进专业课教师教书育人责任的落实。北京科技大学按照"全校统筹、全员参与，抓住重点、有机融合，突出优势、彰显特色"的建设思路和原则，重点推进课程思政建设，强调专业课教师教书育人责任的落实。该学校"大国钢铁"公开选修课自 2020 年春季学期开课，面向全校所有专业学生增设选修课。此课程结合国家由"钢铁大国"向"钢铁强国"迈进的时代特点，以及学校冶金材料名校的办学背景，由中国工程院院士毛新平领衔，中国钢铁工业协会、冶金工业规划研究院、宝武集团、首钢集团等业内知名企业及其专家、工程师等分节讲授，突出讲好"中国钢铁强国之路""钢铁是怎样炼成的""钢铁脊梁""未来梦工厂"等授课内容，在扩展学生专业知识、开拓专业思维的同时，着力提升学生"科技报国"的意识和情怀，从而让更多青年学生"知钢懂钢"，增强助力"钢铁强国"梦的使命担当。"学科思政讲坛"经过数年的建设和积累，已形成了以"材料名师讲坛""理学之美""星期四人文讲座"等为代表的众多学术论坛品牌。在活动中，专业课教师不仅引领学生探索自然科学研究的最前沿，还注重培养学生的科学精神，在切实提升学生综合素质和能力等方面发挥了重要作用。

三、教书育人责任意识不断增强

高校要在实际中切实提高专业课教师育人实效，最为基础的就是要持续不断对专业课教师进行培养和培训，从育人意识、知识、能力等方面不断提升理工科院校专业课教师的基本素质和基本教学能力。当前，绝大多数理工科院校均高度重视对专业课教师教书育人责任的宣传教育，各高校纷纷成立教师发展中心，加强对教师的业务培训，并在提升专业课教师思想政治素养等方面也形成了一系列好的经验和做法，取得了一定的成绩和良好效果，主要包括以下几个方面。

第一，部分理工科院校制定了专门的专业课教师培训制度。以北京科技大学为例，该校完善周四教职工理论学习制度，每周四下午3：20—5：30全校均不安排课程，要求以学院或系所为单位集中组织全体教职工进行政治理论学习和业务能力学习，其中包括讲坛论坛模式、专题培训模式、业务实践模式、基地培育模式、假期学校模式等方式，努力做到理论学习有计划、有总结、有考勤、有记录、有督查。北京科技大学每半年制定一次"教师政治理论学习计划"，每学期的学习安排都将专业课教师教书育人责任的落实作为重点学习内容。同时，还针对新入职的专业课教师、青年教师、留学回国人员、出国访学教师开展专项培训，促进专业课教师对教书育人责任的深化理解，以提高其思想认识。第二，部分理工科院校积极创新专业课教师素养提升模式。部分理工科院校会定期为专业课教师召开专门会议，组织典型经验交流会，以教研室为单位，让专业课教师交流教书育人经验，并进行专题研讨。专业课教师可以在交流研讨会上集中总结既教书又育人的新鲜经验，互相借鉴，取长补短。还有部分学校利用假期，以中华优秀传统文化、革命文化、社会主义先进文化教育为主线，举办各类专业课教师实践活动，通过专题教学、现场教学、访谈式教学、体验式教学、学习分享等形式，进一步增强专业课教师的党性修养和人文社科修养，强化广大专业课教师立德树人、教书育人的责任和意识。例如，北京科技大学每年定期开设"满井之光"暑期学校，组织新入职教师前往井冈山、本溪等革命老区，开展理论教学和实践教学，收效良好。第三，部分理工院校依托党支部活动加强专业课教师理论学习。例如，清华大学依托党支部建设，创新教师党支部学习模式，通过为党员教师过政治生日、集体备党课、与老干部支部联合开展组织生活，提高党支部集体学习效果，吸引支部内的专业课教师积极参与学习，以提升其落实教书育人责任的意识。第四，部分理工科院校通过考核促进专业课教师素养提升。如华侨大学早在 2005 年便制定了《华侨大学"三育人"工作条例》，要求全校教师结合本职工作对学生进行政治方向、理想信念、爱国主义、道德情操、学风纪律的全面教育。尤其是加强师德考核，将师德考核作为教师考核重要内容，纳入教师考评体系，所有考核结果均存入教师档案。第五，部分理工科院校发挥地域、学校特色，突出文化育人，创新开展具有地域文化的红色经典教育。例如，长安大学通过突出道路、桥梁、车辆等特色打造交通馆等开展教师实践教育；西安交通大学通过发扬"西迁精神"，培养师生艰苦奋斗、务实进取的作风；西北工业大学突出"航天、航空、航海"特色，树立"三航人"精神；延安大学通过弘扬延安精神、传承红色基因、构建红色育人体系等对教师开展红色精神教育，使专业课教师回归身为人民教师的初心和使命，以提升其落实教书育人责任的实效性。

四、教书育人氛围逐渐形成

实证调查发现，部分理工科院校采取了许多积极措施，为激励专业课教师落实教书育人责任创造了良好的外部条件，逐渐形成了教书育人的浓厚氛围。例如，有的理工科院校会积极组织开展师德荣辱观的学习教育，树立教书育人光荣、不讲师德耻辱的舆论氛围和制度氛围。对违背教师职业道德、造成不良影响者，要在教师职称评审、人才选拔培养和评优奖励中实行一票否决制度。并且，为进一步营造教书育人良好氛围，发挥教师主观积极作用，许多理工科院校着力构建专业课教师荣誉体系。以北京科技大学为例，该学校定期组织开展"师德榜样（先锋）""教学名师"和"感动北科"新闻人物评选等活动，并面向全体在校生开展"我爱我师""研师亦友"等评选活动，积极在专业课教师中选树教书育人的先进典型。近两年已树立了以胡正寰、谢锡善、刘应书等为代表的众多教书育人典型。2018年，该学校新制定《北京科技大学教职工荣誉体系实施办法》，明确规定连续从教十年、二十年、三十年、三十年以上及光荣退休五个阶段分别对应获得铜质奖章、银质奖章、金质奖章、终身成就奖和荣誉退休奖，极大提升了全校教师的获得感和荣誉感，从而激励广大专业课教师积极落实教书育人责任。值得注意的是，我国一直高度重视从教师队伍中发现典型、宣传典型、利用典型，每年都会从教师队伍中选拔和深入挖掘那些学为人师、行为世范，在教书育人的平凡工作上做出不平凡业绩的伟大教师，以现实生活中的生动榜样激励和鼓舞更多的教师自觉地把落实教书育人责任作为自身的光荣使命和义务。例如，为了在全社会营造尊师重教的良好风尚，教育部联合中央主要媒体和教育媒体于2010年8月8日启动全国教书育人楷模评选活动。活动延续至今，已经成为宣传教书育人典型，是引导教师更好地承担教书育人责任的有效载体。近年来，涌现出如黄大年同志等一大批优秀的教师典型，成为广大教师学习的楷模和榜样。大部分理工科院校在实际的工作中，为促进专业课教师落实教书育人责任，不仅会大张旗鼓地宣传学习教书育人模范人物的先进事迹，还会注意发掘、培育本校教书育人典型，积极倡导以德立身、以德立学、以德施教的价值观，让立德树人逐渐内化为广大教师的思想认同和行动自觉。

因为，从本校挖掘的身边典型对理工科院校的专业课教师来说更具说服力和教育作用。还有部分理工科院校十分注意创新宣传方法，通过交流交谈、现身说法等形式，积极宣传专业课教师教书育人的先进事迹和先进理念，使典型示范榜样在广大专业课教师群体中入脑入心，起到潜移默化、润物无声的影响作用。部分理工科院校尤其注意通过这种方式强化对青年专业课教师的教育。大力宣传专业课教师教书育人的典型事迹会使青年教师在榜样的影响和带动下逐渐进步，牢固树立"教书育人"这一思想理念。在这样的活动和措施的激励下，理工科院校专业课教师教书育人氛围逐渐浓厚。

第三节　理工科院校专业课教师教书育人
责任落实存在的问题

理工科院校是培养社会主义建设者和接班人的重要阵地，理工科院校专业课教师是学生在专业学习方面的引路人，理工科院校专业课教师教书育人责任的落实程度直接关系着理工科院校人才的培养质量。专业课教师可以用渊博的专业知识、理性的科学精神、严谨的工作态度、多样灵活的方法以及亲身经历等去指导学生、感染学生。他们在传授专业知识和技能的同时，也始终坚持立德树人的理念，潜移默化地融入育人要素，增强思想政治教育的自觉性、准确性和敏感性，以其特有的优势和理性方式在教学中实现科学与人文的统一，更实现教书与育人的统一。近年来，理工科院校专业课教师队伍不断扩大和充实，各大高校都引进了一批又一批具有丰富科研经历和强大科研能力的高学历人才。原有的专业课教师在激烈的竞争中也在不断提升自己的专业水平。可以说，当前理工科院校专业课教师得到了普遍的重视，其整体队伍的素质和水平也都得到了普遍的提升。但是，当我们全方位审视理工科院校专业课教师教学素养，尤其是其对学生实施思想道德教育的素养和能力时，发现目前教书育人并未成为大多数教师的自觉行为，教书育人责任落实的实效性有待进一步提升。

本课题组调查发现，部分理工科院校的专业课教师存在重"才器"轻"德育"的思想倾向，育人意识和育人艺术缺乏，出现了专业知识教育和思想道德教育"两张皮"现象，导致其教书育人责任落实不到位，具体表现在以下几个方面：

一、重专业知识传授轻思想道德教育

习近平总书记在2016年12月全国高校思想政治工作会议中提出的"四个统一"，是新时代对教师队伍建设的四个基本要求。他强调，要加强师德师风建设，坚持教书和育人相统一，坚持言传和身教相统一，坚持潜心问道和关注社会相统一，坚持学术自由和学术规范相统一，引导广大教师以德立身、以德立学、以德施教。实际上，专业课教师在教学过程中对学生产生的影响是多方面的，但是有些影响是教师自觉形成的，有些是教师不自觉产生的。一个真正把教书育人责任贯彻到教学实践活动中的高水平教师，其对学生施加的影响一定是有意识的自觉行为。只有当专业课教师自觉地对学生进行示范和引导时，才能真正对学生的成长产生积极的促进作用。当前，我国正处在实现中华民族伟大复兴的关键时期，理工科院校的专业课教师作为教师队伍的重要组成部分，应自觉坚定立德树人的教育理念，增强教书育人的意识，将价值观塑造、知识传授和能力培养三者融为一体，寓价值引导于知识传授和能力培养之中，帮助学生塑造正确的世界观、人生观、价值观[①]，尤其是要着重培养学生的担当意识和家国情怀，教育引导他们自觉以所学专业知识推动我国社会主义现代化建设，帮助学

---

① 《教育部关于印发〈高等学校课程思政建设指导纲要〉的通知》，教育部，http：//www.moe.gov.cn/srcsite/A08/s7056/202006/t20200603_462437.html。

生成长为"又红又专"、德才兼备的社会主义合格建设者和可靠接班人，实现教书与育人统一。

然而，在实际教学过程中，部分专业课教师只注重教书，不重视育人。在关于"您的专业课老师会在课堂教学中融入公民道德、爱国主义教育等思想教育内容吗？"的调查中，11.01%的学生反映其专业课教师很少或从不融入此类内容，39.03%的学生反映专业课教师偶尔融入此类内容（见图3-4）。这说明部分理工科院校专业课教师在教学实践中习惯于将自身定位为"经师"，存在重"才器"轻"德育"的思想倾向，没能正确处理"育才"和"育人"的关系，更没有落实好其承担的教书育人使命和责任。更有甚者对"培养什么人、怎样培养人、为谁培养人？"这一教育的根本问题理解不到位，片面追求学术自由，出现思想意识偏移、学术混乱的问题，对学生树立"四个自信"产生消极影响，与落实其教书育人责任背道而驰。

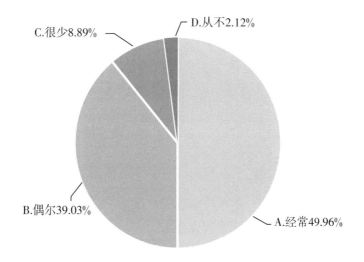

图3-4　关于专业课老师是否在教学中融入公民道德、爱国主义教育等内容的调查

二、重课堂教学轻实践育人

专业课教师的育人责任不只体现在课堂教学上，还应体现在生活实践中。德育的实践锻炼是教育者有目的地组织学生按照一定要求参加各种实际活动，以培养他们良好思想品德的有效方法。加强实践过程中的德育教育侧重于道德行为的训练，学生往往能加深对道德观念、行为准则的理解，道德情感往往因为有了进一步的体验而升华，道德意志也因受到磨炼而变得更加坚强。所以，实践锻炼是促使知、情、意、行相互影响、相互作用，最终使道德认识转化成道德行为习惯的重要方法。身教胜于言传，教师在学生心中不只是知识的传授者，更是精神的引路人，具有十分重要的表率作用。理工科院校专业课教师是学生在校学习除了身边同学之外接触最多、最频繁的人。专业课教师的人格魅力、品德情操、理想信念、治学态度等无形的精神要素都会潜移默化地影响学生。而且，理工科院校学生对于自己的专业课老师往往具有一定的崇拜心理，向师性明显，对于学识渊博、人格魅力凸显的专业课教师更是如此。因此，专业课教师应该抓住这样的优势，充分利用对学生的感召力和影响力，不断激发学生对学习的激情，对生活的热爱，对理想的追求。此外，当前信息化的社会也对学生产生不少冲击，他们渴望了解国内外众多专业领域的前沿信息，但是又尚不完全具备在鱼龙混杂的信息里明辨是非的能力，容易被不良信息和消极负面新闻所影响。这就需要专业课教师在传授专业知识的同时，不断引导和帮助学生正确思考、判断、处理信息。再者，专业课教师除了在课堂上向学生传授知识外，在课外还要辅导学生参与实习、竞赛等实践活动，可以说专业课教师在各教学环节中与学生接触面广、时间长，能较准确地了解学生的思想动态，增强思想教育工作的针对性。

但是，课题组对专业课教师了解和掌握学生思想及生活情况的调查表明，理工科院校对专业课教师教书育人的动员和引导还不够，专业课教师教书育人的潜力和积极性还未得到充分发挥。主要表现在：专业课教师很少会积极主动地从学习、思想、生活上全面关心学生成长，他们可以把专业课教好，并且具有一定的育人意识，但是往往不能精心设计、组织和实施课上课下的各个环节；上课来、下课去的专业课教师占有相当大的数量，他们只是把育人工作当成必须完成的形式上的任务，从不过问学生思想。问卷显示：仅有不到30%的学生表示专业课教师在课堂教学之外会经常关心其大学期间的日常生活情况（见图3-5）。当问及"专业课教师会经常关心学生个人的思想状况吗？"时，仅有30.33%的受访学生表示专业课教师会经常关心其思想；相对的，有超过17%的受访学生表示专业课教师基本没有关心过他们在校期间的思想情况（见图3-6）。这个现象从侧面较为明显地显示了专业课教师在非课堂教学期间对学生德育工作的缺位。

在工作实践中，有的青年教师满足于课堂教学，只顾完成教学任务，对学生的思想道德教育不闻不问。他们往往只注重传授知识，片面认为教师的职责就是教书，没有把育人作为应尽的责任。加之一些青年教师平时与学生接触交流时间少，难以掌握学生的思想动态和他们关心的热点、难

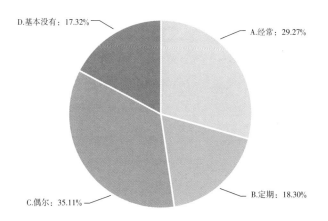

图3-5　关于学生认为专业课老师是否经常关心其日常生活的调查

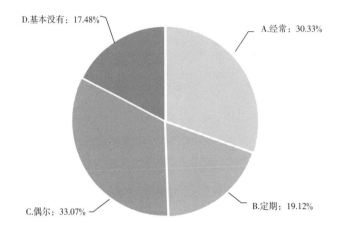

图 3-6   关于学生认为专业课老师是否经常关心其思想状况的调查

点问题，不能有的放矢地对大学生进行教育引导。有的青年教师上课比较认真，但课后对学生比较冷漠，与学生谈话沟通不多、关心不够，没有意识到教书育人是一个良性循环的系统，也是一份本职工作，在教书育人上没能真正用心下功夫。有的青年教师因自身缺乏师德修养，为人师表意识淡薄，甚至将一些不健康的思想带进课堂，不注意自己言论的导向性，难以起到表率作用。这些现象都体现出部分理工科院校专业课教师不能正确发挥自身的人格魅力，不太关心学生的全面发展和品格养成，没有在生活实践中落实教书育人责任。

三、育人方式方法简单且缺乏艺术

习近平总书记在学校思想政治理论课教师座谈会上强调："要坚持显性教育和隐性教育相统一，挖掘其他课程和教学方式中蕴含的思想政治教育资源，实现全员全程全方位育人。"① 理工科院校专业课教师落实教书育

① 《习近平主持召开学校思想政治理论课教师座谈会强调 用新时代中国特色社会主义思想铸魂育人 贯彻党的教育方针落实立德树人根本任务》，《人民日报》2019 年 3 月 19 日。

人责任也应将显性教育与隐性教育相结合。美国著名教育家杜威一直积极倡导间接道德教育，他认为所有教师应对社会承担"伦理的责任"，并且通过学校生活的所有机构、手段和资料等间接的途径来实施德育。他更主张思想道德要潜移默化地进行渗透，避免直接灌输；强调知行统一，注意行为习惯的培养。在传统的说服教育基础上，讲究具有针对性、艺术性和民主性的榜样示范和陶冶教育，通过人格感化、环境陶冶和艺术浸染的方式实现学生自我教育。而理工科院校专业课教师的工作正好符合这一特点与要求。因此，理工科院校专业课教师应该坚持立德树人根本导向，遵循教育教学规律，讲究方式方法，在传授专业知识的同时，充分挖掘所教课程和日常生活中的育人资源，既要抓住机会对学生进行灌输教育，又要不失时机地对他们进行渗透教育，用专业课程中蕴涵的思想价值引导大学生正确认识世界，科学分析问题，恰当处理利益关系。这就要求专业课教师不仅要具备精湛的专业知识和技能，也要掌握高超的育人能力和育人艺术。专业课教师可以在课堂教学中充当学生的学习参谋和学习伙伴，引导学生在学习过程中努力做到动脑、动手、动口相结合，边学边思，感受知识发现和形成的过程，并灵活运用已掌握的专业知识分析解决问题，使学生切身体验精神上获得成功感的喜悦，从而激发学生学习研究的兴趣，极大调动了学生参与专业课学习的积极性和自主性；同时又可以在专业课教学中，把专业课中的科学内容和思想方法与马克思主义的立场、观点、方法有机结合在一起，用唯物主义的态度对待专业课中的基本概念和命题，强调知识的客观基础，强调专业理论与实践的辩证关系，用生动的语言和鲜活的事例启发引导学生，使学生在整个学习过程中感受到学习对于能力培养、意志品质锻炼和严谨学风养成的重要作用。除此以外，专业课教师也应重视和挖掘专业课教学中的德育因素，注重课堂教学的德育渗透和思想方法渗透，结合当前，着眼未来，培养学生正直、真诚、坚韧和勇敢的道德品质。在教书育人过程中，引导学生刻苦学习专业知识，练就一身过硬本领，为国家经济建设作贡献，同时不断激发学生热爱祖国、热爱家乡、热爱生活的美好情操。

然而，在本课题组针对理工科大学生的调查中，当笔者问及"您如何评价当前专业课教师的育人方式"时，有46.3%的同学选择了"方式生硬或较为单一"。在深度访谈中发现，学生更期待专业课教师运用交流谈心、学术研讨、实践教学等隐性方式进行思想教育活动。这说明当前部分理工科院校的专业课教师虽然具有一定的育人意识，但缺乏育人艺术，在对学生进行思想政治教育时采用的方式方法也相对简单生硬。一种情况是，有一部分理工科院校专业课教师为了在专业课上进行思想道德教育而将专业课"泛思政化"，一方面生搬硬套地使用课程资源，另一方面简单粗暴地模仿思政类课程，存在生硬结合的现象，往往不注重道德上的系统训练和道德理由的阐述，尤其是忽视道德能力的训练，常常将思想道德教育内容灌输给学生并命令其记忆背诵。可以说，这是一种较典型的道德说教，把课上成了纯知识课，把德育也"智育化"了，甚至上成了仅为应试服务的准备课，无法触及其精髓，导致学生的获得感较差。另一种情况是，有部分专业课教师不能很好地挖掘专业课中的思想政治教育要素，没有将思想道德教育浸润在课程知识的载体中，不能自然地、润物细无声地传递给学生；容易将育人过程与专业知识传授割裂开来，只是在专业知识讲述结束后生硬地拔高思想政治站位，而没有将专业课中蕴涵的思想政治教育要素有机地融入其教育教学活动中，达到融会贯通、润物无声的效果，从而容易使学生产生抵触情绪和逆反心理，降低了专业课教师教书育人责任落实的成效。还有一些专业课教师在课程教学包括专业授业中也融合了思想道德教育，但由于其对专业和思想道德的理解有时存在一定的偏差，经常从专业实际出发而忽视道德教育与学生心智的养成，也忽视了道德教育的社会性、政治性和理想性，使得学生在接受专业课教师讲授的知识后又对学校思政工作者的教导产生误解，形成了矛盾。

第四节　理工科院校专业课教师教书育人
责任落实存在问题的原因

大学阶段是大学生德智体美劳全面成长和发展的时期，也是世界观、人生观和价值观形成的时期。学生的社会主义、爱国主义、集体主义等道德观念的形成和巩固，要靠全体教师落实教书育人责任来实现。仅靠一部分人去组织和实施学校的育人工作，已不能适应社会的发展、高等教育的发展和大学生的思想实际。今天的高校承担了各种各样的社会功能，但高校的本质还是育人。只有让"育人为本，德育为先"的理念深植于大学文化和制度设计中，才能形成促进高校教书育人质量提升的良好文化氛围。理工科院校专业课教师教书育人责任的落实是保障学生全面发展的重要举措，但是从目前的现实情况看，理工科院校专业课教师教书育人责任落实并没有完全到位。当前，导致理工科院校专业课教师教书育人工作缺乏动力的原因有很多，包括教师教育理念不到位，具有功利化倾向；育人能力不足，不能适应新形势下教书育人的要求；部分理工科院校管理者并没有把教书和育人看作是一个有机的整体，在制度设计和政策保障上拿不出实招，而仅仅停留在号召和口号上；等等。因此，要坚持问题导向，彻底剖析理工科院校专业课教师教书育人责任落实存在问题的原因，为提出有针对性的路径奠定现实基础。

一、业绩优先的考核机制误导专业课教师重教书轻育人

理工科院校专业课教师教书育人责任的落实，需要有相应的政策、制度作保证，尤其需要有科学合理的考核机制。中共中央、国务院印发的《深化新时代教育评价改革总体方案》指出，要"改革教师评价，推进践行教书育人使命。坚持把师德师风作为第一标准。坚决克服重科研轻教学、重教书轻育人等现象，把师德表现作为教师资格定期注册、业绩考

核、职称评聘、评优奖励首要要求，强化教师思想政治素质考察，推动师德师风建设常态化、长效化"①。科学合理的业绩考核是检验教师工作实效的标准，也是促进教师落实教书育人责任的重要激励因素。理工科院校专业课教师的业绩考核应该遵循立德树人的原则和"三全育人"的要求，采用多维度、多层次的切实可行的考核指标，从知识传授、科研成绩、育人成效、社会服务等多个方面评价教师工作成绩。

然而，长期以来，理工科院校实行的教师考核机制奉行业绩优先的原则，误导专业课教师把全部精力倾注于教学业绩的提高，而忽视了对学生的思想政治教育。一是理工科院校在专业课教师的聘用上，过分重视其教育背景、学术成就、学历职称等显性条件，而忽视对其思想观念、道德品质等隐性条件的考察，致使新教师入职后依旧把工作重心放在科研工作上，忽略自身教书育人能力的提升，最终导致其教书育人责任落实不到位。二是理工科院校在对任职教师教学和科研等业绩考核时，往往会设计出一整套严密的、刚性的指标体系，进行规范的操作，但对教师教书育人所做的工作却存在考核内容笼统宽泛，考核方式不规范不到位等问题。教师在教书育人中做的工作难以量化，针对这方面的考核难度也比较大。因此，在实际考核中，对这方面的要求往往比较宽松，常常是在考核的指标体系中有这方面的条款和要求，但没有一个明确的评估体系和科学的评估标准，实际操作中随意性很大，形同虚设，没有起到应有的评价作用。这种教师考核机制自然就会侧重对专业课教师的教学工作量、科研成果产出量、教学比赛成绩、教学改革成果、学生成绩等内容的考核，而对专业课教师在课堂教学中是否对学生进行了价值引导、思想教育、道德培养和科学精神塑造等内容甚少涉及和考评。三是考核方式单一，方法机械，过程松散，加之受到外部环境和参与群体素质等多重可变性因素的影响，考核

---

① 《中共中央 国务院印发〈深化新时代教育评价改革总体方案〉》，中国政府网，http://www.gov.cn/zhengce/2020-10/13/content_5551032.htm。

不同程度地存在着不严肃、不认真、不负责，走形式、走过场，甚至出现把个人的恩怨好恶掺入教师考评中等不良现象。因此，考评结果失准、失真、失实、失公的现象依然存在。四是考评结果没充分发挥激励、惩戒、整合和教育等应有的功能。由于评职、评优时只看教学工作量和科研成果完成情况，教师只需完成额定的教学工作量，"育人"工作做和不做一个样，做好做差无区别。教师辛勤付出的劳动和心血无法获得认可，教书育人完全成了自觉自愿的个体行为。这样的政策导向使得部分教师对教书育人工作缺乏持之以恒的热情，同时也让一部分本来就轻视育人工作的教师失去了激励和监督，从某种程度上来说放任了这些教师的行为。另外，有的理工科院校将考核结果与专业课教师的从业成就、技术职称晋升直接挂钩，甚至把各种教学科研指标作为专业课教师职务晋升和职称评审的刚性指标。如有的高校以教学督导形式对专业课教师课堂教学的知识传授效果进行考核，并不测评其课堂育人效果；有的高校还明确规定专业课教师职称晋升必须取得一定次数的年度教学考核"优秀"；还有的高校将教学考核"优秀"作为评选师德标兵、德育先进工作者、优秀思想政治工作者等荣誉称号的唯一指标。可见，这样业绩优先的考核机制导致专业课教师在课堂教学中重教书轻育人，只关注专业知识的传授，而不重视对学生进行理想信念、价值观念、品德修养和行为习惯的培养，影响了其课堂教学教书育人责任落实的效果。在问卷调查中，当问及"您所在学校对专业课教师育人责任的考核是否执行到位"时，只有36.63%的教师认为学校严格执行了相关要求，有30.30%的教师认为相关考核流于形式，4.30%的教师认为没有执行相关考核，更有28.76%的教师表示完全不了解此考核规定（见图3-7）。

从图3-7中可以看到，这种考核机制在引导专业课教师教书育人方面起到的积极作用十分有限。它非但没有调动广大教师教书育人的积极性，在某种情况下，反而挫伤了一些教书育人做得好的教师的积极性。不仅如此，在这种考核机制的误导下，部分理工科院校的专业课教师将大量的时

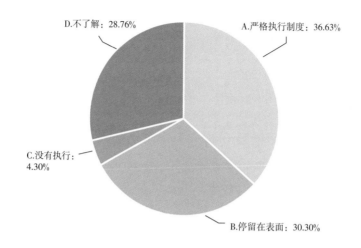

图 3-7　关于教师考核中对专业课教师育人责任考核执行是否到位的调查

间和精力放在了专业知识教学和科学研究工作中，很少主动在知识传授过程中兼顾进行思想政治教育，从而导致了重教书、轻育人的局面。此外，业绩优先的考核模式还容易使专业课教师产生职业倦怠。教师一旦产生职业倦怠，就会把教育教学工作当成一种负担，认为教学工作枯燥、繁琐、单调、重复。当他们长时间沉浸在这种消极厌倦的情绪以及负面的心理状态中时，极易对本职工作的意义和价值产生质疑。如部分专业课教师受其影响，在教学工作中敷衍了事，无心投入，得过且过，没有责任心和事业心。教师的这种消极态度和行为会直接投射在学生中，影响学生的学习态度。消极的"教"导致了消极的"学"。这时，无论专业课教师在语言上表述出多少道德、责任等育人理论，都只是停留在语言上的表述而已，缺乏说服力和感染性。在学生的心目中，这些仅仅是理论说教，与实际并无多大关系，因而不会把它内化为品质，外化为行为。

二、偏颇的教育理念导致专业课教师重知识传授轻思想教育

教师的教育理念决定着其教育效果和人才培养质量。部分理工科院校

长期存在偏颇的教育理念，致使其专业课教师教书育人责任落实不到位。

　　一方面，知识本位的教育理念使专业课教师重知识轻思想教育。我国教育理论界习惯把教学等同于智育，而把德育作为与智育相对应的平行概念。如在有的《教育学》教材中，就将德育论和教学论平行开来讲述，并且在探讨德育的相关理论时又借鉴了教学过程理论。这样的理论构架看似德育与教学并重，实则却将两者对立起来。实际上，德育与智育可以算作一对平行的概念，但教学与两者不是同一层次的问题。教学的过程中应该既包含智育，又包含德育，是两者同时进行的主要渠道。不能单纯地将教学等同于知识教育，忽略教学过程中更应该具备思想道德教育。理论上的认知模糊必然导致实践中的错位。在高校实际的教育教学过程中，有一支专职的思想政治教育队伍和一门独立的思想政治理论课程，这会让专业课老师产生一种错觉，即学生的思想道德教育就是专职思政教师队伍的责任，而身为专业课老师，只要负责好"智育"，传授好专业知识就可以了，完全把德育责任推给专职思政教师队伍，导致专业课教师长时间缺乏在教学中对学生进行思想道德教育的意识，只热衷于纯粹的学术研究和专业知识教学工作。但其实，"教书"与"育人"有着内在的统一性，是你中有我、我中有你，彼此交融的过程，故不能把它们作为两项工作孤立地进行。任何专业活动都不是纯粹的，教学、科研工作不可能孤立地进行，它时刻与学生的思想、品德紧密相关。试想，如果专业课教师不了解当代大学生的思想状况，又怎能完成教学、科研的重要任务。德育对于开发学生的非智力因素有着十分重要的作用，应该说，渗透在专业教学中的思想教育是最有效的。因此，专业课教师在教学过程中发挥出来的育人作用，常常是专职的德育工作者所无法替代的，这就迫切要求广大教师都要参与到育人工作中去，要求每一个教师成为德育工作者。但不少专业课教师却形成了一种思维定势，把自己圈划在德育工作者之外，自然也就"事不关己，高高挂起"。邓小平指出："一个学校能不能为社会主义建设培养合格的人才，培养德智体全面发展、有社会主义觉悟的有文化的劳动者，关键在教师。"① 因此，专业课教师必须树立教书育人的正确教育理念，在教育教学过程中坚持传授知识与思想教育相统一，才能为我国社会主义现代化建设培养出德才兼备的高素质人才。然而，长期以来，理工科院校重智育轻德育的办学理念、重教书轻育人的管理机制和重知识传授轻思想教育的教学模式，致使知识本位的教育理念在专业课教师头脑中根深蒂固，他们在课堂教学中只注重教书、不注重育人。如有些专业课教师认为"教学的主要任务是如何使学生掌握知识、形成技能、发展能力，其他方面都是传授知识过程中的副产品"②；有些专业课教师抱怨"在课堂教学有限的时间内，专业知识都讲不完，没有时间进行思想教育"。上述错误的教育理念和思想认识使专业课教师在教学目标制定、教学方案设计、教学课件准备、教学过程实施、教学效果测评等课堂教学环节中和社会实践、实验实习等课外环节中只重视如何传授好专业知识而不思考如何开展好思想教育，从而忽视了对学生价值引导的作用，把自己变成了纯粹的"教书匠"，把学生变成了机械的"接收器"。

另一方面，还有部分专业课教师受功利主义影响严重，将个人利益得失凌驾于教书育人责任之上，导致其在教育教学过程中，只把精力放在专业知识传授上，而忽视对学生的思想道德教育。长期以来，在一些人看来，学校的中心工作是教学、科研。教学是硬任务，看得见、摸得着，应当花大力气搞上去；育人是软任务，看不见、摸不着，没有硬指标，可抓可不抓，故有些教师只重视知识的传授而忽视育人。而且，专业课教师大多数时间要从事科研工作，这往往是专业课教师学术水平、个人价值的重要体现，同时，科研工作往往又直接决定着专业课教师的收入水平。因此，部分专业课教师把主要精力放在单纯性的专业课教学和科研工作上，对学生的思想教育缺乏关注。

---

① 《邓小平文选》第二卷，人民出版社1994年版，第108页。
② 瞿葆奎：《教育学文集·教学》，人民教育出版社1988年版，第68—69页。

三、育人能力不足致使专业课教师教书与育人相脱节

理工科院校部分专业课教师育人能力不足，直接导致其在课堂教学中教书和育人脱节，不能真正落实教书育人的双重责任。一定的科学知识总是同一定的思想观点结合在一起的，任何知识体系都是建立在一定的世界观和方法论的基础之上的。也就是说，知识本身具有思想道德教育的价值，所以各科教材的内容都具有教育性、知识性和趣味性相结合的特点。因此，每门学科的教师都可结合教学对学生进行思想教育，寓思想教育于专业课教学之中。理工科院校的专业课教师要想落实教书育人责任，就要把思想政治教育融入大学生专业学习的各个环节，渗透到教学、科研和社会服务各个方面。在教育教学实践中，要认真钻研教材，深入发掘各类课程的思想政治教育资源，在传授专业知识过程中周密思考，精心组织，加强思想政治教育，使学生在学习科学文化知识过程中，自觉加强思想道德修养，提高政治觉悟，从而在潜移默化中达到教书育人的目的。这就要求专业课教师不仅要具备过硬的专业素养，还要有高超的育人艺术和水平。然而，从当前理工科院校专业课教师的总体情况看，多数教师专业知识扎实，能够胜任教书之责，但普遍存在育人能力不足的问题。

第一，有的专业课教师思想政治理论和人文知识储备不足，缺乏育人必备的思想政治素质和人文素养。他们只顾埋头钻研专业知识而不关心时事政治，对思想政治教育理论认识不深，甚至连基本的人文社科常识都不太懂，所以在教学实践中不能适时挖掘课程中的育人要素，将之与专业知识传授有机结合，只教书不育人。甚至有个别专业课教师会在课堂上宣扬西方价值观和西方政治制度，严重影响大学生的价值判断，动摇其对主流价值观的认同感。专业课教师在育人工作中的缺席，使得思想政治教育只是思政课的"独角戏"。在本研究的问卷调查中，专业课教师对此问题也有所反映。比如，在问及"您认为目前专业课教师在育人方面存在哪些不

足"时，选择人数最多的两项分别是"未能做到专业课与政治理论课的有机结合"和"专业课教师对思想政治理论课认识不够系统"。可见，专业课教师对于政治理论学习的掌握程度影响其教书育人责任的有效落实（见图 3-8）。

第二，有的专业课教师欠缺教育教学基本理论。理工科院校专业课教师要想在教书过程中实现育人目的，就要学会找到专业知识与思想政治教育的有机融合点，这对教师系统设计课程教学实施方案的能力要求较高，相当一部分教师在此方面的教学能力还需不断提升。专业课教师在进行课堂教学过程中，应该创造性地采用鲜活的案例，唤醒学生的学习热情，培养学生的专业能力，引领学生的价值理念。因此，他们不仅要研究"教"，还需要研究学生的"学"，针对不同阶段学生的思想认知特点，有的放矢地设计教学内容、选择教学方法，提高学生的参与度和获得感，才能保证教书育人的实效性。但是，当前理工科院校专业课教师一般都是专业学科出身，毕业于非师范类专业，缺乏做好育人工作所需的教育学、心理学、社会学等知识。即使毕业于师范类院校，大部分教师也未经过系统的教育教学培训，或者虽然有过短暂的岗前培训，但工作后又放松了

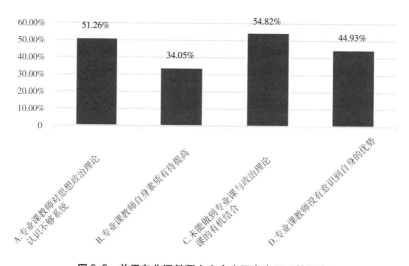

图 3-8　关于专业课教师在育人方面存在不足的调查

对自己的要求，未能形成系统、完整的教书育人理念，没有做好教育教学理论知识的储备工作，不懂教育规律，缺乏育人技能。他们不善于把握学生的心理特征，采用灵活多变的方法；不善于开展积极的正面教育，情理交融地启发、诱导学生；不善于组织学生进行有意义的自我教育活动，因而在教育实践中难以把思想教育自然有机地融入教学中去，错失育人良机。

第三，有的专业课教师在课堂教学中虽然有育人意识，但育人的方式方法单一，缺乏育人艺术。一方面体现在部分专业课教师不能用润物无声、渗透的方式对学生进行思想品德教育。这部分专业课教师未掌握高超的育人艺术。他们难以随时在实际教学过程中发现问题，并随机地将思想教育工作渗透于专业课教学之中，使学生在潜移默化中得到正确思想的熏陶和启迪；也难以不留痕迹地将思想教育内容渗透到课堂教学中，让学生在专注专业知识学习的同时不知不觉地受到思想教育。另一方面体现在部分专业课教师的教学方法传统落后，未能与时俱进，探索使用更符合当前实际的教学方式方法。这部分专业课教师习惯于站在讲台上全程讲授，学生在讲台下全程听讲，师生之间缺乏互动交流。学生长时间置身于被动学习的氛围下，容易走神、开小差，学习效果欠佳。随着互联网信息技术的发展，教育教学领域也发生了很大的变化，新的教学载体和教学形式层出不穷，更具灵活性，也更符合当前的教育实际，对传统单调的教学模式造成了很大的冲击。理工科院校专业课教师必须主动适应网络时代信息拓展、自主判断等特征，主动克服主体差异、地域差异、技术差异等，切实契合互联互通的现代性教育方法，满足教书育人的现实需求。单就"两微一端"等融媒体在教学过程中的应用而言，融媒体集多种技术于一体，能够灵活调动学生的视觉、感觉、听觉等，有效改善传统课堂单调沉闷的课堂氛围，极大提高学生参与学习的积极性和自主性。若是专业课教师能够充分掌握先进的融媒体运用艺术，同时融合传播模式的推广和普及，便可以合理利用多元的信息媒体技术和融媒体资源完善专业课的教学资源配置，创新拓展课堂教学方法，改善教学方式，吸引学生的学习兴趣，培养学生的创新能力，提升教书育人的效果。然而，当前还有部分专业课教师尚未掌握先进的融媒体运用艺术，也未积极探索更符合当前实际的教学方式方法，仍在课堂教学中沿用传统的教学方式方法，致使课堂教授效果欠佳，学生对课堂学习的兴趣降低，更无法接收到教师所要传递的育人要素。因此，理工科院校专业课教师应该积极探索更具有普适性、层次性、系统性、时代性的育人方法，提升育人能力。

第四，教师岗位培训形式化，教书育人培训走过场，致使专业课教师缺乏育人能力。加强教师职业道德的教育和培训，是提高教师教书育人水平的基础和前提。因为"律人先律己"，要想培育优秀人才首先培养者自身就应该是德才兼备的人。当前，各理工科院校以及专门的培训班对教书育人的概念界定、类别划分以及内容细化都是处于表面的、强制的他律状态，并没有内化成为教师的个人意志，缺乏内省自律机制。在理工科院校专业课教师队伍中，中青年专业课教师占有较大的比例。部分青年专业课教师掌握的教育心理学、教学法知识较少，对教书育人的理解也不深刻，短期内很难适应大学的教育教学要求。鉴于此，加强青年专业课教师、新进专业课教师的岗前培训就显得尤为必要。但是，问卷调查显示，理工科院校关于青年教师经常性的教书育人建设学习教育长效机制尚未健全，尚未使青年教师明确教书育人的责任意识和方式方法。

理工科院校专业课教师教书育人责任的落实关系理工科院校人才培养质量的高低，我们应当认识到这一问题的重要性，正视当前理工科院校教书育人责任落实的现状，充分总结其取得的成功经验和存在的问题，并分析其原因，及时吸取教训、弥补不足，从而为探索更加高效和科学的教书育人责任落实路径奠定基础。

第四章　理工科院校专业课教师教书育人责任落实的优势及面临的机遇和挑战

　　理工科院校专业课教师因其特定的工作背景和专业特点等因素，在落实教书育人责任时具有得天独厚的优势，但同时也面临特殊的机遇和挑战。当前，理工科院校专业课教师教书育人责任落实不到位的现象在一定程度上与其对掌握的优势条件和面临的境遇认识不清密切相关。因此，全面分析理工科院校专业课教师落实教书育人责任的优势及面对的机遇和挑战，有利于提高专业课教师落实教书育人责任的意识，为探索责任落实路径提供必要的环境支撑。

第一节　理工科院校专业课教师落实教书育人责任的优势

　　切实履行教书育人的责任，为国家培养能够担当民族复兴大任的时代新人，培养德智体美劳全面发展的社会主义建设者和接班人是每个教师应尽的基本义务。在理工科院校中，专业课教师是教师队伍的主体，在数量上占据教师队伍的绝大多数；同时，专业课教师所教授的专业课程也占据理工科院校学生所学课程的绝大多数，专业课学习是学生最基本的知识来源。理工科院校专业课教师直接指导学生的学习生活，对学生的影响最为直接，且尤为重要。从理工科院校专业课教师自身层面看，专业课教师与学生专业同源，使教师更易言传身教；两者拥有相近的话语体系和思维方式，使教师更易交流施教。从精神激励层面看，理工科院校专业课教师与学生志同道合，都要树立科学家精神及其他理想志向，使师生之间更易产生思想共鸣。从理工科课程层面看，其具有的实操性特质使专业课教师教书育人责任落实更具渗透性。因此，理工科院校专业课教师因其特定的专业背景、工作特点、师生关系等多重因素，在落实教书育人责任时，具有多方面得天独厚的优势条件。正确认识和把握这些优势条件，可以促进理工科院校专业课教师自觉树立育人意识，主动挖掘专业课教学中的育人要素，更好地履行教书育人责任，提升教书育人实效，从而促进学生自由全面发展。

一、师生专业同源、思维相近更易言传身教

理工科院校的专业课教师与其学生专业同源，且与学生接触多、相伴时间长，更了解学生，更容易做到言传身教，这使他们落实教书育人责任具有了优势条件。他们可以在充分了解、理解学生的基础上，根据不同学生的思想特点和思维层次，有针对性地寓思想政治教育于专业知识教育之中。这是遵循教育规律，因材施教、有的放矢的体现。

第一，理工科院校专业课教师与学生专业同源，接触多、陪伴时间长，更加了解学生。古语云："安其学而亲其师。"（《礼记·学记》）在理工科院校中，专业课教师与其学生同处一个院系，而且专业课程是学生的主干课程，学生在校的绝大多数时间都在学习专业课。专业课教师能够在教学的各个环节充分地与学生交流、接触，如可以在课上教授学生专业知识，也可以在课下指导学生进行实习、实验、竞赛等实践活动。因此，与其他课程的主讲教师相比，专业课教师与学生有更为广阔的接触面和更长

的接触时间，能够从学生身上得到更多方面的信息反馈。鉴于此特点，理工科院校专业课教师可以更为准确地了解和把握学生的学习情况、心理特征、行为特点和思想动态。这是落实教师育人责任的前提，即必须走近学生，了解学生。只有在充分了解学生之后，才能有意识、有针对性地开展教育教学活动，对学生在学习和思想上存在的问题作出及时的、具有针对性的引导和帮助。此外，理工科院校专业课教师更容易赢得学生的信任和崇拜，这也给专业课教师落实教书育人责任提供了便利，使其更容易了解学生的真实想法和行为状态，从而实施针对性的教育和引导。在理工科院校中，不可否认的一个事实就是，学生对于专业课的学习热情和积极性要略高于其他类的课程。这是因为，对学科专业及其课程学习的选择一般是学生自主做出的决定，其天然内含着学生的需要和兴趣，这是学生产生强烈学习欲望，追求进步的内在原动力。而这种对知识的渴望会迁移到专业课教师身上，使学生对专业课教师具有天然的崇拜感和信任感，学生的"向师性"心理明显。专业课教师是学生获取专业知识和技能的启蒙者和指导者，在学生的认知中，专业课教师是智慧的代表，高尚人格的化身，占有特殊的位置，学生尊敬专业课教师，甚至会效仿他们的一言一行。专业课教师所体现出来的人格魅力及其理想信念、价值观念、治学态度、品性操守等，都会潜移默化地影响学生的成长方向和精神追求。具有高尚人格且学识渊博的专业课教师，能让学生不自觉地产生仰慕和尊重的情感。学生对专业课教师产生的这种心理认同会促进自己的思想和行为在不知不觉中向老师靠拢。这种影响常常胜过强迫意志的说教和命令。在这样的前提条件下，学生会更乐于接受专业课教师在教育教学过程中对其进行的思想政治教育，而不会产生逆反心理。正如俄国教育家乌申斯基所断言："教师的人格对于年轻的心灵来说，是任何东西都不能代替的，有益于发展的阳光；教师的人格是教育事业的一切。""只有人格才能影响人格的发展和形成。"因此，专业课教师利用学生的这种亲近心理，可以更容易洞悉学生身上存在的长处和缺点，从而更有针对性地对其施加引导。

第二，理工科院校专业课教师与学生拥有共同的话语体系和思维方式，与学生沟通更加顺畅。理工类学科属于自然科学，自然科学是一个严谨的知识体系，其思维方式是严密、线性的思维方式，具有客观性和逻辑性，十分看重推理和论证的过程，强调量化和数据统计分析。尽管自然科学的研究过程也会受到研究人员主观感性因素的影响，但是研究人员在思考过程中会尽力排除这样的主观感性因素干扰，力图运用理性的思维方式还原客观事实和规律。而社会科学的话语体系不同于自然科学，其思维方式依靠直觉、形象和具体化的东西，偏向感性和发散性。理工科院校的学生长期成长在自然科学的话语体系和环境下，对社会科学的理论知识比较淡漠，对思政课及其思维方式和话语体系比较陌生，因而可能会对思政课教学产生一定的排斥心理。但是，理工科院校的专业课教师都是在自然科学话语体系的浸润下成长起来的，其教育背景和工作环境都是以理性思维为主导。鉴于此，他们在教学和日常交往中与学生有更多的共同话题，两者更容易产生同频共振效应，更易于准确把握学生的思想问题及其产生原因，由他们借助专业知识的传授对学生进行针对性的思想政治教育更容易被学生接受，从而取得良好的教育效果。这为理工科院校专业课教师落实教书育人责任提供了有利条件。因此，理工科院校的专业课教师在教学过程中应注意及时、准确地把握学生的思想波动和行为状态，通过学术交流、教学实践、谈心等多种方式方法，加强彼此之间的心灵沟通，借助课程中蕴涵的育人要素，运用学生熟悉的思维方式和语言习惯适时地渗透思想政治教育，对学生的思想观念、价值取向进行引导，从而发挥课程思政的重要作用，真正在教学过程中落实教书育人的责任。

二、师生志同道合更易产生思想共鸣

科技工作者是传播科学知识和科学精神的载体，他们的最终志向都应该是要成为为国奉献的栋梁之材，理工科院校专业课教师也是如此。作为现在和将来的科技工作者，理工科院校的专业课教师和学生拥有共同的人生志向和理想追求，集中体现在继承和弘扬科学家精神、工匠精神等方面。《礼记·学记》有言："善歌者使人继其声，善教者使人继其志。"理工科院校专业课教师肩负的教书育人的责任之一就是引导学生树立和传承科技工作者应该具备的优良精神品质和道德风尚。诸如科学家精神、工匠精神等很多优秀的品质都是理工科院校专业课教师必须具备的基本精神，也是理工科学生应该具备的基本信念，更是其师生共同的理想追求。他们的志同道合使专业课教师与学生更易产生思想共鸣，更便于在教学过程中培养学生正确的价值取向和优秀的道德品质，从而也更容易取得良好的育人效果。

习近平总书记提出："广大院士弘扬科学报国的光荣传统，追求真理、勇攀高峰的科学精神，勇于创新、严谨求实的学术风气，把个人理想自觉融入国家发展伟业，在科学前沿孜孜求索，在重大科技领域不断取得突破。"[①]2019 年，中共中央办公厅、国务院办公厅印发《关于进一步弘扬科学家精神加强作风和学风建设的意见》，明确了新时代科学家精神的内涵，即胸怀祖国、服务人民的爱国精神，勇攀高峰、敢为人先的创新精神，追求真理、严谨治学的求实精神，淡泊名利、潜心研究的奉献精神，集智攻关、团结协作的协同精神，甘为人梯、奖掖后学的育人精神。科学家精神是理工科院校专业课教师必须具备的基本精神，也是理工科大学生应该树立的基本精神。除此之外，树立和弘扬工匠精神也是理工科院校专业课教师与其学生共同的理想志向。"玉不琢，不成器。"工匠精神代表着追求卓越、精益求精、脚踏实地、敬业专注的精神品质。2016 年 3 月 5 日，国务院总理李克强作政府工作报告时提到，鼓励企业开展个性化定制、柔性化生产，培育精益求精的工匠精神，增品种、提品质、创品牌。工匠精神落实到理工科院校的师生身上，就是要求师生如同工匠一样，研究琢磨自

---

① 习近平：《在中国科学院第十九次院士大会、中国工程院第十四次院士大会上的讲话》，人民出版社 2018 年版，第 22 页。

己的专业，精益求精，经得起科学的考验和推敲。工匠精神的核心就是要求师生追求科技创新、技术进步，不断为我国社会主义现代化建设提供科技支撑。

科学家精神、工匠精神等精神品质在理工科院校专业课教师与其学生之间是衣钵相传、一脉相承的。因此，由理工科院校专业课教师落实这一教书育人责任具有天然的激励性优势。一方面，理工科院校专业课教师在激励学生树立对自身专业的认同感和自豪感上具有天然优势，这为培养科学家精神和工匠精神等奠定了认知基础。理工科专业多面向关乎国家发展的具体行业和某种国家战略而设立，其目的就是为国家的建设发展输送栋梁之材。但是，面对当前世界多极化、经济全球化、社会信息化、文化多样化的大环境，学生难免会出现迷茫焦虑的心理和状态，他们渴望了解自己的专业是什么、为什么要学、具体怎么用等问题。而理工科院校专业课教师对自己所教授的专业有清晰的定位，对专业知识有着丰厚的储备，对该专业的历史发展和国内外现状有充分的认知和了解，因而在解答学生对专业的疑惑时最有优势。专业课教师可以通过讲解本门学科的特点、研究方法，讲述许多本专业的生动实例，说明本课程在社会发展中的重要性；还可以利用自己的专业知识和对社会现状的认知激发学生对专业学习的兴趣，激励学生热爱自身专业，坚定为该专业而奋斗的信心和决心，使学生站在为国家战略和行业发展服务的角度认知自身的立身之本，从而树立科学家精神。另一方面，理工科院校专业课教师在利用该领域的伟人事迹激励学生树立科学家精神、工匠精神等方面具有天然优势。任何理工科专业知识的发展及演化都会贯穿近现代史和专业史，每个学科的专业发展史中都蕴藏着巨大的精神财富，而且一定会包含对该专业作出巨大贡献的伟人事迹。并且，我国古代的科学技术遥遥领先，涌现出很多优秀的科技人物。专业课教师可以引导学生了解这些人物的奋斗事迹和对科学发展的贡献，尤其是可以继续挖掘这些人物在学生时代和青年时代的成长故事，用这些科学家追求真理的历程来引导学生、教育学生；用鲜活的伟人事迹来增强学生的爱国主义情怀和社会责任感，引导学生树立正确的世界观、人生观、价值观，激励学生树立胸怀祖国、服务人民，勇攀高峰、敢为人先，追求真理、严谨治学，淡泊名利、潜心研究，集智攻关、团结协作，甘为人梯、奖掖后学的科学家精神和精益求精的工匠精神。理工科院校专业课教师与其学生处在同样的专业氛围中，所以让专业课教师讲授本专业历史背景和典型人物事迹更具说服力和感染力，更容易于无形中让学生接受、吸收。基于此，理工科院校专业课教师具有的激励性优势可以帮助其更好地落实教书育人责任。

三、专业课教学的实操性特质使育人渗透力更强

实践是检验真理的唯一标准。理工科院校专业课教师教书育人的成效最终也要在实践中得到检验，而理工科院校专业课教师的实操性教学模式本身就包含大量的实验、实习等实践性活动，这使理工科院校专业课教师可以将价值观教育等思想政治教育内容真正渗透到学生的生活实践中，为其教书育人责任落实提供天然优势。理工科院校的专业课程以学习、掌握科学技术，并将其运用到生活实践，最终改善生活实践为最终目标。理工科院校专业课教师落实教书育人责任就是要用好实践这个舞台，在实践教学和日常生活中不断渗透正确的思想政治观念和价值理念，让学生将所学专业知识应用于实践，坚持学以致用、知行合一，从而不断增强自身的社会交往能力，增进对国家发展的认知和对百姓的情感，进而不断明晰自身所肩负的历史使命和责任担当，提升自身的社会责任感。这不仅是专业知识的转化过程，也是人的思想行为和思维观念塑造的过程，更是专业课教师育人责任之所在。

生活即教育。让教育回归生活实践，从生活实践中汲取营养、获得力量，始终是教书育人的重要命题。理工科大学生除了在课堂上学习理论知识之外，还有很重要的一部分时间会在实验室或者实习工厂等实践性场所度过。实践教学的目的不仅仅是帮助学生应用理论知识，更在于在实践中

启发学生的思维和智慧。理工科的实验活动和社会实践都是生动鲜活的教育素材。通过实践，可以把丰富的生活素材引入教学，用开放发展的知识教育学生，让教育成为充满生命力的活水。实践教学不但可以提高学生的知识技能，更可以帮助学生提升综合素质。这样的实践性特质，架起了理工科专业知识与学生生活实践之间的桥梁。在理工科专业课必不可少的实践活动中，专业课教师有更多的机会在实践中亲身为学生示范，培养学生的动手能力，要求学生形成科学严谨的工作作风和良好的为人处世习惯，进而引导学生建立正确的道德素养和坚定的理想信念。理工科院校专业课教师能够科学认识和定位社会实践在教育中的地位与作用，不仅是落实教书育人责任持之以恒的方向，也是适应新时代要求，提升教书育人实效性的关键所在。因为，理工科院校专业课教师的教书育人责任，是要将立德树人理念切实贯彻和渗透到教学实践中，为党育人、为国育才，只有通过系统的社会实践，持之以恒地塑造和提升学生的综合素质和各项能力，才能帮助学生成人成才，培养出中国特色社会主义事业合格建设者和可靠接班人。

首先，在理工科专业的实验过程中，教师会带领学生形成阶梯型的科研团队，团队中的成员会在同一空间里进行团队合作，为达到共同的科研目标而努力。理工科的实验性科研过程往往是学生要在老师的指导下，自主思考探索创新，设计实验过程，并完成实验。在此过程中，学生可能会顺利完成实验，可能会遭遇挫折甚至失败，而专业课教师就可以借此帮助学生正确看待发生的每一件事情。因此，在实验过程中，专业课教师不仅可以帮助学生学习巩固专业知识和技能，更可以培养学生的团队协作、实事求是、不畏艰险、勇于创新、锲而不舍、注重安全环保等精神。这些都是只有在实践中才能真正形成的科学精神。理工科院校专业课教师可以利用实践性的学科优势和有利契机，在具体实验教学中因势利导，将思想政治教育的内容引入其中。其次，要学做事，先学做人。无论是理工科实验室里的科研团队还是实习工厂的工作小组，都是整个社会的缩影，包含社会运行的规则。在理工科专业的实践过程中，学生不仅要学习和应用学科知识，还要面对一定的人际交往，处理一定的社会关系。青少年阶段的大学生正处于世界观、人生观、价值观的形成巩固时期。他们虽然有青少年的激情和热血，但也容易意气用事，处事莽撞，不能正确处理人与人之间的社会关系。而专业课教师在教学过程中必然会引导学生在实践中正确处理人际关系，这为其落实育人责任，教育学生学会为人处世的道理，形成尊老爱幼、团结友善的品德修养，树立集体主义的价值观念提供了天然优势条件。最后，理工科专业课程的实操性为专业课教师培养学生了解社会、树立担当精神提供了有利条件。马克思说过，哲学家们只是用不同的方式解释世界，而问题在于改变世界。其思想的精髓，就是强调要使理论学习研究主动服务于改造世界的实践。在专业课的社会实践中，学生会走出校园，接触到社会基层，了解到世情、国情、党情。因此，专业课教师可以利用社会实践的教学环节，一边引导学生正确应用理论知识，一边将理论知识与国家和社会的发展相结合，讲解本专业的知识在社会主义现代化建设中的重要作用，使学生了解社会发展状况，紧跟本行业科技发展的步伐，进而增强对国家和社会发展的理解，强化对社会与家庭的担当和使命感。所以，理工科院校专业课的实操性特质，可以帮助专业课教师从多角度、多维度对学生进行思想政治教育，增强育人的渗透力，使其更加充分地落实教书育人责任。

理工科院校专业课教师要充分认识自己所具有的各种优势条件，并将其积极应用于教书育人全过程，以此实现立德树人的根本教育目标，使学生成长为德才兼备的社会主义建设者和接班人。

第二节　理工科院校专业课教师教书育人
责任落实面临的机遇

"百年大计，教育为本；教育大计，育人为本"，育人是高等教育的最终诉求。习近平总书记在全国高校思想政治工作会议上强调："我们的高校是党领导下的高校，是中国特色社会主义高校。""我国高等教育发展方向要同我国发展的现实目标和未来方向紧密联系在一起，为人民服务，为中国共产党治国理政服务，为巩固和发展中国特色社会主义制度服务，为改革开放和社会主义现代化建设服务。"① 随着时代的发展和国家教育理念的不断完善，党和国家出台一系列高校落实教书育人责任的文件和条例，也针对理工科院校提出更新、更高的育人要求，这为理工科院校专业课教师教书育人责任落实提供了许多机遇。

一、新时代党的教育方针提供了政策支持

党的十九大宣示了中国特色社会主义进入新时代，明确了中国特色社会主义的历史方位，并将习近平新时代中国特色社会主义思想写入党章，确立为党必须长期坚持的指导思想，为新时代伟大实践提供了行动指南。2018 年 9 月，习近平总书记在全国教育大会上发表重要讲话，全面系统地提出了新时代党的教育方针的总要求，为推进理工科院校专业课教师教书育人责任落实提供了重要的政策指引。

新时代党的教育方针的总要求如下：第一，核心是围绕"培养什么人、怎样培养人、为谁培养人"这一具有决定性意义的根本问题，规定了教育的性质、目标、任务和实现路径。在教育培养目标上，必须明确把"努力培养担当民族复兴大任的时代新人，培养德智体美劳全面发展的社会主义建设者和接班人"作为根本目标，培养一代又一代拥护中国共产党领导和社会主义制度、立志为中国特色社会主义事业奋斗终身的有用人才。第二，坚持马克思主义指导地位，贯彻习近平新时代中国特色社会主义思想，坚持社会主义办学方向，落实立德树人根本任务，指明了教育发

① 《习近平在全国高校思想政治工作会议上强调 把思想政治工作贯穿教育教学全过程 开创我国高等教育事业发展新局面》，《人民日报》2016 年 12 月 9 日。

展应该坚持的方向。第三，坚持教育为人民服务、为中国共产党治国理政服务、为巩固和发展中国特色社会主义制度服务、为改革开放和社会主义现代化建设服务，"四个服务"明确了教育的根本宗旨。教育为改革开放和社会主义现代化建设服务，是社会主义教育的重要任务。教育应当自觉地服从并服务于现代化建设，发挥提高学生的思想道德素质和科学文化素质的基本功能，全面适应现代化建设对各类人才培养的需要，全面提高办学的质量和效益。第四，提出加快推进教育现代化、建设教育强国、办好人民满意的教育，努力培养担当民族复兴大任的时代新人，培养德智体美劳全面发展的社会主义建设者和接班人，明确了教育的根本目标。党的教育方针中的核心内容、指导思想、根本宗旨、根本目标都是紧紧围绕着学生成人成才教育进行的，明确指出了高校的职责是要为社会主义培育合格的建设者和接班人，而且也对高校教师提出更加明确的育人要求。对于理工科院校的专业课教师而言，在教授好专业课程的同时，还要做到悉心育人。总之，新时代党的教育方针在我国教育史上具有里程碑意义，对我国教育事业发展具有重要的历史意义和时代意义。其旨在培养能为社会主义建设服务、为广大人民群众服务的德才兼备之人。这也为理工科院校专业课教师落实教书育人责任提供了政策支持。

二、"三全育人"理念规划了实施模式

习近平总书记在全国高校思想政治工作会议上指出："要坚持把立德树人作为中心环节，把思想政治工作贯穿教育教学全过程，实现全程育人、全方位育人"①。中共中央、国务院《关于加强和改进新形势下高校思想政治工作的意见》也明确提出，要坚持全员全过程全方位育人（以下简称"三全育人"）。高校要把立德树人作为立身之本，着力构建"三全育人"工作体系，不断提升人才培养的针对性和实效性，切实肩负起培养合格的社会

---

① 《习近平谈治国理政》第二卷，外文出版社 2017 年版，第 376 页。

主义建设者和接班人的神圣使命。高校思想政治教育"三全育人"的机制已然形成，其"教书育人、管理育人、服务育人"的格局早已确立，而教书育人的观念是重中之重。对于理工科院校而言，学校思想政治教育的教书育人观念不仅要体现在思想政治理论课的教学过程中，更要体现在与学生接触时间最多、最长的专业课程教学之中。因此，理工科院校专业课教师要发挥天然的优势，身体力行落实好教书育人的责任。古人云"经师易遇，人师难求"，指的是教师的职责不仅是教书还有育人。理工科院校专业课教师不仅要做传道授业解惑的"经师"，更要做善于育人的"人师"。在当代，科学知识、科学思想、科学方法和科学精神，对大学生思想道德素质的提高有着不可替代的作用。它们既可以引导大学生牢固地形成正确世界观、人生观和价值观，促进大学生创造性地进行社会实践活动，也可以引导他们形成健康文明的生活方式，抵制各种非主流思潮和不良思想。

"三全育人"要求高校全体教职员工都要成为"育人者"，其一言一行、一举一动都要履行育人之责、产生育人之效，为实现育人目标尽职尽责。这就要求理工科院校专业课教师要做到以下几点：一是在教育主体上从单一化转向全面化。理工科院校专业课教师要明确育人工作是自己的天职和本职，要做好学生教育中知识传授者、思想开导者、心理关怀者、人生引路者等角色，将育人职责贯穿于工作始终，实现"教学"与"育人"、"管理"与"育人"、"服务"与"育人"的有机融合和相通。二是在育人过程上从过去的各自分工转向互相合作。育人工作具有整体性，要从各自负责转向协同配合，将育人工作贯穿学生从入学到毕业的各阶段，覆盖全校各班级，融入学生学习生活各方面。围绕"六个下功夫"发力，即在坚定理想信念上下功夫、在厚植爱国主义情怀上下功夫、在加强品德修养上下功夫、在增长知识见识上下功夫、在培养奋斗精神上下功夫、在增强综合素质上下功夫，构建德智体美劳全面培养的教育体系；推进教学、管理、服务等部门协同联动，挖掘各类课程的育人元素，共同谱写高校育人"合奏曲"。同时，理工科院校还要注重专业课与马克思主义学科的融合、交叉，汇聚协同育人的智慧和力量。三是在育人空间上从"点"转向"面"。专业课教师的育人工作要实现由"点"到"线"、由"线"连成"面"、由"面"覆盖到育人的全过程，推进知识体系教育与思想政治教育有机结合。"三全育人"理念的提出，明确指出理工科院校专业课教师把育人意识和责任融入大学生学习、生活的各个环节，渗透到课堂教学、科学研究、社会实践、学校生活等各个方面，为专业课教师教书育人责任落实规划好了实施模式。

三、课程思政的广泛开展优化了育人氛围

课程思政是一种大思政的思想政治教育观，它不局限于一门或一类具体的课程，其目的是在充分挖掘各门课程的思想政治教育资源基础上，通过党政机关、教师以及各科课程来浸润学生，与思想政治理论课同向同行，形成协同效应，以取得立德树人的思想政治教育效果。课程思政的概念源起于课堂教学，从本质上而言，"课程思政是一种基于新时代语义下新的思想政治工作观和教育观，它不是具体的某一门课程，而是面向所有课程，课程思政不等同于思政课程，而是对思政课程覆盖范围的拓展和深化"①。课程思政是基于把专业课程作为高校思想政治工作的主渠道提出的，是实现高校立德树人根本任务的重要抓手。因此，提炼、挖掘高校各门课程中蕴含的育人元素，并对各门课程做好顶层设计和系统规划，充分发挥各门课程所承载的思想政治教育功能，深入贯彻课程思政的理念，形成大思政格局下的课程群尤为必要。苏格拉底也曾提出"知识即美德"，即一切知识都具有"善性"，关键在于能否发现其可挖掘的"善性"，用专业课中可用的资源对学生进行思想政治教育。课程思政的宗旨是专业课教师将知识传授、能力培养以及价值引导、道德培养、意识形态输送有机地交汇、融合起来，形成系统化育人长效机制，解决好"为谁培养人""培

---

① 王海威、王伯承：《论高校课程思政的核心要义与实践路径》，《学校党建与思想教育》2018 年第 14 期。

养什么人""怎样培养人"的根本问题，要让所有课程教学活动都肩负起立德树人的职责，所有教师都承担起立德树人的使命，落实好教书育人的责任。课程思政的提出为理工科院校专业课教师教书育人责任落实作好了思想铺垫，优化了育人氛围。

课程思政的提出为理工科院校专业课教师教书育人责任落实提供了现实契机和行动指南，是重大的战略任务，事关中国高等教育的未来走向，事关中国特色社会主义事业后继有人，事关大学生的全面发展和成长成才。因为课程思政建设要求专业课教师要想办法将思想政治教育的元素融入课程的各环节和各方面，如首先要做好课程的整体规划与部分设计，突出协同性。课程是课程思政的实践基础，离开了课程这一本体，课程思政就会失去依托，也会缺乏原动力。"课程思政要在保证讲好专业课知识点整体规划的情况下，着力挖掘课程内在的道德元素、人文元素以及价值引领元素"①，探索课程自身蕴含的思政素材和魅力，将思政元素因地制宜地设计到课程总体规划中，既要做到理直气壮，又要做到润物细无声。通过整体规划和部分设计相结合，促进思想政治教育与教授专业知识之间形成一体化的思维。第二，要坚持思政需求导向，关照实践性。课程思政要关注学生的思想问题和实际问题，既在课程中讲道理，又在课程外办实事。课程思政最显著的特征是为了提高思想政治教育的针对性和实效性，因而不能过度、片面地强调思政内容的独立性，要直面学生成长成才的需求问题，把握学生心理和思想特点，在解决学生实际需求过程中进行思想政治教育，使思想政治教育成为合理、必要的需求。第三，要坚持循序渐进，体现时代性。挖掘专业课程中的思政元素是一个连续、渐进的过程。专业课教师逐渐把挖掘到的思政元素融入授课过程，会不断影响、改变学生们的思想。由此可见，课程思政的思想政治教育的内

---

① 肖香龙、朱珠：《"大思政"格局下课程思政的探索与实践》，《思想理论教育导刊》2018年第10期。

容和方法也同样具有动态性，要因事而化，因时而进，因势而新，二者之间要相适应，在反思省察中体现时代性、把握规律性和增强实效性。全国积极倡导开展课程思政，为理工科院校专业课教师教书育人责任落实优化了实现环境。

四、"新工科研究与实践"项目强化了育人观念

进入 21 世纪，新兴的科技革命和产业变革正在重新洗牌全球经济。随着中国特色新型工业化道路、创新型国家和人才强国等重大战略的相继部署，经济结构转型发展对高素质工程技术人才的要求日益提高，高等工程教育改革势在必行。自"卓越工程师计划"和"大学生创新创业训练计划"实施以来，中国高等工程教育综合改革取得了一系列示范性成果。然而，随着工程教育规模的不断扩大，我国正由工程教育大国向工程教育强国迈进。经过十年不懈努力，2016 年 6 月中国工程教育成功加入《华盛顿协议》，实现了历史性跨越，为中国高等工程教育实现与国际化接轨提供了重要契机。随着"工业 4.0"和"中国制造 2025"的相继提出，以及人工智能、"互联网 +"、物联网、云计算、大数据等新兴技术的迅猛发展，"以新技术、新产业、新业态和新模式为特征的新经济需要一大批具备工程意识、敬业精神、创新思维和实践能力，同时又具备国际视野的高素质工程师群体"[1]。这对工程人才的培养提出了转变性的要求，这一转变不仅对理工科学生提出专业层面的高要求，还对其思想文化层面提出了新要求。

欲成大业，人才先行。人才是 21 世纪国际竞争力的核心要素。国家硬实力和软实力的提升都要依靠人才实现。在技术与产业变革趋势下，基于对高等工程教育发展瓶颈的深刻认识，为了与世界工程教育图景相契合，教育部适时提出了新工科建设计划。"从'复旦共识''天大行动''北

---

① 　吴爱华、侯永峰、杨秋波等：《加快发展和建设新工科，主动适应和引领新经济》，《高等工程教育研究》2017 年第 1 期。

京指南'到'研究实践',教育部在一年左右的时间里连续出台四个重要举措,表明新工科建设已经成为中国高等教育改革的重中之重和迫切之需。这是基于国家战略发展新需求、国际竞争新形势、人才全面能力培养新要求而提出的中国工程教育改革方向。"① 新工科建设理念一经提出,随即引起教育界和工程界的广泛热议,并由讨论迅速转向实质性行动。新工科建设的根本在于关注新时代工科大学生的未来发展,唤醒他们强烈的使命感、责任感、紧迫感和工程意识、创新意识、主动意识,使之能以焕然一新的姿态应对未来工程事业的挑战。根据教育部高等教育司2017年发布的《关于开展新工科研究与实践的通知》的要求,"学校、学院将工科人才培养定位由最初的'三位一体'拓展为'四位一体',即价值引领、知识探究、能力建设与人格养成;增加'价值引领',即突出引导学生服务国家战略的参与意识。在'四位一体'育人纲领指引下,学院整合育人团队,以导师团队建设为核心,强化课程体系建设与实践基地建设相结合。"② 基于此,新工科建设对高素质工程人才培养的具体要求可以概括为以下方面:第一,德育为先,立德树人,培养又红又专的高素质工程人才。这就要求具有崇高的思想道德素质、乐于敬业甘于奉献的职业道德、精益求精的工匠精神和以天下为己任的家国情怀等;第二,引导学生树立"新工科"理念下的新型工科意识,培养学生具有以人为本的工程意识、全局意识、创新意识等多维度系统工程观念,使其具备"由内而外"的自发式工程理念和潜在行为;第三,培育学生勇于探索的创新热情、敢为人先的创新精神和引领时代潮流的创新能力,致力于完善新工科人才"创意—创新—创业"的培养链条,多角度、多维度启发和培育学生的创新思维和创新能力;第四,培养学生具有广阔的知识视野、较强的跨界整合能

---

① 叶民、孔寒冰、张炜:《新工科:从理念到行动》,《高等工程教育研究》2018 年第 1 期。

② 李琦、徐亦斌:《新工科背景下材料学科育人体系的构建》,《中国大学教育》2019年第 3 期。

力和放眼全球的战略眼光。总而言之，新工科建设对新时代工程人才培养提出了新的要求，主要体现为"五个更加"，即更加注重理念性、创新性、实践性、系统化和国际化。由此可见，新工科计划中着重强调了对新时代工科人才的要求，不仅要学好专业知识，还要培养优良的道德品质，这强化了理工科院校专业课教师对落实教书育人责任的观念意识。

第三节　理工科院校专业课教师教书育人责任落实面临的挑战

社会性是人的本质属性，而人的社会关系又是复杂多样的。因此，理工科院校专业课教师教书育人责任落实面临着来自社会、高校、学生和自身等多方面的挑战。

一、社会负面因素淡化着理工科院校专业课教师教书育人责任落实意识

社会存在决定社会意识，社会意识又会不断反映、回应社会存在。社会中负面因素也会直接冲击着理工科院校专业课教师教书育人责任落实的意识。

（一）市场经济负面效应的冲击

进入新时代，我国社会主义市场经济进一步发展和改革开放进一步深入，一方面使得社会生产力发展水平得到较大提升，促进了社会各项事业的蓬勃发展，人们的自主性、独立性、竞争意识和效益观念不断增强，这对人们养成创新、开拓的精神有着积极的意义；另一方面也使人们面临着不同的社会思潮、文化、道德观念的冲击。市场经济的消极因素对人们的人生观、价值观形成了冲击，其追求物质利益最大化，会使人们过度关

注自身的利益得失。当前，市场经济的负面效已逐渐蔓延到高校教师之中，特别是以实用、效益至上的理工科院校专业课教师中，冲击其教书育人责任意识，主要表现在四个方面。一是活在当下，即只考虑眼前的既得利益，没有可持续和长远发展的理念。部分专业课教师沉迷于追求经济效益，凡事以经济效益为先，能产生经济效益的工作就认真做，不能产生经济效益的工作就敷衍了事。更有甚者，为了追求更多的经济效益，置教学和科研于不顾，将全部精力投入到第二职业中。二是极端利己主义，即过分关心自身在社会中的利益获得，没有集体主义价值观。这就导致部分理工科院校专业课教师做任何事情包括履行教书育人这一责任，都会用是否对自己有利这一标准去衡量，一旦发现其中无利可图，就会马上"抽身走人"。三是实用主义观念，实用至上的价值观也悄然影响着理工科院校专业课教师的职业行为。在教学授课和教学实践中，部分理工科院校专业课教师也会滋生享乐主义、实用主义等观念，甚至把"有用即真理"奉为圭臬，把奢靡享乐作为人生的追求目标。四是功利主义思想作祟，受市场经济的负面影响，人们忽视了人的价值，单一地把功名高低和金钱多少作为评价个人成功与否的标志。这就使部分理工科院校专业课教师错误地认为学生今后走上社会的目的就是挣钱，因此在教学中只注重传授学生专业知识，忽略其思想道德水平的提升。可见，市场经济带来的负面效应搅乱了部分理工科院校专业课教师本应专心教书育人的纯净思想。

（二）社会不良风气的干扰

改革开放以来，虽然国家的经济水平提高了，但是人们的精神文明程度还有待提高。由于市场经济的冲击、社会转型、外来新鲜事物的大量涌入等原因，人们精神文化层面出现了一系列的问题：道德滑坡，见利忘义、唯利是图、损人利己、损公肥私、造假欺诈、不讲信用等现象屡见不鲜，这些现象使整个社会风气呈现出一种不健康的状态。而这样的不健康状态也会渗透到理工科院校中，干扰了理工科院校专业课教师教书育人责任落实，主要表现在以下方面：第一，部分教师受社会不良风气的影响，出现了学术不端、学术造假、过分追求个人利益、学术腐败等不道德行为。比较典型的例子就是原本要体现社会尊师重教、营造良好师生情谊气氛的教师节，在很多地方却变成了"送礼节"。2014 年，教育部出台了《关于建立健全高校师德建设长效机制的意见》，《意见》中专门针对高校教师列出了多条禁止条令，如学术不端和造假、影响教学的兼职等。这也从侧面说明社会上的不良风气已经波及高校这一"象牙塔"，而专业课教师的这些举动已经影响高校教学工作的开展，更影响专业课教师教书育人职责的落实。第二，部分教师受社会不良风气的影响，在育人过程中产生了消极、悲观的思想和情绪。理工科院校专业课教师是具备一定思考能力的学者，他们往往对现实问题有着更加敏锐的感受力和深邃的洞察力。其中一些教师看到了社会不良风气影响下的教师行业以至整个社会的灰暗面，逐渐对社会产生失落、不满等情绪，开始愤世嫉俗，甚至对教育感到悲观，认为教师育人与否无所谓，又或者是造成自身育人方向的模糊。如此种种，都会干扰专业课教师的育人理念。

二、理工科院校重理轻文管理理念阻碍着专业课教师教书育人责任的落实

理工科院校因自身性质，存在重理轻文的管理理念，在管理过程中重智育轻德育、重知识传授轻价值引导。这样的管理理念阻碍了专业课教师教书育人责任的落实。

（一）理工科院校领导层面发展理念有失科学考量

高等教育学科的划分和专业的建立是现代大学的基础，关系教育目标的规划和质量，关系教学资源的配置和协调，关系学术科研的繁荣和发展，关系到其与社会的和谐发展。但是，我国历来注重理工类学科发展，对人文社会科学学科的重视程度不足。1956 年党的第八次全国代表大会

明确提出："高等教育应该以发展工科和理科为重点，并且积极地发展师范和农林科，适当地发展其他学科。"① 虽然后来国家关于高等教育的总体学科设置又经历了几次大规模的调整和修订，也逐渐关注人文社会学科发展，但高校依旧延续了重专业课轻思政课的思想，特别是理工科院校领导多为理工科背景出身，尤其看重学生专业课方面知识性教育，对其思想政治教育不甚重视。高校领导都不重视学生的"育人"工作，专业课教师就更难意识到自身的教书育人责任。这说明理工科院校专业课教师教书育人责任落实与校领导的思想观念、认知态度、阅历见识息息相关，校领导应把握国家和社会的政治、经济、文化、科技等方面的发展趋势，对本院校发展理念进行深刻思考，明晰自己学校发展的方向和特色，明确本校专业课教师教书育人的职责。

理工科院校领导对专业课和思想政治课之间的关系把握不到位。思想政治教育与专业学科的作用既有区别也有所联系。思想政治教育的目的是帮助学生树立正确的世界观、人生观和价值观，而专业课学科的主要目的是让学生获得科学文化知识，掌握知识和技能，两者一个偏重思想，一个偏重实际操作。学生要想正确、有效地发挥出专业课学科中习得的知识作用，就需要将从思想政治教育中学到的正确世界观、人生观和价值观作为思想引领。然而，有些理工科院校领导者没能认识到二者之间的联系，忽视了思想政治教育对专业课学科的重要性，没有把思想政治教育融入专业课学科中的意识，未能站在学生和学校全面发展、长远发展的制高点和全局位置来思考和把握思想政治教育与专业课教育的关系，从而在专业课教学中过于强调专业课的重要性和有效性，无视了专业课教育所衍生出的社会道德以及其他方面的功能。这让专业课教师未能意识到思想政治教育的重要性，更无从谈及自身的教书育人责任落实情况。同时，由于制度本身的滞后性及各种人为因素的影响，一些理工科院校领导的管理思路有待于

---

① 《建国以来重要文献选编》第 9 册，中央文献出版社 1994 年版，第 373 页。

进一步明确和完善，其管理意识不够科学，缺乏服务意识和先进的管理理念，导致专业课教师和思想政治理论课教师处于孤立状态，相互间联系甚少，不利于专业课教师对教书育人理念进行深入、全面认识。

（二）教学质量评价机制缺少合理规划

"教学质量评价是一项复杂的系统工程，是检验教学质量的重要手段，是教育过程中的重要环节，是控制、调节教育教学过程的信息反馈机制。"① 教学质量评价的科学性、公正性对调动专业课教师教书育人的积极性至关重要，但是对专业课教师在教书育人过程中的教学态度、素质、能力、效果等进行评估是一项繁琐而复杂的工程。从目前高等院校执行教师教学考评机制的实践情况来看，第一，评价体系设计欠缺科学性。就当前专业课教师教学评价设计的内容而言，许多理工科院校对专业课教师教书育人效果考察浮于表面，甚至很多考核都是通过一定的数据来量化考评的，这就很难考察出专业课教师的教学研究能力、职业道德、个人素质等主观因素在教学上的体现。这样的做法必然致使专业课教师教书育人的评价工作走向机械化和形式化，会让专业课教师渐渐丧失教书育人的热情和创造力。有些高校在开展教学评价时只注重评价结果，不注重考评的细节和过程，例如，部分理工科院校不把学生评价的细节告知给专业课教师，只是公布评价最后的评分结果。专业课教师不清楚自己在教书育人过程中存在哪些不足，也就无法及时在以后的教学过程中纠正错误，调整育人观念和方法。

第二，评价指标设置不合理。科研工作一直是高校综合实力评估的重要指标，"科研兴教""科研兴校"等观念一直深入人心，并且我国也采取诸多办法尤其是拨款来促进高校科研的发展。部分理工科院校尤为重视科研，其教学考评机制没有处理好科研工作评价和教书育人工作评价的关

---

① 湖南省教育厅:《高等教育学》，湖南大学出版社第 2005 年版，第 205 页。

系。为了尽可能地获得科研资金，理工科院校针对专业课教师形成了一套评价机制，这一评价机制主要围绕着专业课教师的论文发表数量和申请国家项目的数量而制定，把专业课教师在核心、权威期刊发表的论文数目，撰写的专著数量作为教师评职称、聘任工作岗位、工资收入和评价教师工作完成度的重要依据。这虽然能激发专业课教师的科研工作潜力，但也具有一定的局限性和片面性。例如，部分理工科院校在考评中没能处理好科研考评和教学考评的关系，并一味地偏重将科研考评与专业课教师的工资分配挂钩，出现收入分配失衡现象。一些理工科院校专业课教师没有落实教书育人责任，却因为科研工作成绩突出，获得丰厚的工资收入；而那些注重身体力行，用大量时间和精力去研究如何提升教学质量和育人效果的教师，由于没有太多科研成果，没能获得太多的工资收入。这样失衡的考评制度引发专业课教师收入分配出现不公现象，严重打击了理工科院校专业课教师教书育人的热情和积极性，动摇了那些原本专注于教书育人的专业课教师的热忱之心。马克思指出，"人们奋斗所争取的一切，都同他们的利益相关"①。长此以往，广大专业课教师为了获得更好的发展机会和空间会想尽办法、千方百计地发文章、写专著，自然就无法将全部心思和精力用于很好地了解学生，专心从事教学工作，为实现育人目标而无怨无悔地奋斗了。

第三，评价方式欠妥当。从当前理工科院校专业课教师教学评价设计的模式来看，考核者在评价中总是占主动地位，把握着专业课教师教书育人效果评价的主导权，而专业课教师作为被考核者，处于被动地位。这种模式不利于学生和专业课教师之间的沟通与理解，容易使专业课教师对教书育人职责产生无力感和倦怠感，甚至会在心理上对学生产生反感和对立情绪。同时，学生参与专业课教师教学评价是一个很具有创新性的举措，但这一举措随着时间推移也暴露出了自身的一些局限性：学生因知识

---

① 《马克思恩格斯全集》第 1 卷，人民出版社 1956 年版，第 82 页。

水平、文化水平、社会阅历有限，不能全面、客观、深刻地了解专业课教师的教学目的和教学行为，在进行教学评价时很容易带入主观色彩，如有的学生在进行教学评价时只凭个人喜好，态度敷衍，这种有失公正的教学评价不仅会使教学评价的预期成效大打折扣，还会挫伤专业课教师教书育人的积极性。部分专业课教师为了获得学生的高分评价，曲意迎合学生的"需求"，不惜降低专业课程的教学目标、放松教学管理要求，放任教学内容娱乐化、肤浅化，最终导致大学教育应该坚持的教书育人取向逐渐被淡化。此外，另外一部分专业课教师因为不满意评价结果，采取消极的应对措施，他们将评价结果归因于学生，于是在教学过程中夹杂主观个人情绪，对学生进行冷嘲热讽。这样不和谐的教学气氛最终会损耗教学双方的积极性，不利于专业课教师落实教书育人责任。

（三）理工科院校师德师风建设尚不到位

理工科院校专业课教师教书育人责任落实不到位，很大一部分原因与专业课教师师德师风建设不到位有关。目前，我国师德师风建设还有很多不完善的地方：第一，师德师风建设目标理想化、空洞化。在中国历史上，教师总是被寄予极高的评价和期望，人们认为教师理应做到面面俱到，为学生、社会和国家无私奉献。这使学校对教师的师德培育往往从造就"圣人"出发，提出来一些"高、大、全、空"的目标，使教师缺乏实践的动力，甚至会适得其反。而且关于师德师风建设的内容也比较空洞，大多是浮于表面的指标，这就忽视了教师师德师风建设的深层内涵，如教师的教育理想、教育理念、心理健康、人格素养、幸福追求等。第二，师德师风建设方式单一，忽视专业课教师的主体性。师德师风培育建设大多采用集中学习和培训的方式，对教师师德知识和规范进行硬性、机械的灌输，忽视了教师的主体性，使教师被动接受和参与。这样的一种培训和学习的方式忽略了教师的发展和幸福，把教师道德素养的提高变成了一种纯粹外在的要求，而不是基于教师自身职业成长的追求和需要。这样的方式使师德师风培育变得形式主义，只追求表面效果而没有实质性内容，对于有较强自身观念体系的专业课教师而言，很难取得理想的效果，难以真正落实专业课教师的师德师风建设，难以让教书育人理念深入专业课教师的内心。

三、教师自身素质不足制约理工科院校专业课教师教书育人责任落实效度

部分理工科院校专业课教师因自身素质不足，如对育人理念认识不到位、对人才培养目标理解片面、自身知识体系更新滞后、自身道德修养不足，制约着理工科院校专业课教师教书育人责任落实效度。

（一）部分理工科院校专业课教师对育人理念认识不足

目前，高校思想政治理论课教师是大学生思想道德教育的主力军，能够引导大学生坚定马克思主义信仰，坚定拥护中国共产党的领导以及培育大学生树立科学的世界观、人生观和价值观，提升其思想道德水准。但是，教书育人并非只是思想政治理论课教师的职责，专业课教师也应当意识到自己肩负引导大学生树立正确人生观、价值观、世界观的使命。但目前看来，许多理工科院校专业课教师对于自己教书育人使命认识很不到位，特别是将知识教育和思想道德教育割裂看待，"主要表现在德育只负责培养道德人，学生的思想道德素质应该也只能由德育负责；智育负责培养认知人，学生的认知素质应该也只能由智育负责"①。部分理工科院校专业课教师育人意识不到位，他们只专注于自己的本专业工作，认为学校的育人工作都是思想政治理论课教师的责任，与自己并没有多大的关系，自己只要专注科研、讲好专业课课程就是完成了个人的教学任务。由此可见，专业课教师没能把知识技能教育和思想道德教育看作一个统一的有机体，反而将二者分离开来，在知识技能教学中忽视、排斥思想道德教育元

---

① 冯建军：《当代主体教育论》，江苏教育出版社 2001 年版，第 187 页。

素的融入，导致在知识教育过程中并没有紧密结合正确的思想观念引导。"这种客观主义的教学逻辑，使广大教师在教学的过程中一味地追求知识的客观性与中立性，专注于教给学生大量的事实性知识，拒斥与之相关的情感、道德、文化、价值观的因素。"① 这样导致部分专业课教师在课堂中和生活互动中都缺乏针对性的育人意识，在知识教学过程中很少涉及思想道德引导教育，让知识技能教育和思想道德教育成了两条平行线。大学生处于成长和成熟的关键时期，专业课教师在此期间对其世界观、人生观、价值观进行正确引导是必要的。从学生的角度来看，学生只在思想政治理论课上接受到关于思想道德的指引，不仅记忆不深刻，体验更不够直观；他们在占据自身大部分学习时间的专业课中却得不到与知识联系紧密的思想道德引导，造成知识技能学习与思想道德学习分离。这不利于学生的综合培养以及良好人格的塑造。

（二）部分理工科院校专业课教师对人才培养目标理解片面

我国高校的教育目标是"努力培养担当民族复兴大任的时代新人，培养德智体美劳全面发展的社会主义建设者和接班人"②，其中"时代新人"是指德才兼备之人。部分理工科院校专业课教师因为多年从事本专业教学，大多把教学的注意力和落脚点都集中在"才"而非"德"上，并错误地认为理工科院校专业课教师的唯一职责就是传授科学知识，忽略自身育人责任，只专注于提高学生的专业知识和能力，没有以学生的全面发展为目标进行教书育人，从而导致一些学生有知识缺文化，懂学问少修养，知理论不行动。从人才培养的角度来看，单一知识型人才并非我们社会主义建设需要的人才。随着我国市场经济进一步的发展，国际间交流合作的深

---

① 姚林群、郭元祥：《新课程三维目标与深度教学——兼谈学生情感态度与价值观的培养》，《课程·教材·教法》2011 年第 5 期。

② 《习近平在全国教育大会上强调　坚持中国特色社会主义教育发展道路　培养德智体美劳全面发展的社会主义建设者和接班人》，《人民日报》2018 年 9 月 11 日。

入，单一掌握学科知识的行业精英已不能满足发展的需要，只有德智体美劳全面发展的人才是现阶段我国亟需的社会主义人才。那些知识拔尖的人才，特别是掌握着前沿理论、高精尖技术的理工科类人才，若是缺少正确价值观念和思想道德观念，很容易在国外一些非主流思潮的影响下做出错误的选择，这不仅不利于个人的发展，甚至还会做出危害国家与社会和谐稳定的行为。因此，在与国外科研、学术交流十分密切的理工科院校，专业课教师要树立正确、全面的人才培育目标，努力将学生培养成为可靠、可信、可为的社会主义合格建设者和接班人。

（三）部分理工科院校专业课教师自身知识体系更新滞后

教师要想真正做到教书育人，就不仅需要足够的知识储备，还需要跟上时代的潮流，及时掌握前沿信息和知识。理工科院校中部分专业课教师仍抱有上半生学下半生教的想法，认为只要获得学历、取得高校教师的资格证就不用继续学习了。虽然专业课教师每年的授课内容变动不大，但是每年都有新的事件和情况，仅靠那些陈年旧事已经难以吸引学生的注意力，难以在课堂教学中取得良好的效果。在互联网时代，信息的更新和传递十分迅速，学生可以通过各种网络渠道获取大量的信息，这其中就包含大量正面和负面信息。专业课教师在理论联系实际时应及时关切和回应最新的、热门的一些相关问题，结合这些事例和信息让学生学会如何用所学知识来分析和认识问题。在面对一些负面信息时，专业课教师要比学生更快洞察到其真实目的和非科学性，应引导学生正确、客观、积极地看待纷繁复杂的各界信息，不被外界的信息扰乱视野和思想，坚定政治立场，学会明辨是非曲直。然而，一些专业课教师却怀有懒惰、逃避的思想，不及时、主动地了解和获取相关专业的前沿信息，甚至在授课时还用多年前的老课件，这样陈旧的知识结构和体系是难以获得学生认可的，也不可能培育出德才兼备的时代新人。

（四）部分理工科院校专业课教师自身道德修养不足

部分理工科院校专业课教师自身道德修养不足，阻碍其传达育人的理念。教育家苏霍姆林斯基告诫教师："请你记住，你不仅是自己学科的教员，而且是学生的教育者、生活的导师和道德的引路人。"[①] 专业课教师不仅是学生知识的主要传授者，还是学生思想的引路人和行为的示范者。因此，专业课教师要有为人师表的意识，保持言行一致，注重言传身教。教师对学生提出要求时，必须先严格要求自己，率先垂范，这样才能有充足的底气，也才能在学生心中产生信服力。但是部分教师在育人过程中却不能做到严格要求自己的言行，他们有些是没有意识到言传身教的重要作用，还有一些是本身道德修养就不到位。例如，一些专业课教师要求学生上课不能迟到早退，但自己上课时却经常没有缘由地迟到早退；上课中途随意接听手机甚至没有向学生说明情况；在面对学生的问题和错误时不能做到耐心引导，反而用冷漠的态度或是消极的言语回应学生。这些行为都会让专业课教师的形象和公信力在学生心中大打折扣，而专业课教师没有一定的威信，就很难向学生传达自己的育人理念，落实教书育人的责任。

四、大学生思想行为方式的变化增加了专业课教师教书育人责任落实难度

大学生由高中升入大学后，学习和生活模式发生了重大变化，其思想与行为方式也随之而变。大学生心理活动个性化和生活方式孤立化，以及功利化倾向日趋明显，增加了理工科院校专业课教师教书育人责任落实难度。

---

① [苏] 苏霍姆林斯基：《给教师的建议》（上），教育科学出版社1980年版，第96页。

（一）大学生心理活动个性化和生活方式孤立化

第一，当代大学生身处信息化时代，自我意识和个人情绪也随之增强，专业课教师对学生的辐射影响减弱。目前在校大学生基本是"00"后，他们有强烈的自我意识、强烈的好奇心和较强的接受新事物的能力，喜欢通过网络等渠道获取大量的知识和信息。学生会对教师的言行举止进行独立思考，并且马上表达自己的想法。尤其是一些专业课教师的疏忽、不公正、不自律行为，极易引起学生的不满、反感，甚至是过激情绪，造成师生关系紧张。有些学生由于过度以自我为中心，对专业课教师不尊重、不礼貌，甚至无端嘲笑、讽刺教师，极大影响教师对学生的态度，造成教师与学生之间关系紧张化、淡漠化，消磨专业课教师教书育人的热情和积极性。

第二，大学生的学习和生活空间扩大，减少了师生之间的交流。相比较之前义务教育，大学生在学习和生活上活动范围更广、更自由。学生住宿分散，有些学校上课和住宿甚至不在一个校区，跨专业、跨校区的学习让班级概念淡化，这样专业课教师与学生之间沟通的时间和渠道越来越少，同时专业课教师也不再扮演着严格监督和管理学生的角色，师生间的关系更加独立、疏远。因此，专业课教师很难在专业课教学中及时、准确得知学生存在的困惑和问题，也无法有针对性地调整教书育人策略。

（二）大学生功利化倾向日趋明显

"十年寒窗无人问，一举成名天下知"，中国自古以来就奉行通过读书获取功名的思想，当代大学生也不例外。由于受到历史、社会和家庭等因素的影响，许多大学生把获得更好的工作和发展机会作为上大学的唯一目的。这种动机和愿望越来越强烈之后就使得一些学生的行为出现了急功近利的倾向：学习时只关注能迅速带来经济利益的学科，对能陶冶情操的人文社会科学课程不屑一顾；忽视学习基础知识，热衷于各种证书考试；择业时过分关注眼前利益而忽视长远发展。学生是教师教学成果的反馈者，因此学生的思想状况也会对教师的教学理念产生错误诱导。一些专业课教师受学生自身功利化倾向影响，在教学过程中也会有意识地迎合学生的需求，只关注眼前利益，忽视学生的长远发展。他们不再将教书育人作为准则，而是专门传授一些走捷径、钻空子的考证方法和快速提分方法，让学生本该安静学习、锤炼自我的心愈加躁动起来，也让专业课教师本应专心教书育人的心渐渐沉寂。大学生愈发明显的功利倾向让专业课教师对自身教书育人职责产生怀疑，甚至产生否定思想，这加大了专业课教师落实教书育人责任的难度。

理工科院校专业课教师教书育人责任落实具有多方面得天独厚的优势条件，有着较好的机遇，但也面临着诸多挑战，主要涉及社会转型期带来的负面效应、高校领导与管理层面的不科学理念、专业课教师自身的不足以及大学生的思维与行为方式的急剧变化等方面。因此，理工科院校专业课教师教书育人责任落实需要充分利用优势条件，并对面临的机遇和挑战进行认真分析和思考，一方面抓好机遇加快专业课教师教书育人责任落实进程；另一方面要直面挑战，不断改善专业课教师在落实教书育人责任中存在的不足。

第五章　理工科院校专业课教师教书育人责任落实的国外经验借鉴

当前在世界各国之间交流合作加深的同时，竞争也日益加剧，随着各国在经济、科技、军事和文化上的快速发展，培养高素质创新型人才日益成为各国高等教育发展的重中之重。党的十八大以来，习近平总书记在全国教育大会、全国高校思想政治工作会议、北京大学师生座谈会等多个场合多次强调教书育人是所有教师的共同责任和使命，要求"教师要时刻铭记教书育人的使命，甘当人梯，甘当铺路石，以人格魅力引导学生心灵，以学术造诣开启学生的智慧之门"①。教育部也印发了《高等学校课程思政建设指导纲要》，专门就课程育人的改革与实践提出了具体要求。各高校结合自身实际，见仁见智，各展所能，围绕教师教书育人责任的落实，进行了积极探索和实践，涌现了许多成功案例。其中一些理工科院校，围绕专业课教师落实育人责任，也形成了很多值得推广的经验做法。同样，在国外，无论是从国家层面，还是从高校层面，抑或是学术界，都对所有教师应承担的教书育人责任展开了理论研究和实践探索，并形成了许多理论成果和实践经验。尤其是麻省理工学院、加州理工学院、帝国理工学院、

①　《十八大以来重要文献选编》（中），中央文献出版社 2016 年版，第 9 页。

牛津大学等世界顶尖理工科院校，在具体实践层面，有许多方法值得国内理工科院校学习和借鉴。

第一节　在制度设计中强调教师落实
教书和育人的双重责任

没有规矩不成方圆，制度的约束力在高等教育过程中尤为重要。国外许多理工科院校十分注重以制度治校。这些院校不仅有完备的制度体系来明确教师应履行的教书育人责任，而且有相应的考核评价机制，强化教师既要教书也要育人的行为自觉。

一、人事管理制度中强化教师教书育人双重责任

国外很多理工科院校都拥有健全完善的人事管理制度，明确规定了教师聘任、晋升、考核、薪酬等内容的相关条件和具体要求，其中突出强调教师不仅要完成教学任务而且要认真落实完成思想教育工作，这对于教师落实教书和育人责任有着重要的激励作用。

（一）品德考核的责任要求强化教师品德教育的思想意识

国外理工科高校很多都有较为完备的教师聘任制度，明确规定教师应当履行教学和思想品德教育两方面责任，并将其作为教师聘任的基本条件，来激励教师完成其教学任务和育人责任。在教师教学方面，针对终身制和非终身制专业课教师施行不同的聘任和考核办法。对终身制专业课教师侧重教职考核，绝大多数理工科名校均要求教师必须完成规定的教学工作量，部分学校在教师聘任规定中要求兼职教授和实习教授、兼职副教授和实习副教授每学年至少担任一门主要课程。诺贝尔奖获得者、院士等顶尖教授一般每学期也要给本科生讲授1—2门课程。对他们的考察不仅包

括能否为学院的教学作出贡献，以及在同行评议中是否出色，而且还要有学生思想品德教育相关业绩；在专业课教师晋升时，则需要学校和校外同行对该教师的教学表现、研究能力、职业发展潜力与服务贡献进行综合评估。对非终身制的教师，签订任用合同单次最长不能超过 5 年，允许多次续聘，但是在同一级别内的任期总和不能超过 8 年。当然，这是建立在必须完成相应的教学任务和品德教育指标任务基础之上的。

（二）非升即走的晋升模式激励教师履职尽责

麻省理工、帝国理工等院校针对专业课教师聘任合同设定非升即走条款，即合同到期的前一年会受到连任审查，主要考察教师在教学、科研、品德教育方面的成就和进展。审查考核通过后，学校会向有关负责人递交连任推荐；若未通过审查，院系则在合同到期之时终止对该教师的聘任。值得一提的是，麻省理工学院还专门设立了"荣誉教师"计划，以奖励对本科教学工作作出杰出贡献的教师。荣誉教师的评定与其他教授资格的评审具有同等的权威，且在十年的时间里享有可自行支配的学者津贴，这一举措也大幅度提升了学校教师教育教学的热情。

（三）利益相关的薪酬制度激发教师热情

大部分国外理工科名校还通过薪酬制度为专业课教师履行教学责任提供了经济层面的激励。以麻省理工学院全职专业课教师的年薪计划（Annual Salary Plan）发放为例。全职专业课教师通常需要在秋季学期和春季学期（从当年的 9 月 1 日到第二年 5 月 31 日，包括 IAP 期间）共 9 个月的时间里履行教学与科研的职责，才能依据年薪计划全年每个月都获得薪酬。对于在夏季基于学院需要仍需执行教学任务的教师，可在年薪基础上额外获得最高达两个月的薪酬，这两个月的额外月薪标准为该名教师的年薪除以 9 所得的金额。大部分世界顶尖理工科高校的薪酬制度保障了专业课教师能够在常规学期内正常履行教学责任，且能够保质保量完成教学任务。同时，通过支付额外薪酬，吸引专业课教师在非常规学期内满足学院对教学工作的需求。此外，绝大多数的国外理工科高校专业课教师的聘任、晋升、薪酬制度都突出了履行教学责任的重要性。如果教师未达到教学要求，则可能终止聘任或无法正常获得规定的年薪。当然，这里的教学责任不仅包括知识的传授，还包括对学生价值观念的教育和引导。

二、科学全面的教学评价机制激励专业课教师落实教书育人责任

教学评价具有导向、诊断、鉴定、激励、监控等功能，它实质上是一种激励教师努力工作、改进教学、提高整个学校教学质量的手段。在理工科院校，落实专业课教师教书育人责任，必须坚持以科学、全面的教学评价为引导，以评促教，以评促建，激励专业课教师提高专业水平和教学水平，利用评价反馈信息调整专业课教师教学，指导其改进教学方式，提高专业教学水平和教学技能。同时，发挥专业课教师在教学评价中的主动性和积极性，促进其教学的专业发展，不断促进专业课教师教书育人水平和能力的提升①。

（一）教学评价激励专业课教师落实教书育人责任

通过教学评价激励专业课教师落实教书育人责任是国外理工科院校最为常见的做法。以麻省理工学院为例，主要从教学表现和教学质量两个角度全方位评价专业课教师的教学质量。具体来说主要有针对专业课教师所承担课程的评价以及定期的学生评教，以其结果判断教师教学责任履行状况。其教学评价涉及课程、院系和学校三个层面，考察内容包括新生与毕业生调查、通识教育技能标准化测试、学科知识标准化测试等多个方面；具体评价标准则包括识别潜在预期学习结果、提出研究问题、进行研究设计、选择抽

---

① 孙美荣:《牛津大学教学评价的特色与启示》,《重庆高教研究》2014 年第 6 期。

样框、选择适合的数据收集方法、研制测量工具、选择适合的数据分析技术、沟通和发布研究结果八个方面。此外，由麻省理工学院优秀教师组成的教授但会对学校各科教学质量进行督查，并针对教学过程中存在的问题提出改进建议。一系列的教学评价彰显了麻省理工学院对教师教学工作的重视，客观上起到了督促教师履行教学责任、优化教学过程的作用。

（二）实施多元主体教学评价引导专业课教师教书育人

多元主体教学评价也是国外引导专业课教师教书育人的重要方式。以牛津大学为例，牛津大学对专业课教师的教学质量调查主要分为全国性调查、国际学生晴雨表调查、院系课程评估和教师单门课程评估。多元主体教学评价按责任主体分为三类，即学生评价、同行评价和自我评估。该教学评价采用自上而下的方式来开展，层层相扣，进而将学校整体教学质量和教师单门课程教学质量较为客观地展现出来。一是重视学生评价。学生作为教学活动中的主体和最大受众，对课程教学质量最具有发言权。学生需要通过填写全国性问卷、学院编制问卷和教师自编问卷参与对全校教学质量的评价。二是坚持同行评估。同行评估也是牛津大学多年坚持的重要评价方式。牛津大学会邀请经验丰富的同专业教师开展对新手教师的同行评价，在提供完善建议的同时，能够提高专业课教师的教学水平和能力，还能调动其参与教学评价的积极性，发挥优秀教师的教学特长及辐射作用，消除教师之间的隔离感，促进全体教师的专业发展。三是注重自我评估。自我评估是教学专业化的标志，是良好的专业实践的组成部分。教师自我评估是教师自我诊断的一种重要方式，也是自我激励与自我提高的过程，能调动和发挥教师的积极性。

三、建立教师落实教书和育人责任能力提升机制

专业课教师的专业水平对于人才培养的质量起着至关重要的作用。随着社会的不断发展，知识也呈爆发式增长，学生认知水平和范围的变化以

及对接受大学教育的新诉求都促使专业课教师不断更新自身知识储备、教学方式以及教学技能，以适应不断变化的复杂环境。20世纪60年代以来，世界各大著名理工类院校纷纷成立教师发展中心等相关机构，通过提供较为完善的培训、实践和运营，从而增强高校专业课教师教书育人的意识和能力。

（一）密歇根大学的教师发展中心运行模式

为适应高等教育大众化、公共绩效危机和学生权利运动对教师教学发展的冲击，密歇根大学于1962年建立了全美第一个教师发展中心（Center for Research on Learning and Teaching，以下简称CRLT）。CRLT旨在"促进密歇根大学教师进行卓越教学和创新教学，让所有成员共同努力提升大学文化尤其是教学文化，形成重视和奖励教学、尊重和支持学生个体差异的文化环境，鼓励创设一种各类学生都能学习和取得成功的环境"①。

教师发展中心的运行模式是指"教师发展中心组织的构成要素及在功能发挥过程中相互之间的联系和作用方式"②。CRLT由密歇根大学教务长办公室（Provost Office）直接领导，可以为密歇根大学的19个院系提供提升教师课程教学发展服务。为了确保CRLT有序运行，密歇根大学从19个院系中遴选出数位教授，组成与CRLT平级的教师顾问委员会（Faculty Advisory Board），负责向CRLT主任就科研目标与项目中心、竞争性资助、资源配置与分配、大学内部关系等问题提出意见与建议。教师顾问委员会除了向CRLT主任提供相关政策与活动建议外，每月还会召开一次会议，讨论为教师提供包括教学研讨会、科研评估服务、新教师培训、秋冬季研讨课、图书出版服务、个别咨询、专业服务

---

①　About CRLT Mission，2021年9月22日，http//www.crlt.umich.edu/about crlt/mission。

②　任小琴、程廷廷：《中美大学教师发展中心比较研究》，《中国高等教育评估》2017年第2期。

和互动剧等在内的服务项目。

20世纪70年代以前，美国各高校普遍关注教师学术发展而忽视教师教学发展，这导致大学教学质量严重下滑。为了有效促进大学教师教学发展，CRLT"将教师教学发展作为应对大学危机的必要手段，高校教师教学发展项目也成为保障教育质量的首选"，推出了一系列项目活动，以应对教师教学发展不足导致的大学教学质量危机。这些项目主要有领导力提升项目、教师证书项目、评估与评价项目、教师养成项目、资助和奖励项目、剧团项目等。其中，领导力提升项目旨在为新任系主任和副院长提供持续的专业提升服务，以为他们提供适应性训练；教师证书项目旨在通过提高研究生助教教学水平来培养未来教师；评估与评价项目旨在通过评估各院系在资助项目、开设课程、教学技术、教师教学、学生学习效果与反馈意见等发现各院系存在的问题，以增强教师与学生互动促进教师教学发展；教师养成项目旨在通过为新任教师和研究生提供适应性培训，以促进他们尽快熟悉和掌握本职工作；资助和奖励项目旨在通过设立教师奖励项目鼓励教师把更多精力用于教学和教学创新；剧团项目作为CRLT极具特色的教学发展项目，旨在运用戏剧艺术为教师创设良好的教学环境，以增进教师和管理者的互相了解。

通过开展以上项目，CRLT为大学教师提供了评价教学活动、开展合作型工作、进行多元化教学、设计网络课程、获取网络教学资源、运用最新教学技术、开展与教学发展相关的学术研究等细致全面的服务。作为向教师提供教学指导和培训的教师教学发展机构，CRLT以其科学合理的机构设置、充足的机构经费、灵活多样的教学发展项目赢得了教师的欢迎，在关注教师养成的过程中提升了教师的育人意识。

（二）加州大学伯克利分校的教师发展中心运行模式

除了密歇根大学的教师发展中心，加州大学伯克利分校的教师发展中心（Center for Teaching and Learning，以下简称CTL）也起步较早、经验丰富，运行模式相对成熟，是美国高校教师发展中心教师教学能力发展的典范。

从内部组织架构看，CTL 与 CRLT 类似，除了设置领导小组外，还设立了教师顾问团、STEM 课程（科学、技术、工程、数学）小组和学术伙伴相结合的"联合组织"。CTL 受校董事会直接监管，学校职能部门、教学单位、研究中心等单位无权干涉 CTL 具体事务，CTL 各项事务直接向教务长或主管教学工作的副校长报告。这种扁平化的组织架构确保 CTL 能够自主地根据教师的真实需求开展相关活动。从服务对象看，CTL 不仅涵盖本校各阶段的教职工与学生，还涵盖了校外人员。一方面，CTL 为在校教师（包括访问学者、教师、兼职教师、研究生助教等）、教辅人员、行政人员、学生等人提供项目活动服务；另一方面，CTL 会根据个人意愿为校友等校外人员提供定制项目活动。

从项目活动看，CTL 开展的项目主要有：一是开展培训研讨。CTL 每年会对新教师开展为期数月的入职辅导与教学研讨，帮助新入职教师尽快适应新环境、完成角色转换。同时，CTL 参照 TED 演讲形式，推出小组主题式教育对话，以此来分享教学经验、提升教师教学水平和学习分享教学智慧。二是提供咨询服务。CTL 组建了一支具有不同学科背景的专业顾问团队，能够为教师就课程设计评估、课堂组织管理、学生学习反馈等课堂教学问题提供专业咨询服务和答疑服务。这支专业顾问团队专门开设了参与式课堂学习，还会现场观摩教师课堂教学，以便对教师提出更为客观准确的完善建议。同时，CTL 通过创办"教学博客"和电子杂志鼓励教师自主参与教学咨询服务，以实现教师互相帮助、互相提高。三是进行评价激励。CTL 设置了涵盖各教学环节的评价与反馈机制，能够及时诊断调节教师教学工作，监督教师及时改进评价反馈中暴露的问题，以推进教学改革。同时，CTL 设置了卓越教学奖项、课程改进资助项目等，以通过一系列的教学奖励资助帮助教师更好地开展教学研究。四是出版教学研究成果。CTL 会组织专门人员将教师的研究成果编纂出版，通过著作或报告的形式传播教学经验、共享教学成果，以扩大教师和中心的影响力。五是建立运行评估机制。CTL 为了定期检查教师发展中心运行现状以争取更多经费支持，建立了较为稳定的运行评估机制。CTL 基于加州大学的整体战略目标，根据项目活动的参与度、项目参与者的教学行为变化、教学创新的有效性以及学生学习成果等方面的指标开展项目运行评估，并通过文件审查、问卷调查、深度访谈等形式统计、分析、解释采集到的信息，最终形成促进改进运行的内部自我评估报告和用以彰显工作绩效、获取学校重视和更多经费支持的外部年度报告。

经过长达半个世纪的探索与实践，CTL 形成了较为明确的组织目标和清晰的功能定位，具备独立的运行权限和高效的管理层级，拥有广泛的支持体系和多元化的资金支持，从而确保自身能够实现科学运行。CTL 凭借科学有效的运行模式，极大提升了服务质量，有效推动了教师教学水平和专业素养的提升。

（三）帝国理工学院的教师发展中心运行模式

以帝国理工学院为例，其将教师发展中心建设成为一个学习型组织，主要使命是支持并促进学校教育教学事业的发展和开展教育教学领域相关研究。在以上两大使命的指引下，帝国理工学院教师发展中心的主要职责是通过培训和支持那些给学生教学的教师来保持和促进整个帝国理工学院的高质量教育活动，为帝国理工学院和相关教学单位的教师提供专业化的教学、评估、反馈以及课程设计[①]。

在实际运作过程中，帝国理工学院教师发展中心以实际应用和实践为中心，根据专业课教师的实际需求，提供培训指导、课程项目证书以及咨询指导等三大类服务。其中培训指导主要以教学工作坊的形式开展，而课程项目证书则根据不同群体的需求提供相应的培训和证书，咨询指导则本

---

① 邓嵘：《世界一流大学教师发展中心的运作模式及启示：以帝国理工学院为例》，《黑龙江高教研究》2019 年第 9 期。

着交流和分享前沿的思想，为全校的教师提供咨询指导，或者邀请相关的专家学者为学校的教师演讲，提供最广泛的指导。

在这当中最值得注意的是课程项目证书类，该项目设置了三个阶段的培训课程。在第二阶段中，其课程基于实践，允许并鼓励参与者通过批判性地参与更广泛的教育理论来扩展他们的教学知识，并超越他们实际经验；第三阶段则是提供完整的教与学研究及方法的培训和支持，让参加者以有效的教育调查方法进行调研并报告他们的做法。

此类做法让学校专业课教师参与教育科学研究，不仅提高了专业课教师的教育教学理论知识水平，同时通过教学实践使教育科学研究与实践相统一，实现了教师教育教学理论与实际育人能力的有机结合。另外，证书项目根据不同教师的需求提供个性化的学习方式，通过学习新知识并颁发证书激发教师的兴趣和成就感，有利于克服"职业高原"和"职业倦怠"等问题。

在人员配置方面，和绝大多数理工科名校类似，其成员学科背景较为多样化，但大多是大学教学领域的专家，拥有丰富的教育教学理论和实践经验，从事过本科或者研究生阶段的教学工作或督导工作。专业化的队伍组成保证了教师发展中心能为学校专业课教师的专业化发展提供专业化的服务，为普及新的教学理念、新的教学方式及新的教学手段提供专业的指导和培训。而多样化背景则保证了教师发展中心能够面向学校所有学科的专业课教学人员提供服务。

（四）剑桥大学的教师发展中心运行模式

相比于帝国理工学院，剑桥大学的教师发展中心则有着一个更为鲜明的特点，即个性化的教师发展需求机制。剑桥大学教师个人与专业发展中心在运行机制上，首先会要求教职员个人通过自我省察、同行评价、参考上级部门评审意见与学生评价结果等方式来了解自己的发展需求，然后学校各单位会结合自身发展战略，为教职员的个人发展提供必要指导。这一点首先从一定程度上避免了主观需求同教书育人实际需求之间的落差。在此基础上，学校各单位委派的教职员发展协调员会负责将教职员发展需求汇总给中心，中心将以此为依据来设立发展项目。接下来，教师在自己所在单位的教职员发展协调员或同事的指导下，通过选择合适的教师发展项目来促进自身发展，并接受中心的考察和自己所在单位的评估①。

由此形成了立足于教师个人发展需求，包含"教师个人——学校各单位——教师个人与专业发展中心——学校"四个层面的循环运行机制，使项目更具操作性。特别值得一提的是，相较于其他理工类高校教师发展项目评估单一化的问题，剑桥大学会从多方面对专业课教师发展项目进行评估，不仅有通过在线或面对面的方式让项目开发者和接受培训者共同参与的内部评估，而且还有来自校内其他部门的外部评估。这种全方位的评估方式，不仅能保证中心各类发展项目的质量，而且还能使中心充分了解各项目的实施情况，及时纠正在评估中发现的问题。

（五）柏林自由大学的教师发展中心运行模式

21世纪以来，受欧盟博哥尼亚高等教育改革的影响，德国为了提升教师教育管理效率、提升教师教育专业化水平，逐步在全国推进教师教育改革。2005年，德国各高校普遍成立了新型教师教育组织——教师教育中心，此机构旨在规避现有教师教育模式的痼疾，通过更有效地组织管理高校教师教育来实现教师教育专业化、提高教师教育质量。

柏林自由大学的教师教育中心基本上反映了德国自上而下的教师教育改革运动的动向。柏林自由大学的教师教育中心成立于2006年，是服务于全校教师教育活动的组织、协调、统筹、整合机构。教师教育中心主要有四项功能：一是提供信息咨询与辅导服务。教师教育中心会为有需要的

---

① 崔骈骈：《英国高校教师发展的"楷模"——剑桥大学教师个人与专业发展中心的经验与启示》，《比较教育研究》2016年第2期。

教师群体提供相应的信息咨询与辅导。二是负责全校教师教育的管理与协调。教师教育中心既要负责教师教育的日常工作，又要协调教师、学生等各方利益。三是组织专业化的教育培训。教师教育中心会定期组织专业化的教育培训与研究活动，以提升教师的教学教育研究能力。四是开拓无障碍沟通渠道。教师教育中心为学校诸多部门和教师之间搭建了有效的网络沟通渠道，能够推动各部门的有序分工与合作，从而更好实施教师教育改革，提升教师教育素质。

作为学校的直属机构，教师教育中心内部设有联合委员会（Gemeins-ame Kommission）、顾问委员会（Beirat）、董事会（Vorstand）和考试委员会（Prüfungsausschuss）等四个组织。这些组织由不同学院选派的代表组成，其人员配置来源广泛，既有学校学术机构的成员，又有非学术机构的成员，能够有效促进教师教育中心的长足发展。另外，这些组织成员身份多元，既有教授、科研人员等专职教师，也有学校管理人员、学生代表，以及柏林教育科学研究院工作人员等校外人士的参与，从而兼顾不同利益群体，确保教师教育中心这一系统工程能够有效运转。

教师教育中心的有序运行有赖于领导团队和执行团队的分工与合作。其中，领导团队主要由董事会、顾问委员会、联合委员会组成，执行团队主要由教师教育中心团队（ZfL-Team）、助教团队（ZfL-Tutoren）、移民指导教师团队（MigraMentor-Team）组成。从领导团队看，董事会是教师教育中心的领导机构，其职责是审议和决定与教师教育相关的重大问题。董事会主席由主管教师教育的副校长担任，董事会主席负有主持会议、决定紧急事务、与校领导沟通教师教育中心相关事宜等职责。顾问委员会由董事会主席、各学院教授代表、教育与学术事务负责人、性别平等官员以及柏林教育科学院研究人员组成，其职责主要是商讨与教师教育相关的学术问题，就董事会关于学术研究相关决定提供建议和意见。联合委员会由各学院教授、学生、行政人员等代表组成，主要职责是决定学校教育学硕士专业学科的课程设置。只有在董事会、顾问委员会、联合委员会的通力合作下，基层团队才能有效贯彻执行教师教育中心的具体工作任务——考试事务、课程协调、传达通讯、项目管理和信息咨询。从执行团队看，考试委员会由联合委员会、董事会、学校其他人员组成，主要职责为处理学习与考试管理等考试相关事务；核心团队负责协调课程，并和助教团队合作完成通讯传达、信息咨询等任务，和移民教师指导服务团队合作完成项目管理服务。领导团队与基层团队的分工与合作确保了教师教育中心各项职能灵活高效的完成，从而为推进教师教育发展奠定了基础。

（六）洪堡大学的教师发展中心运行模式

与柏林自由大学经自上而下改革后成立的教师教育中心不同，洪堡大学教师教育机构的成立源于德国 2009 年开启的自下而上的教师教育改革运动。该项运动旨在推动德国各高校根据本校实际情况成立相应的教育专业学院，以此突破教师教育改革。在这项运动中，洪堡大学依据《柏林高等教育法》《师资力量训练法》和《学士和硕士学位课程教学测试规定》等相关法律法规，于 2011 年成立教育专业学院。同柏林自由大学教师教育中心一样，洪堡大学教育专业学院也是德国新型教师教育组织机构的代表。

洪堡大学教育专业学院主要有组织协调、沟通交流、引导研究等功能。一是组织协调功能。作为洪堡大学教师教育的主要机构，教育专业学院承担着教师职前教育和在职教育，主要负责组织协调学校内与教师教育相关的院系、部门、研究所、其他相关机构和合作院校开展各类教师教育活动。二是沟通交流功能。教育专业学院搭建了一个跨学院、跨学科的交流平台，能够促进不同学院、不同专业的教师之间相互交流学习。三是引导研究功能。教育专业学院的定位不仅是教育机构，还是科研单位。教育专业学院会鼓励和引导教师参加与教学实践相关的项目研究、跨学科合作的教育研究项目以及其他特定研究项目，以提升教师科研水平助推教师提升教育能力。

　　教育专业学院由于刚成立不久，组织架构尚未完善，目前设有董事会、研究会和学院理事会三个组织。教育专业学院的人员管理主要采用两级会员制。其中，第一会员由教育专业学院的领导团队、教学团队、研究团队、管理与服务团队组成，第二会员由与学科专业、学科教学法、教育科学等相关的校内人员和攻读教育硕士学位的学生组成。

　　洪堡大学教育专业学院与柏林自由大学教师教育中心的运行模式较为类似，也是依赖于领导团队和执行团队的分工与合作。其中，领导团队由董事会、学院理事会、研究会等组织组成，主要负责领导统筹教育专业的总体方向；执行团队由各类管理服务团队组成，主要负责学院的具体事务。从领导团队看，董事会作为教育专业学院的领导机构，主要担负着讨论制定教育专业学院的战略决策、监督和提升教师教育水平、申请外部资金等职责。董事会需要定期与洪堡大学主管教育与国际事务的副校长沟通，讨论关涉教师教育的战略决策和相关问题。作为董事会的执行机构，学院理事会除了向董事会负责外，还需定期与洪堡大学主管教育与国际事务的副校长交流学校关于教师教育的相关决策和发展态势。学院理事会不仅能够讨论决定教育专业学院的结构、发展规划、预算、规章制度、优先发展方向与后续发展问题，还能够选举、罢免董事。除了上述职责，学院理事会还需讨论决定教育硕士的评估报告、会员的准入等事项，以及为学校教学目标与绩效、学士课程、教育硕士课程、跨院系教师教育等问题提供意见与建议。从执行团队看，基层团队主要担负着师范生服务、专业教育、研究合作等职责。其中，教学团队负责向以土耳其语或俄语为母语的教师、学生服务，并为其提供专业教育；研究团队负责向以德语为第二语言的师生提供德语教育研究、实习研究、创新项目等研究；管理服务团队主要负责行政管理、合作、学生社团、师范生、程序开发与培训等具体事务。

　　值得注意的是，洪堡大学教育专业学院的有效运行还得益于会员制与主题平台。一方面，会员制使得其他学院的教师有望成为教育专业学院的会员和理事会成员，从而有机会从事教师教育；另一方面，教育专业学院会定期搭建相关主题的交流平台，将会员与非会员的教学人员聚集起来，通过交流沟通、统筹协调来提升教师教育能力。

（七）京都大学的教师发展中心运行模式

自 20 世纪 80 年代日本开始引进美国的高校教师发展（Faculty Development）理念起，日本社会普遍开始重视大学教师的专业发展问题。社会各界对高校教师培养和教师教育教学水平提出的新要求推动日本各高校纷纷强化教师发展的长效机制，各高校陆续建立起各具特色的教师发展中心，从而为教师发展提供了组织保障，确保日本高校教师人才培养、教学能力、教学质量得到迅速提升。与欧美大学教师发展中心、教师教育中心、教育专业学院的命名不同，日本高校校内承担教师发展任务的专门机构称谓多样，如京都大学的高等教育研究开发推进中心和名古屋大学的高等教育研究中心。

京都大学高等教育研究开发推进中心（Center for Studies in Higher Education，CSHE）旨在以国际视野开展与大学管理制度、教师培训、学术研讨等相关的高等院校教师教育战略发展问题研究，不断提升高校教师教育水平。京都大学高等教育研究开发推进中心的主要职能有四项：一是开展教育培训。高等教育研究开发推进中心会针对新入职教师、教师、职员和学生等群体，利用线上线下课程、研讨会、工作坊、专题讲座等形式对他们开展入职培训、教育培训和在职培训。培训内容主要涉及教学方法与技巧、教案与课堂设计、学生心理指导与就业指导。二是承担调查评估。高等教育研究开发推进中心需要定期开展各种专题调研，如教育课程调研、高校教师调研、高校管理人员调研、各国高校资格调研、本科与研究生入学考试调研等，从而为本校和全国的高等教育提供改革建议，以监督教师教学、确保教师教学质量。三是实现资源共享。日本高校的特点是私立大学众多且规模较小，许多高校在开展高校教师发展时经常会面临人力、物力、财力特别是信息资源匮乏的问题。为了支持日本高校教师教学改进共同体的形成，京都大学高等教育研究开发推进中心利用互联网、新媒体、出版物将本机构的各种资源共享给其他高校的高校教师教学发展机构，以在增进相互交流学习中推进全国教师教育能力的提升。四是开展科学研究。京都大学高等教育研究开发推进中心承担着与高等教育和高校教师专业发展相关的研究项目，会定期向教师和学生开展人文科学教育课程、教师教学发展、研究生教育、学生心理辅导、学生能力开发与就业指导等方面的研究项目，并会寻求政府提供项目资助经费。高等教育研究开发推进中心会通过出版理论著作和刊物、举办研讨会和年度报告等形式公开研究成果，并通过期刊、专著、文库、手册等形式出版发行研究成果，从而不断提高关于教师教育的理论研究能力。

日本高校起初在开展高校教师发展计划时，模仿英美教师发展中心的运行模式。随着日本文部省不断健全高校教师发展制度，日本高校教师教学发展机构的运行模式不断完善，逐渐探索出适合本国及各高校的运行模式。如京都大学高等教育研究开发推进中心设有中心委员会和中心指导委员会，负责指导下属部门开展工作。高等教育研究开发推进中心的下属部门会根据所提供的项目内容、服务对象、担负职能等相应设置部门下属的分中心。除了同时承担行政职务与集体教学研究工作的总负责人为专职人员外，中心委员会、中心指导委员会以及下属部门的人员主要由各院系教授或副教授、校外甚至国外专家担任。这就确保高等教育研究开发推进中心能够涵盖各学院诸多学科，为教师、学生、社会提供多元化的服务。

（八）名古屋大学的教师发展中心运行模式

为了尽快适应日本第三次教育改革发展的需要，名古屋大学从1994年开始主动筹建高校教师教学发展机构，经过近四年的摸索，名古屋大学在"全校四年公共课程教师会议"的基础上正式启动 FD 活动，成立名古屋大学高等教育研究中心（CSHE）。高等教育研究中心旨在开展关于本科和研究生教师教育质量保障的理论研究，以支持学校顺利实施"高校教师发展"计划。

高等教育研究中心以通识教育学部为基础组建而成，由中心主任担负领导责任，主要由日本著名学者担任。高等教育研究中心下设 FD 专门教育委员会和公共教育计划委员，其中，FD 专门教育委员会负责制定和实施高校教师发展计划，FD 专门教育委员会的成员由高等教育研究中心研究人员担任委员会专家。而公共教育计划委员会则负责指导开展各项事务。

名古屋大学高等教育研究中心的职能与京都大学高等教育研究开发推进中心的职能类似。但是，在政府政策的驱动下，高等教育研究中心又进一步拓宽了自身职能：一是持续完善 FD 项目。高等教育研究中心将通识教育学部春秋两季举办的全校共同课教师会议纳入全校 FD 项目中。除通识教育学部的教师参加受训外，其他院系受训教师要占到总数的 70%（春季）和 80%（秋季），以确保学校大部分教师均被纳入培训体系。二是不断提升高等教育研究中心的支持作用。高等教育研究中心致力于通过提供在线技术支持、举办专家讲座与研讨会、研发教学 TP、设计教学大纲、出版研究刊物等方式促进各学部组织开展 FD 活动，以帮助教师深入了解高等教育的发展动态和教学经验，不断更新教育观念。三是定期举办新任教师说明会。高等教育研究中心为了帮助新入职教师和新调入教师快速适应名古屋大学的教育环境、教学系统、教学设备、学生状况等，会与学校综合规划办公室、人事劳动部联合举办新任教师入校说明会。新任教师说明会由两个阶段组成，第一阶段是邀请有经验的专家和学者对新入职教师和新调入教师做岗前培训，以帮助他们尽快掌握开展教学的基本知识和技能；第二阶段是邀请名古屋大学负责人和主管名古屋大学教育事务的董事做入校说明。四是开展课程反馈调查。高等教育研究中心会在每学期结束时，依托通识教育学部的通识教育委员会，面向全校学生开展课程效果问卷调查，并将教学评价结果反馈给相关任课教师，以提高教学质量，不断改进教学、提升教学效果。五是推进 FD 项目进专业学部和研究科。高等教育研究中心会把 FD 项目从通识教育学部逐步推广到学校其他学部，以增强名古屋大学其他学部开展 FD 活动的紧迫感。同时，高等教育研究中心高度重视 FD 相关问题研究成果的出版与转换，以新鲜经验助推教师教育发展，不断提升教师教育水平。

四、注重从师德上规范教师的育人责任落实

自从教育科学的先驱者夸美纽斯将教师职业赞誉为"天底下最光辉的职业"之后，无数的论断将教师的职业道德推到了如今这个无比重要的高度。在这些思想的作用之下，各国都非常重视教师职业道德的研究与规范建设。1966 年，作为世界性教育管理权威机构的联合国教科文组织通过并发布了《关于教师地位的建议书》，这是世界上第一部关于教师职业道德的普遍性规范。这当中的要求就具体包括：一是教师不得以种族、肤色、性别、宗教、政治见解、民族或社会成分或经济状况为理由，以任何形式歧视学生；二是教师要为每一个学生提供可能的、最充分的受教育机会，应适当注意对教育安排有特殊要求的儿童；三是教师要尽一切可能与家长紧密合作，但也不能在教师专业职责等方面受到家长不公正和不应有的干涉；四是教师要积极参加社会和公共生活；五是为了学生、教育工作和全社会的利益，教师要力求与各行政主管部门充分合作；六是教师要公正地评定学生的学业成绩；七是教师应避免学生发生意外事故。这些原则可以说是对世界范围内师德规范提出的要求。而后，各个国家根据这份重要的建议书，逐步实践形成了当前的教师职业道德规范等①。

20 世纪 90 年代起，国外学界开始探讨"教学中道德维度"（Moral Dimension of Teaching），这使得教学过程中所蕴含的道德意义得以被发现

---

① 张桂春：《国外教师职业道德建设的经验及启示》，《教育科学》2001 年第 1 期。

与展开。研究者多以教师为主要研究对象，以课堂教学和师生互动为研究内容，认为教师作为道德能动者，承担着实现各种道德目的的任务。

回归到主题，在大的教师职业道德规范背景下，现代大学逐步将师德分成了两大方向，即教师道德和教学道德。相对来说，教师道德是对教师主体德性修养的基本要求，诸如"学为人师、行为示范"，其范围也随之扩及教师工作之外的生活世界。其主要以"公平"和"正义"为核心要义，为维护这一核心要义，绝大多数的世界理工名校均对教师道德行为做出了较为明确的限定。如剑桥大学《道德行为准则》从目的、范围、标准及管理四个方面对教师师德提出了要求，其规定教师要遵从"勤奋、专业、诚信、责任"的最高价值标准，其中在"道德标准"中明确规定高校教师在面临"利益冲突、公平交易、保护机密、遵守法律法规、公开披露、收受礼物、虚假陈述等"现实问题时应遵守的 11 条道德标准，并规定对师德失范行为追究法律责任 [1]。

至于教学道德则是指教师主体在职业活动中的伦理规范，是教学活动中的道德规范。在欧美国家长期的教学实践中，逐渐形成了"以德立教、善待学生、因人施教、崇尚自由"这样明确的教学师德观。而出于对教师教学活动产生的各种道德结果的考量，国外高校教师普遍重视高校教师的教学师德，即教学活动以尊重学生的自主精神为宗旨而展开。

第二节　在教学活动中引导教师落实教书育人责任

教育教学愈发成为国内外理工科院校的中心工作，特别是专业课教学，在一所高校的人才培养体系中起到了基础性作用。当前，绝大多数的

---

① 康秀云、郗厚军：《国外高校师德建设的实践特质、内在逻辑及经验借鉴》，《东北师范大学报》（哲学社会科学版）2016 年第 6 期。

世界理工科名校均高度重视专业课教师在教育教学发展改革过程中所扮演的重要角色。

一、在教学内容方面注重人文思想教育

专业课教学既是涉及众多因素的系统工程，也是不断发展变化的过程。随着教育全球化进程不断加深，世界各大理工科院校也逐渐意识到，专业课教师的教育教学责任落实是保障一流大学建设发展的关键。而这其中首要的便是教学内容，特别是人文素质教育在专业课教育当中的体现。

相对于近年来国内逐步兴起的课程思政建设，世界著名的理工科院校很早以前就十分注重人文学科在人才培养过程中的地位和作用。经过了几十年的建设，包括美国麻省理工学院、加州理工学院在内的世界理工科名校早已形成了较为完备的课程思政和人文教育体系，并将丰富多彩的人文课程有机地融入整个教育教学活动，对培养数以万计的高素质杰出人才产生了巨大影响。

（一）凸显人文社科课程在教学体系中的重要地位

以麻省理工学院为例，其要求专业课教师不得割裂学科知识之间的联系，注重通识课程、交叉课程、人文社科类课程在课程教学体系中的地位。同时，还要求专业教师将人文教育穿插在课堂教学及课外实践教学中，用以培养学生的创新思维、批判思维以及在解决问题过程中获得真知的能力，并且着重强调人文、艺术与社会科学（Humanities，Arts，and Social Sciences，HASS）内容在专业人才培养中的作用，以此途径，帮助学生了解人类社会的传统与体系，弥补学生在世界观、价值观和人生观上的不足与局限。

在其人文与社科学院的简介上，有这样一段话较为全面地诠释了麻省理工学院人文素质培养的要义，其大意如下："在麻省理工学院，许多从事人文社科研究的先驱们穿梭于教室、工作间、计算机实验室以及各种练

习场所，这种不断更新观念、注入活力的氛围，吸引着全世界众多最优秀的教师、学生及学者们；他们意识到当今面临的挑战是全球性的、跨学科的，他们懂得人文与社会科学将给予其知识和技能，使之走在日新月异的世界前列。在这个学院，学生学习从历史的角度观察问题，并以此培养生存能力和全球性视野，并在言论和文字中表现其洞察力。事实上，人文与社会科学学院仅仅是麻省理工学院大学教育的一个单元，因为它在每一个领域都提供了终身学习的知识基础"。

（二）把人文社科类课程设为学生的必修课

在加州理工学院，其要求所有进入该校学习的学生均需在艺术史、基础人文课程、历史、语言文学、音乐、哲学以及科学史和科学哲学（HPS）等学科专业范围内修满必修的核心人文课程。要在 CIT 如期完成学业，顺利获得理学学士学位，学生必须修完并通过 36 个单元的人文学科课程、36 个单元的社会科学课程以及另外 36 个单元的人文学科课程或者社会科学课程。这就意味着，每一位加州理工的学生在大学期间至少要修读超过12 门的人文社科类课程，而在完成 108 个单元的人文学科和社会科学课程学习后，学生还必须选修另外 18 个单元的高级人文学科课程并顺利通过考试。

翻阅课程目录会发现，加州理工学院的人文课程覆盖面极为广泛，其中不乏"原因与解释""美国历史上的最高法院""西班牙语与拉美文学翻译""巴洛克艺术""哲学和生物学""道德规范研究"等课程。为了满足更多学生个性化的需求，学校还开设包括"美国史""世界古代""中世纪史""早期现代欧洲""现代欧洲"等丰富的历史类课程和包括日语、德语、法语在内的各类语言课程。

而在上述课程中特别需要注意的就是由各个相关专业的专业课教师所教授的科学史和科学哲学（History and Philosophy of Science），作为本科生的选修课和研究生的辅修科目，其目的就是让学生了解专业历史发展进程，打好相关理学、工学学科学习的哲学基础。可以毫不夸张地说，科学史和科学哲学既为学生解决与现代科技紧密联系的历史、哲学问题提供了广泛的教育，也为学生培养专业情怀、树立专业目标打下了良好的通识基础，更为研究生阶段的学习打下了坚实的基础。通过这些学习，使未来社会的杰出科学家和工程师们受到了良好的人文教育，提高了其社会活动能力。

（三）将人文素养提升纳入学生人才培养体系

另外，如麻省理工学院、帝国理工大学等理工科名校在学生培养目标上往往还要求专业课教师注重培养学生的领导才能、公共责任感与专业实践能力，致力于将每一位学生培养塑造成为工业、政府和教育部门的领导人才；在提升学生工程专业知识的基础上，注重培养其对历史、社会发展的正确认知。麻省理工学院还在本科教育学术课程计划中规定，学生除了具备特定领域的专业技能之外，还应该具有更高的领导才能。

二、在教学方法层面注重研究性教学

"寓教于研"应该说是绝大多数国外理工科院校不可忽视的重要课题，其教学责任理念就是使研究性教学成为其教育教学的主要特色。当前世界理工科顶尖院校往往强调专业课教师教学方法的多样化。通过文献调研发现，绝大多数的世界理工科名校往往特别重视研讨班（Seminar）、小课辅导（Tutorial）等小班课教学。这种带有研究性教学的方式有利于调动学生学习积极性、主动性和创造性，有利于培养学生的创新思维品质。此外，这些名校还特别注重培养学生动手能力。正如麻省理工学院的校训：手脑并用（Mind and Hand）。实验和实践早已成为其培养创造型人才的宝典，当然更是一种课程教学模式。

（一）师生协同参与的项目课程活动

此类项目课程活动往往是以研究为基础的教学活动，包括本科生研究机会方案（Undergaduate Research Opportunity Program，UROP）、地球研究（Terrascope）、实验性学习小组（Experimental Study Group，ESG）、媒体艺术与科学新生计划（Media Arts and Science Freshman Program，MAS）、工程实习项目（Engineering Internship Program，EIP）等[①]。不同于课堂知识传授，此类活动在理工科院校教学体系中则更看重在研究过程中给予学生启发与激励，重视学生在教学中的主动参与。在此过程中，院校往往需要强调教师与学生建立平等的、互为伙伴的关系，强调教师的教学责任与自律。

（二）鼓励师生共同参与学术活动

以麻省理工学院为例，该校鼓励教师与学生共同参与学术活动与非学术活动，与学生分享自身的知识与经验，以此加深对学生的了解。每年的一月份，该校为师生开展研究性教学活动单独设立了为期四周的"独立活动期"（Independent Activities Period，IAP）。在这期间，学生可以选择与专业课教师一起制定研究计划，或参加学校已安排好的项目研究内容，包括一些基础学分课程和非学术活动等。同时，麻省理工学院鼓励教师在 IAP 期间设置一些新颖的主题活动，以更加生动的方式呈现经典课程，研究新的教学方法，抑或根据学生兴趣，由学生牵头设计项目。在这个过程中，教师与学生之间彼此交流互动，从而达成共识、共享、共进以及教学相长的目标。

（三）强化专业课教师非专业素养提升

从教师层面而言，此类学校通常要求专业课教师培养每位学生精通基

---

① 马廷奇、吴佳欣：《麻省理工学院教师的教学责任及其保障机制》，《现代大学教育》2017 年第 1 期。

础学科，拥有开阔的视野，以获得学习动机。同时，在了解掌握学科知识以及获取自立精神的过程中，致力于为学生提供自由而专业化的教育，使学生获得良好的道德理念、作为公民的责任感，以及对人的基本理解和领导力所需的知识。此外，学校还会要求专业课教师积极参与产学合作计划，这不仅有助于教师获取丰富的教学案例、提高课程水准，而且有助于为社会培养解决现实问题的实践型人才；要求教师参与企业合作项目必须以学生的教育为中心，充分发挥项目合作中实践教学的育人功能。

第三节　在非教学活动中注重教师教书育人功能

教学活动是教师教书育人的重要形式，但校园文化环境中的非教学活动也是教师落实教书育人责任的有益形式。

一、在非教学活动中注重发挥教师的教书育人功能

古语有之："染于苍则苍、染于黄则黄。"环境能够影响人，环境也能塑造人，因此，理工科院校专业课教师要落实教书育人责任，就要积极为自己的育人活动创造良好的环境。

（一）创设良好的教学场域

通过创设良好的教学场域促使专业课教师落实教学责任也成了当前世界理工科名校的普遍做法。以麻省理工学院为例，其专业课教师对自身教学责任的重视和执着，源自于其多年来形成的"本科教学为重、学生学习为先"教学场域。前文提到过，麻省理工学院会要求专业课教师利用课余或专门时间与学生共同开展研究性学习，在此过程中，学校逐渐形成了重视培养学生创新思维、批判思维的能力，以及为学生在未来社会承担领导角色的文化氛围。

(二) 营造浓厚的育人氛围

多元化知识融合与创新性的育人氛围，将科学与工程作为麻省理工学院教学文化的基础元素，并与人文、艺术与社会科学等学科一起组成了麻省理工学院本科教育的底色。在这样的育人氛围中，学生得以在专业课教师引导下养成独立自主的思考能力和分析问题能力，并通过多元化的知识内涵和科学化的教学实践激发学生创新思维，进而保持专业领域卓越地位的学习氛围。麻省理工学院强调学生在研究与设计过程中合作的重要性，专业课教师鼓励学生之间基于不同知识与视角的碰撞以及团队合作；鼓励学生在全球化发展中扮演领导角色，强调学习的远见与抱负，重视社会公德与责任心培养。

(三) 利用恰当的育人手段

在育人手段方面，国外理工科院校强调教师要紧跟教育技术变革的步伐。2012 年 5 月，麻省理工学院和哈佛大学联合创办了非盈利性网站 edX，正式开启了高校教学 MOOC 时代。需要注意的是，edX 网站的建设，背后有着深厚的教师因素。正如麻省理工学院第 15 任校长维斯特（Charles Marstiller Vest）所言，现在，我们获得了一个重大的机遇，就是通过互联网来促进知识的构思、形成和组织过程，并将其用之于教学。随着互联网技术的进步，远程教育、在线教育成为了专业课教师吸引和培养学生专业兴趣的重要渠道，"网言网语"成了专业课教师落实教书育人责任的又一有效通路。应该说教育技术变革迫使专业课教师重新思考教育过程，使其不断采用新教育技术，不断提升其教书和育人的实效性。

二、注意发挥导师负责制的育人功能

本科生导师制最早起源于中世纪的英国牛津大学。19 世纪起，牛津大学开始将导师制作为本科生教学的基本模式加以推广，至今已有两百余年的历史。多年来，牛津大学的本科生教育教学一直被认为是世界上最好的，而其导师制更被誉为是"牛津皇冠上的宝石"。

从定义上讲，导师制实质上就是牛津大学针对本科生的学习进行个别辅导的一种独特的培养方式。其主要特点是：新生录取报到后，学院会给其指派一名导师。师生以学院为单位，每一位本科生由一名或数名导师指导。导师主要负责学生如何选修课程、辅导和讲解系所讲授的课程、准备考试等工作。学生每周要与导师一对一或者一对多进行研讨，针对论文、书籍或其他指定内容提供读书笔记并交流思想。

当然，除个别辅导外，牛津大学导师制还通过课堂教学、实践操作、讲座、自学、课外活动等各种途径渗透到牛津大学人才培养的各个层面。其整个培养过程更加注重培养学生如何独立搜集资料，如何看待事物，如何将事实联系起来加以分析，如何在权威面前批评并捍卫自己的观点和立场，并能进行准确的表述等。

（一）注重个别辅导

在实践过程中，牛津大学导师制以学生个体发展为核心，个别辅导是牛津大学传统导师教学的一个主要特征。在相当长的时间里，牛津大学的导师教学都是由导师和学生一对一地进行。导师关注学生个体的智力水平、兴趣爱好，按照学生个人能力水平来进行教学[①]。每周一次的论文指导就是导师和学生进行直接思想交流的基础，导师在与学生的问答中实现对其指导。可以说，实现对学生有益的个别指导，仍是牛津大学导师关注的核心问题。

（二）师生协作互动

在导师制的教学过程中，导师与学生以平等身份相待，导师鼓励学生主动参与课题、科研项目，培养他们独立学习、思考、工作和批评的技

---

① 杜智萍：《今日牛津大学本科导师制的特点及启示》，《现代大学教育》2006年第6期。

能。在实操过程中，导师承担了批判性指导者的身份，帮助学生选择研究方法，挖掘资料并进行整理分析。其整个教学过程的核心就是通过师生不同理念的碰撞促进双方共同提升，而要实现此核心要义，双方的协作和互动就显得至关重要。

（三）重在培养能力

牛津大学导师教学过程重在培养学生如何正确看待事物、实事求是并从大局进行分析的能力。从这个角度看，其和国内的教育期待是一致的。学生通过被指导和思考获得独立思考问题、分析问题和解决问题的能力，而导师所做的是帮他判断和改正。对于导师而言，最大的期待在于他知道学生可能采用他的方法也可能拒绝他的观点。

三、强调创新创业教育育人

随着经济社会的发展，创新创业教育逐渐被认可和重视，越来越多的国家在高校中开始开设此课程。美国、英国、德国是世界上较早开展创新创业教育的国家，在多年的实践中，积累了诸多成功的经验和做法，形成了较为成熟和完善的创新创业教育发展理念和体系。

（一）不同国家的典型做法

在美国理工类院校，创新创业教育师资一般分为专职教师和兼职教师两类，学校不但有从事创新与创业课程教学的专业教师，而且还会聘请校外优秀的企业家或成功的创业者进行兼职授课。此类院校特别重视对创新创业师资的培养，通过实践锻炼或学习培训，不断提升此类专业课教师的创新创业能力和实际教学水平。美国高校非常重视创新创业师资团队建设，要求担任创新创业教学的教师要兼具理论能力与实践能力，不仅需要具备专业知识，还需掌握创造性思维和丰富的实践案例。英国高校的创新创业教育师资分为创新型和创业型两大类，高校也出台了诸多政策鼓励专业课教师的创新和创业行为，如中央兰开夏大学、帝国理工学院、普利茅斯大学等都鼓励各个层面的学术型和专业型教师积极进行创新创业[①]。高校会邀请诸多企业家和创业者走进学校、走进课堂参与教学，如牛津大学的"创业与商业技能课程"，有一半的课程是由企业管理人员和技术转让处主管组成的兼职教师队伍承担的。在德国，高校设置了专门的创新创业相关课程，但并非局限于传授创业知识。德国高校秉承"洪堡理念"，将创新创业教育作为培养人才的重要组成部分，设置了大量的跨学科创业教育，既鼓励部分专业教师从事相关教学和研究，同时也聘请校外有成功创业经验和理论修养的企业家共同进行创新和创业课程教学。担任创新创业教育的教师不仅要具有创新创业知识，还需要跨学科思维和知识，而且要具有哲学伦理、社会科学、人文科学等相关学科知识，从而培养学生的企业家精神。

（二）麻省理工学院的实践经验

理工科院校作为创新创业的前沿阵地，更应该高度重视学生创新意识的培养，增强创新创业教育的实效性。笔者以麻省理工学院为例，分析理工科院校如何有效开展创新创业教育，培养学生的创新意识和思维。

早在 1916 年，麻省理工学院就开始推行"技术计划"，用以推进科研人员研究成果转化。1946 年该校又与哈佛大学共同创办了全美第一家私人风险投资公司（美国研究与发展公司，ARD），为其创新创业活动扫清了障碍。而随着创新创业教育需求的不断扩张，加强创新创业教育，培养创新意识，更好地为学院师生服务就成为其创新教育的核心理念。1961年，理查德·莫斯教授的创业类课程"新企业家"开启了该校创新创业教育的探索历程。1996 年，麻省理工学院创业中心的设立则进一步为创新

[①]　黄兆信等：《英国高校创业教育的现状、特色及启示》，《华东师范大学学报》（教育科学版）2016 年第 2 期。

创业课程的开发提供了制度上的保证[①]。

多年来，该校以学生的需求为中心，秉持合作、多样、实践、诚信以及知行合一的基本原则，坚持将理念转化为行动，将发明转化为产品，勇于打破专业与学科的壁垒，与学院的不同部门、实验室、工程中心以及众多企业密切合作，利用各类创业计划项目，逐渐开发出涵盖创新创业全过程的课程体系。截至 2018 年底，该校开设了创新创业基础课程、技能课程、行业导向课程和选修课程四大门类课程，课程总数达到了 63 门，为有志从事创新创业活动的学生提供了良好的支持。学生在修读了相关课程之后，如果对创新创业有持久的兴趣，还可以选择创新创业硕士学位项目或其他计划项目进一步提升自己。

作为全球最顶尖的理工院校，麻省理工学院的创新创业教育课程基本目标在于培养学生在专业领域内的创新精神、创新意识、创业技能、创业心理等综合素质，并使其最终有机会成为具有强烈开拓意识和领导才能的行业领导者。因此，其课程体系设置既包含了具有广阔知识面的通识课教育，又包含了具有行业要求的专业课课程。此外，学校还根据学生创新创业综合素质需求，开设了种类繁多且具有开拓性、创造性的教育内容。多年来，麻省理工学院经过细致的探索，逐渐形成了遵循"创新观念的产生，商业化雏形设计，产品原型制造，资金筹措和初创公司成立"这一发展脉络的完整课程体系[②]。

在基础知识学习阶段，学生可以从"工程创业：创始人之旅"这门导论性课程开始，逐步学习和了解一个企业需要经历哪些现实起点、创业过程中可能会遇到的障碍等问题，并通过此类学习掌握创新创业过程中用于发现、验证、设计和开发的方法、框架和工具，培养学生企业家

---

① 黄亚生、张世伟：《充满创意的"工厂"——美国麻省理工学院创新创业模式揭秘》，《中国科技奖励》2015 年第 7 期。

② 胡剑、张妍：《麻省理工学院创新创业教育课程体系建设特点研究》，《高教探索》2019 年第 12 期。

应有的创业精神。

在进阶阶段，学生可以结合自身特点选择技能类课程，通过学习不仅进一步提升了专业创新能力，并在模拟尝试解决创业过程中遇到的问题时逐步培养起策略思维。在具备了创新创业的基础知识和技能之后，学生便可根据自己所处的专业领域修读行业相关课程。这些课程通过案例分析、模型分析、定性与定量的方法帮助学生深入了解企业在技术开发、市场应用、知识产权等方面可能面临的问题以及解决这些问题的方法。

（三）剑桥大学的实践经验

英国高校创新创业教育肇始于 20 世纪 80 年代。1982 年，斯特林大学开设大学生创新创业项目，紧接着苏格兰大学等 8 所高校于次年纷纷启动高校创新创业教育项目。到 1984 年，英国高校基本上实现了创新创业项目全覆盖。随后，英国在全国范围内启动高等教育创新创业计划项目，于 1997、1998 年先后发布《迪尔英报告》《我们的竞争——建设知识经济》白皮书，推动全国高校迅速开展创新创业教育项目。21 世纪以来，英国高校先后成立多个创新创业中心和全国大学生创新创业委员会，启动高等教育创新创业基金，建立全国性的创新创业组织——科学创新创业中心。经过半个多世纪的长足发展，英国高校形成了较为完备的创新创业教育体系，创新创业教育逐渐成熟。在此过程中，英国创新创业教育形成了三种较为典型的模式：一是融入式教育。这种教育模式把创新创业教育与高校人才培养各环节、传统的专业教育完全融合。二是中介式教育。这种教育模式由高校统筹协调校办产业中心等的相关项目搭建创新创业平台。三是社会支持式教育。这种教育模式将企业、用人单位、政府组织、社区等利益主体相融合，与高校共同开展创新创业教育。

在英国创新创业教育政策的支持下，剑桥大学创新创业教育积累了丰富的经验，备受世界瞩目。一是拥有持续的政策和资金支持。剑桥大学创新创业教育的资金主要来源于英国政府的财政支持。同时剑桥大学不断开拓资金渠道，先后从微软、马可尼等公司和李嘉诚等知名人士处筹集大量资金，并通过商业活动、开发知识产权与产业界长期保持联系，以获得源源不断的资金支持。二是开设系统化的创新创业教育课程。剑桥大学的创新创业教育课程分为"关于创新创业"和"为创新创业"两种。其中，"关于创新创业"课程师资力量中61%的教师有实践管理经验，36%的教师有创业经历，7%的教师为兼职教师。"关于创新创业"课程内容以理论授课和论文撰写为主，考核形式以书面理论为主。"为创新创业"课程师资力量中98%的教师有实践管理经验，70%的教师有创业经历，21%的教师为兼职教师。"为创新创业"课程内容侧重于小组授课，主要讲授如何准备商业计划、如何参加创新创业实践活动，并会严格考核学生的创新创业技能，安排学生与企业家交流互动，以帮助高校学生积累创新创业实践经验。两种不同的课程设置方式构成了剑桥大学完整的创新创业教育体系，使得剑桥大学创新创业教育不仅能涉及理论基础和实践教学，而且能培养学生的实践能力、创新意识和创新精神。剑桥大学将"关于创新创业"和"为创新创业"这两种课程又细分为无学分的选修课程和有学分的必修课程。除了选修课和必修课外，剑桥大学创新创业教育中心还会根据学生的需求反馈相继增设新兵训练营、创业星期二、企业家讲座、网络课程等教学形式，以增强课程设置的系统性和灵活性。三是获得全社会的通力支持。剑桥大学创新创业教育的成功还得益于企业、社区的大力支持。剑桥大学创新创业中心搭建了许多科学园，吸引了诸多企业与剑桥大学开展创新创业教育合作。企业、社区为剑桥大学创新创业教育提供了大量的实训平台和服务平台，确保剑桥大学的创新创业教育始终能够适应社会和市场的最新需求，形成了"剑桥现象"。四是雄厚的师资力量。剑桥大学创新创业教育中心的教师队伍大多拥有丰富的创业经验，能够根据时代变化和市场需求及时调整教学内容，从而更好地帮助学生将创业理论与创业实践相结合。剑桥大学会奖励在创新创业教育实践中表现优异的教师，以更好地调动教师为学生提供创业指导的积极性。同时，剑桥大学创新创业教育中心还设立了创业园区，为老师指导学生申请项目、联系企业、孵化成果提供资金技术和场所支持。

（四）慕尼黑工业大学的实践经验

德国也十分重视高校的创新创业教育，将高校分为教学型、研究型和创业型三大类别，并要求创业型大学需由研究型大学转型而成，旨在研究创新基础上开展创新创业教育，培养创新型人才。德国慕尼黑工业大学是世界公认的"研究型大学转向创业型大学的成功典范"，号称欧洲标杆性的创业型大学。慕尼黑工业大学"管理+"培养计划是慕尼黑工业大学创新创业教育中心开设的创新创业领导力培养项目，积累了丰富的实践经验，反映了德国高校创新创业教育的基本理念和内容。

慕尼黑工业大学创新创业教育中心将"管理+"培养计划定位为创新创业领导力培养项目。"管理+"培养计划主要有五个基本理念：一是将行动学习和实践教育贯穿创新创业教育全程。二是将职业教育和创业教育有机融合。这就使得创新创业教育兼具理论学习和实践参与的双重优势。三是突出创新创业教育教师的指导作用。慕尼黑工业大学创新创业教育中心为每位学生配备了拥有创业经历、工作经历、经验丰富的优秀导师，全程指导学术创新创业项目。四是充分挖掘学生的潜能，慕尼黑工业大学创新创业教育中心让学生在扮演领导者、组织者、教育者、管理者、保障者的过程中不断激发自我教育潜能，从而不断提升创新创业能力。五是强调精英教育和精准理念。慕尼黑工业大学创新创业教育中心每年会从慕尼黑市招募有志于培养创业和发展领导力的大二学生，为其全程配备导师，设置实习项目和奖学金，以培养优秀的大学生创业者。

"管理+"培养计划设置了三个学期的教育培养、实践活动、国际交流、教学指导、项目参与等教学与实践活动，面向社会和学生提供的创新创业教育服务主要有三个方面：一是向创业者和新创办的公司提供业务咨询、创业计划、创业竞赛、团队建设、风险投资等平台；二是向企业提供

创新咨询、商业发展、职业经理培训、数字学校、协同加速等服务；三是
向学生提供创新创业研讨班、创业训练营、创新创业领导力培养计划、创
业课程等服务。在第一学期，慕尼黑工业大学创新创业教育中心会开设商
业设计新训营、企业项目和内部项目。其中，商业设计新训营旨在引导学
生学会从用户角度思考和解决商业问题；企业项目旨在组织学生直接对接
宝马、博世等大公司的企业高管，为企业新产品的开发和服务设计提供支
持，在此过程中使学生获得指导与帮助；内部项目是让学生在担任"管理
+"培养计划各课程的组织者和管理者，在组织和指导他人学习开展相关
课程和实践活动中锻炼提升实践能力和领导能力。在第二学期和第三学期
会开设企业项目、风险投资对接、学生创业项目、内部项目。其中，风
险投资对接是指组织学生参加各种商业路演和模式设计，在参与创办新
企业中助推新技术和新专利实现商业化；学生创业项目是指在创新创业
教师指导下，学生从创意设想开始逐渐选择创业项目、创办创业公司。
第三学期结束后，慕尼黑工业大学创新创业教育中心还会依托人脉网络
举办"管理+"培养计划校友会，以期在交流互动中获得创新创业灵感
和经验。

第四节　国外经验的启示

　　虽然国内外高等教育发展的程度、办学模式、治校理念、教书育人的
责任要求皆不同，但教师不仅要传授知识而且要进行思想教育的责任使命
是一致的。因此，国外高校对落实教师教书育人双重责任的探索和实践，
对国内理工科院校专业课教师落实教书育人责任有重要启示。

一、做好教书育人责任落实的顶层设计

　　相对于国外的理工科名校，国内相关学校在针对教书育人责任落实的

保障上显得相对无力。主要体现在当前国内高校对教书育人的定性非常明确，但在决定的责权划分上过于笼统。其次在于，对于专业课教师教书育人的考评上，没有明显的定量指标。对此，国内理工科院校在教育事业改革发展的蓝图中，应及时调整和加大对于落实教书育人的重视程度，一方面，加大对于教学的投入力度，在资金、政策等方面向教学工作的创新加以倾斜；另一方面，要进一步细化制度建设，将教书育人成果纳入教师责任考评、职称提升、收入变化、非升即走等的范畴内，让教书育人变成有据可依、有理可考的硬通货。

二、优化教学评价体系

在我国高校，教师的教学评价方式单一，主要包括督导评价和学生评价两种方式，且在学生评教过程中同一张评价表适用于所有的院系、所有的课程，单一的评价方式和评价标准忽视了不同学科、不同课程教学的差异性，严重影响了教学评价结果的客观性、科学性和有效性，难以发挥评价促进教师发展、学生学习的作用。此外，我国大学教学评价的内容比较模糊，缺乏可观测性，评价题目大多是让学生对较为抽象的概念给出模糊的等级评价，而不是引导评价者关注教学情境和教学事实，评价者难以给出客观、有效的回答，评价结果缺乏真实性和可靠性。

借鉴牛津大学的教学评价方式，在教学评估中建立具体而丰富的评估指标体系，反映教学的全过程，涵盖教学的方方面面，具有可测性和可行性，使评价者能够根据自己的切身感受真实回答。我国高校在进行教学评价时应采用多样化与科学化的评价方式，在评价中结合教育部门评估、学院督导评估、同行评估、学生评教、教师自评等多种评价方法，同时将定性方法与定量方法、结果评价与过程评价、诊断性评价、形成性评价和终结性评价相结合，充分发挥各种评价方法的作用，使评价结果更加真实、有效。

三、注重提高教师综合素质

近年来，随着社会对教育教学质量提出更为多样化、标准化的要求，教师履行教学责任、提升教学质量得以有效推动，部分国外理工科名校在普遍设立教师发展中心的基础上，还专门设有课程与教师支持办公室、教学实验室、数字化学习办公室等教学支持机构，协助教师开发和协调本科课程和教育规划，为教师组织教学过程提供支持，共同建立一种学习环境。此外，此类机构还帮助学生接受学术上的挑战、参与课内外活动，为学生学习、科研提供个性化的支持以及为教师提供教育教学的相关信息资源，搭建教师与院系、管理部门的沟通与交流平台。

虽然我国的教育行政部门也十分注重高校在职教师的培养工作，建立了相对固定的三级培训体系，但这仅是一种自上而下的管理模式，所体现的教师发展理念更多是强调外在影响，并没有关注高校教师个体的真实需要，忽略了教师的主体地位。因此，在教师发展理念上，我们应转变观念，对教师的主体地位予以更多关注，关注教师的自我发展，增强教师的主体效能感，力争通过激发教师的内驱力来提升我国教师培训的有效性。此外，理工科院校专业课教师发展项目在设计和实施环节，还应注重在充分尊重教师主体需求的基础上，更加注重实践活动，为校内不同类型的教职员开设真正适合于他们的发展项目，促进教师群体的整体发展，做到灵活性与专业性相结合。

教师的综合素质还包括自身的师德水平。当前，国内高校师德建设往往从有利于"教学交往"的角度出发去制定，通过更多的行政手段，规范教师的思想活动和职业行为，并没有强调教师个人的道德水平提升，而是关注教师教学行为的底线和红线。但是，在国外理工科院校中，如伯明翰大学在其高校教师伦理道德准则的实践中关于"促进公平、招生公平、学术质量和学术进展、学术的反馈和变现、教学合作"等方面的规定，强调教师应履行义务，完成日常的教学工作。在师德规范执行上，与国内不同的是，为了更加有效地规范和限制教师的失范行为，西方许多国家针对师德行为制定了较为完备的法律法规，强制将教师的道德行为限制在法律的框架之中。而为了更加有效地落实有关法律的要求，国外高校还重视检查、监督、惩戒等外在机制的建立和完善，从而为进一步确保高校教师履行教师基本义务，防止高校师德失范行为的发生提供了有力保障。

四、重视提升人文素养

无数的事实证明，真正高素质复合型人才的培养需要人文社会科学的参与。因此，理工科院校要全面提升培养对象的境界、内涵和层次。近年来，随着社会经济的飞速发展，国内理工科大学的办学理念及人才培养模式也在发生着显著变化，人文教育日益受到重视，不少理工科大学，尤其是一些重点理工科院校的人文学科有了长足发展。但毋庸讳言，同国外著名理工科院校相比，我们还有差距。

德才兼备是未来一流人才的一个"标配"。当前，我国需要理工类院校培养的一流人才不仅要有过硬的专业本领，更重要的是有坚定而正确的政治立场和良好的道德品质、专业定力、人文素养。国内理工科院校应该积极改变，主动培养和引导广大专业课教师开展课程思政。

高等学府固然要为培养对象提供良好的专业教育，但更要注重培养学生真善美的价值取向，培养学生的良好修养、健全人格、博大胸襟和社会责任，理工科院校自然不能例外。而人文学科因其专业特点，在这方面有着更多的优势、义务和责任，具有不可替代的作用。从人才培养的角度看，理工科大学的人文学科应该与其他学科处于同等重要的地位。无数的事实证明，真正高素质复合型人才的培养需要人文学科的参与。因此，在理工科大学的教育教学活动中，文、史、哲等学科与理工科只有教学内容和教学方式之别，而无高下、优劣之分。从某种意义上讲，人文教育其实是一种物美价廉的教育资源。人文学科虽也需要基本的教学科研设施，但从长远来看，相对人文学科在一所高等学府中所使用的资源，投入人文学科所带来的回报将是潜在而巨大的。因此，理工科院校要重视人文学科建设和学生人文素养的提升。

五、充分利用现代信息技术

高校要在战略上强调在教学科研、学生服务、课程建设、学校管理等方面融入数字技术创新，通过开放在线教学资源，增强学校的国际影响力。其配套实施的数字学习战略旨在拓展师生的学习与社交空间，提供丰富的学习资源，使教学与学习凸显参与性、互动性、研究性，激发学生的学习积极性和主动性。我国一流大学建设应紧紧抓住互联网、云计算、大数据等新兴信息技术的发展趋势，探索信息技术与教育教学的深度融合机制和方式，通过慕课、微课、资源共享课等推动混合式学习、探究式学习、自主性学习等多元化的、线上线下联动的教学模式；应进一步拓展数字技术在教学、科研、学生服务、课程建设、学校管理、国际交流等方面的渗透与覆盖，构建智能化的在线校园网络；建立开放灵活的在线教育资源公共服务平台，促进优质在线教育资源普及共享。

六、营造良好学习环境

理工科院校还应通过新教学战略的实施，构建一个充满激励的包容性学习环境。这种激励性的学习环境充分尊重教师与学生的主体价值，能够有效激发师生对学校的归属感，增强师生教与学的积极性和创造性。我国一流大学建设要回归教学本质、回归学术本性，实际上就是要充分体现师生的主体价值，构建人才发展的支持性学习环境，避免一流大学建设沦为仅追求排名、争取资源和获得声誉的工具。这需要渐进式地对学校文化进行变革与投入，增强学校学习环境对师生发展的支撑力度：进一步完善教师奖励制度，尊重、认可与奖励教师合理的创新行为；完善创新创业课程体系，推动学生积极参与教师的科研工作，为学生自主研究与创业提供全链条的支持与服务；建立健全学生服务体系，积极反馈学生的意见与建议，打通学生参与学校决策的渠道，为学生提供丰富的教学资源及学习策略。

第六章　国内理工科院校专业课教师教书育人责任落实的典型案例

　　党的十八大报告提出要"把立德树人作为教育的根本任务"，这为我国教育事业的建设和发展指明了方向。与此同时，习近平总书记也曾在多个场合谈及要尊师重教，并对广大教师提出了希望。立德树人是教育的根本任务已经成为理论界和实践界的共识，也是对教育"培养什么样的人和怎样培养人"基本问题的回答。① 育人一直是高等院校这一培养高层次人才主阵地的核心目标。专业课教师作为高校教师的重要组成部分，在日常教学过程中与学生交流、接触较多，在教书育人责任落实过程中扮演着重要角色并发挥着特殊作用，理应成为立德树人的主力军和典范。

　　长期以来，我国的理工科院校承担着为社会主义现代化建设和国家经济快速发展培养高层次人才的任务，先后为国家培养了大量专业型、复合型人才，同时在专业课教师教书育人责任落实方面进行了积极探索和实践，形成了一些行之有效的经验做法和典型举措，具体表现在：

　　第一，立足机制建设，健全专业课教师责任工作体系。一是组建成立"党委教师工作部"等专职部门。如以北京大学为代表的各高校陆续成立

---

① 潘文军：《论专业课教师在高校立德树人中的作用》，《教育现代化》2018年第40期。

"党委教师工作部"，设置专门机构、配备专职人员来重点加强教师思政和教书育人工作。二是构建思政工作领导体系。如上海的所有高校都成立了课程思政改革领导小组，均由党委书记亲自担任组长，并设立专门办公室予以推进落实。三是建立和完善相关工作制度。如北京科技大学注重教职工思想政治工作，通过建立以上率下制度，让领导干部带头示范引领校园理论学习风尚，分别确立了领导干部上讲台、担任学生党支部理论学习导师制度等。四是明确思政工作标准。如西北工业大学制定教师思政工作标准，将其纳入学校工作要点、校级领导述职、二级单位绩效考核、基层党委书记述职考评，层层压实思政工作责任。五是注重教学质量。各高校不断细化和强化专任教师育人工作考核，多措并举提高教育实效性，巩固和确立思政课教学的中心地位，精准量化、裁定专任教师思政育人的工作量，同时制定了思政育人工作的基本要求。

第二，立足素质培养，注重专业课教师育人能力提升。目前，各高校相继成立教师发展中心，旨在通过开展相关教学业务培训，切实提升教师素养，相关举措在实际中取得良好成效。一是制定专门的教师培训制度。如北京科技大学制定了教职工政治理论学习制度，要求在固定时间内，全体教师集中统一学习（学习时间为每周四下午）；北京交通大学开设教师"暑期学校"，采用"理论＋实践"的集中培训模式，每年轮训青年教师约 200 名。二是依托党支部强化教师理论学习。如清华大学依托党支部建设，创新教师党支部学习模式，通过政治生日、集体备党课、与老干部支部联合开展组织生活等方式强化支部学习效果、吸引支部教师积极参与学习。三是完善考核机制促进教师素养提升。如华侨大学早在 2005 年就制定了《华侨大学"三育人"工作条例》，提出师德师风考核，并将其纳入教师考评体系，所有考核结果均存入教师档案。四是创新开展红色经典教育。如大连理工大学开展"走近老教授·追寻大工记忆"系列活动，学习老教授们科学严谨的治学态度、艰苦奋斗的建设精神以及真诚质朴的大工情怀，通过追寻他们的记忆来激励教师砥砺前行；长安大学依托道路、桥梁、车辆等特色专业，通过打造特色交通馆等方式来开展教师实践教育，从而充分发挥学校特色专业的示范引领作用；西安交通大学通过号召全体师生学习和发扬老一辈西交人的"西迁精神"，培养师生艰苦奋斗、务实进取的作风；西北工业大学突出"航空、航天、航海"特色，树立"三航人"精神，从而激励广大师生在新时代征程中奋勇前进、书写华章。

第三，立足改革创新，探索课程思政的有效实施路径。近年来，各高校围绕课程思政具体实施办法进行了积极探索和改革创新。一是明晰教师教书育人过程中的责任。如清华大学出台专门制度帮助教师在教书育人过程中确立主体地位，要求教师立足讲台，善于挖掘学科和课程的理论深度，在教授知识技能的同时，要融入爱国主义、集体主义、社会主义等相关教育内容，启发学生感悟思考。二是坚持思政导向制定学生培养计划。如北京科技大学要求各门课程都要坚持"为党育人、为国育才"的教学宗旨，坚定马克思主义在教育教学过程中的指导地位和作用，让所有课程和课堂都能成为培养社会主义建设者和接班人的坚实阵地。三是认真落实课程思政的具体实施细则。如华中科技大学每年新学期都会组织开展"开学第一课"主题教育活动，在活动开展过程中渗透思政教育的相关内容，打造师生"面对面"思想启蒙交流平台。下面以北京科技大学、西安电子科技大学、大连理工大学、西北工业大学以及国内其他理工科院校中二级学院、专业、班级和试点课程为例阐述理工科院校专业课教师在教书育人责任落实方面的具体实践。

第一节　北京科技大学：扎实推进教书育人"2+1"体系建设

近年来，北京科技大学深入推进"三全育人"综合改革，通过构建专业课教师育人、推进课程思政改革创新、大力实施本科生全程导师制等措施积极探索专业课教师教书育人的有效路径，取得了良好效果。

一、构建专业课教师育人工作体系

北京科技大学党委高度重视教师育人工作，加强组织领导，成立学校思政工作领导小组，设立党委教师工作部，配备专职人员重点加强教师思政和教书育人工作，进一步完善思想政治专项课题研究机制、课题选题应急机制、建立课题成果推介机制，调动了一大批专任教师、管理干部参与理论研究。

（一）组建育人工作机构

北京科技大学搭建了"一组三类多支队伍"的沟通协调机制。"一组"即发挥学校思政工作领导小组职能，定期召开会议，做好顶层设计，强化宏观统筹，研究判断形势、解决问题、推动工作进行；"三类"即建立第一课堂与第二课堂的教辅结合协同机制，"联席会议"制度，本科生导师、专业课教师、思政工作队伍、管理队伍、服务队伍、离退休教师队伍等不同队伍之间的"定期沟通协商"机制等。

（二）建立育人工作制度

北京科技大学印发《全面推进"三全育人"综合改革试点工作实施方案》，制定校院两级指标体系和测评细则，签订责任书，细化教师育人工作标准。学校实行教师政治理论学习制度，制定理论学习计划，每周四下午组织全校教职工开展集中理论学习，将理论学习情况纳入教师考核。学校坚持"传道者先明道信道，教育者先受教育"，通过建立以上率下制度，让领导干部带头示范引领校园理论学习风尚，分别做实了领导干部上讲台、担任学生党支部理论学习导师制度等，不断提高全体教师思想道德品质和业务能力，充分调动教师积极性和主动性。学校实施教师"能力素质""师德品质""双质提升计划"，通过加强教师培训、举办教学基本功比赛、实施年轻教师导师制等提升教师业务能力素质，通过实施"党建强基、思想引航、制度固本、实践立行、典型示范"五项工程不断提升教职工思想和道德素质。学校建立了教辅结合制度，促进思政理论课教师和辅导员紧密结合，联合实施教育教学，协同制定教学计划、分工承担理论教学和实践教学任务，实现思政第一课堂和第二课堂德育工作的有效统一和内容衔接。学校不断细化和强化专业课教师育人工作考核，明确教学的中心地位，修订完善专业课教师育人职责，认定思政育人工作量，设定思政育人基本工作要求。

（三）完善育人保障举措

北京科技大学完善教师发展中心职能，分类分层开展教师培训，从教师职业发展、学科教学与前沿等方面推动教师育人能力提升，构建教学讲座、教学研讨、一（多）对一辅导、教学咨询及资源支持、集中培训和长期培养等方式相结合的教师培训体系。一是组织教师开展调查研究、学习考察、挂职锻炼、志愿服务、精准扶贫等，举办青年教师暑期学校，开展集中教育培训与实践锻炼；二是实施"青年教学骨干人才培养计划"，完善青年教学骨干教师选拔及培养体系，重点培养一批青年教学骨干人物；三是积极构建以育人为导向的教师荣誉体系，设立教师教育教学、党建思政等专项年度奖和教师职业荣誉奖，每年进行隆重表彰；四是选树教师典型，开展"师德榜样""教学名师""感动北科"新闻人物等表彰活动，举办先进教师事迹报告会、沙龙、访谈等活动，广泛宣传报道先进教师事迹，营造尊师重教的良好风尚。

二、推进课程思政改革创新

北京科技大学通过完善课程思政教学体系、健全课程思政建设工作体系、打造体现学校与学科特色的课程思政示范课和推动课程思政工作研究等方式，积极推进课程思政改革创新。

（一）完善课程思政教学体系

北京科技大学紧紧围绕坚定学生理想信念，以爱党、爱国、爱社会主义、爱人民、爱集体为主线，着重围绕政治认同、家国情怀、文化素养、法治意识、道德修养等内容优化课程思政内容供给，系统开展中国特色社会主义和中国梦教育、社会主义核心价值观教育、法制教育、劳动教育、心理健康教育、中华优秀传统文化教育，着力从全校公开课、学科思政讲坛、课堂思政三个层次，构建全面覆盖、类型丰富、层次递进、相互支撑的课程思政教学体系，实现课程思政"一十百"的建设目标，即：建设至少1门面向全校学生、体现学校办学传统特色的公开课，并向社会开放；建设至少10门具有学科特色的学科思政论坛，并产生一定社会影响；培育至少100个学生认可的课程思政示范课堂。

（二）健全课程思政建设工作体系

一是将课程思政全方位融入课堂教学，有针对性地修订人才培养方案，将课程思政内容作为课程设置、教学大纲核准和教案评价的重要内容，落实到课程目标设计、教学大纲修订、教材编审选用、教案课件编写各方面，贯穿于课堂授课、教学研讨、实验实训、作业论文各环节。二是提升教师课程思政建设的意识和能力，着力转变教师重知识传授、能力培养，轻价值引领的观念，引导所有教师进一步加强课程思政的理念，以思想引领和价值观塑造为目标，带动广大教师既当好"经师"，又做好"人师"。三是面向全体专任教师深入开展政治经济学、法律职业伦理、马克思主义新闻观、师德师风、工程伦理、工程师职业道德与责任等专题培训。四是运用学科组讨论、老教师传帮带、教材教案集体备课、优秀教师带头示范、教学基本功训练或比赛等手段，开展课程思政教学技能培训，让广大教师切实能够把知识传授、能力培养、思想引领有效融入每一门课程的教学全过程。

（三）打造体现学校、学科特色的课程思政示范课

2020 年学校开设了《大国钢铁》选修课并不断加大支持力度，努力将该课程建设成为在高校中和行业内有重要影响的公开课。课程由学校中国工程院毛新平院士领衔主讲，汇聚了一批来自宝武钢铁集团、首钢集团、冶金工业规划研究院等行业大咖和来自学校科学技术研究院、冶金与生态工程学院、科技史与文化遗产研究院、党委宣传部的校内专家学者，彰显"钢铁摇篮"的行业特色，为学生带来"钢铁强国梦"专属课程。课程集中学校学科优势，通过中国钢铁强国之路、"钢铁摇篮"之钢铁栋梁和科技贡献、钢铁是怎样炼成的、钢铁绿色发展和未来梦工厂等八个章节，带领学生纵观我国钢铁工业强国之路，体察现代钢铁产业新发展，展望未来钢铁梦工厂，厚植爱国主义情怀，体现学校办学特色，培养学生爱校荣校意识和对北科精神、北科文化的认同。同时，学校支持各学院、各学科开设学科思政讲坛，加强"中国材料名师讲坛""理学之美""星期四人文讲座"等已有学术论坛建设，深度融入思政元素，努力在引领学科发展前沿、培养学生科学精神、提升学生综合素质等方面发挥重要作用，力争将每个学科思政讲坛都打造成为该领域的学术精品。

（四）推动课程思政工作研究

学校成立课程思政研究中心，加强全部学科课程的思政研究工作，及时总结凝练学校课程思政建设新成果、新经验、新模式，为不断深化课程思政建设提供理论支撑；依托马克思主义学院和相关学科专业基层教研组织、教学团队，构建多层次课程思政研究体系，探索建立教师课程思政工作室；面向全校教师设置课程思政专项研究课题，单独划拨经费，激励教师积极参与课程思政建设研究，努力形成一批高水平理论研究成果，推动学校课程思政建设良性发展。学校鼓励各教学单位积极探索创新课程思政教学方法，结合不同课程特点，加强课程思政案例教学，开展启发式、探

究式、讨论式教学，引导学生深入思考，实现思想启迪和价值引领。作为中国学位与研究生教育学会德育委员会秘书长单位，学校主动牵头教育部研究生课程思政建设研究，协同重点高校和各片区，调研研究生课程思政建设过程中存在的问题和难点，从实际需求、问题导向的角度出发研提建设方案和政策建议。

三、实施本科生全程导师制

2018 年 10 月，教育部《深化本科教育教学改革相关意见》提出，要建立健全本科生学业导师制度，让符合条件的教师帮助学生制定更具个性化的培养方案和学业生涯规划。为充分发挥教师在人才培养过程中的重要作用，落实全员育人理念，服务本科生的健康成长，培养一流卓越人才，北京科技大学于 2018 年起推行本科生全程导师制，发挥导师在立德树人、学业指导、学术指导、规划指导等方面的重要作用，对考核优秀的导师在岗位聘用、职称评定和评优评先等方面予以倾斜。

本科生全程导师制是践行"四个服务"、落实教师立德树人根本任务的关键举措，是人才培养模式改革的积极探索。本科生全程导师制突出师生全覆盖和大学四年全过程指导，导师围绕立德树人、学业指导、创新创业、生涯规划等对学生进行全程指导，形成"导师主导、授课教师主教、班主任和辅导员辅助、研究生协助、高年级本科生参与"的六位一体的本科生全程导师制育人模式，构建起"导师全程指导、团队协同育人、深化创新训练、师生密切互动、育教有机统一"的精英型本科育人体系。截至 2019 年底，学校 13 个学院和 9 个科研单位的 1360 名专职教师担任本科生导师，长江学者、国家杰出青年科学基金获得者、长江青年学者等优秀人才 100%担任本科生导师，其中包括 4 名院士，覆盖 2017 级、2018 级和 2019 级 10638 名在校本科生，收到了良好效果。

学校始终围绕服务大学生健康成长这一根本目标，通过导师制的实施增长同窗情谊、增进师生情感、增强学生的爱校情怀。学校不断完善

"3+3"服务学生模式，协同"三助一辅"机制，充分发挥学校顶层设计、院系组织实施、教师教书育人、学生自主能动的四个主体关键作用，在认识上、组织上、互动上、考核上、研究上下功夫。自导师制实施以来，学校八个学院本科一年级必修课的及格率大幅提升。在竞赛方面，2019年的获奖者人数比2018年增加了402人，获得国家级或以上奖项的学生人数增加了122人。在创新和创业项目中，学生的参与热情显著提高，2019年参与本科研究和培训项目总数905个、3595人，比2018年增加了286个项目、964人，其中将近一半的项目由导师指导。学校向学生发放的问卷调查显示，68.96%的学生表示与导师沟通良好，学生认为导师更能够进行专业指导，有助于适应大学生活，有助于培养学习兴趣方法、提高思想品德等。

第二节　西安电子科技大学：深化"234"教育教学改革

西安电子科技大学十分重视专业课教师教书育人责任落实这一工作，不断强化课程思政理念，加快推进由"思政课程"走向"课程思政"的教育教学改革，通过搭建第一、第二课堂双平台，团结专业教师、思政骨干、校外专家三支队伍，着力挖掘课程思政"忠诚爱国的家国情怀、科技报国的责任意识、精益专注的工匠精神、务实创新的专业自信"的四大内涵，将专业教育与思政育人紧密结合，注重专业课教师德育工作，持续强化师资队伍建设，深化本科生全程导师制建设，积极落实教师育人主体责任，在专业教育中增强学生的价值认同与道路自信，坚定中国立场、向世界传播中国声音。

一、以师德教育强化队伍建设

西安电子科技大学高度重视教师队伍建设，积极探索以党建为引领、以师德为灵魂、以培训为抓手的师德教育，推行师德涵养提升和业务能力提高相结合的培养模式，不断增强教师师德素养和综合能力，努力造就党和人民满意的高素质专业化创新型教师队伍。

（一）坚持党建引领

实施校领导联系教师党支部制度，切实发挥学校党委领导作用。学校出台《教师党支部标准化建设方案和支部工作考核办法》，推进教师党支部标准化建设。同时，学校创新教师党建工作模式，通过党建思政课题研究和党支部主题党日活动方案评选等形式激发教师党支部活力，推动部校两级"双带头人"支部书记工作室和"双带头人"培育工程建设，目前双带头人教师党支部书记比例已达98.6%。结合庆祝新中国成立70周年宣传教育活动，学校组织党支部书记赴延安等地开展专题学习培训，不断提高党务干部政治素养和业务能力。

（二）强化师德建设

坚持把师德建设作为教师队伍建设的第一要务，将师德培训贯穿教师发展的全过程。学校印发《师德规范手册》，增强教师行为规范意识，实现全校教师师德教育全覆盖；将师德作为教师年度考核和聘期考核重点内容，把师德师风建设工作纳入各二级单位年度考核，在评奖评优、岗位聘任、职务晋升、职称评定、科研项目申报、研究生导师遴选等环节严格实行一票否决制度；出台《师德负面清单和失范行为处理办法》，划定师德红线，建立健全师德失范行为的监督、调查、处理、解决和问责机制；加强师德监督力度，设立"师德举报"专栏，公开举报信箱、投诉电话和电子邮件等，畅通师德师风问题反映渠道；建立师德师风定期通报和警示教育制度，大力查处、通报师德失范案件，及时警醒和鞭策教师尊师德、守底线。

（三）加强各学科先进人物事迹宣传

学校邀请黄大年同志先进事迹报告团、省级师德先进个人等来校开展立德树人专题讲座，通过宣传师德典型人物的真实事迹，增强教师服务国家发展和社会进步的责任感和使命感。以庆祝全国第 35 个教师节暨表彰先进集体和个人为契机，学校举办首届"西电最美教师"评选等活动，挖掘选树师德典型，讲好师德故事，努力营造崇尚师德、争创典范的良好氛围。学校通过报纸、网站、新媒体等渠道发布师德建设政策制度、系列文章及师德先进事迹，展现师德先进集体和优秀教师风采。学校广泛推行教师宣誓活动，激发教师加强师德修养的积极性和主动性。

（四）关注并帮助教师发展

学校制定《2019—2023 年教师培训工作纲要》，结合教师个人发展需求和学校实际制定教师培训计划，建立健全校、院、系联动的一体化教师培训体系。对新进教师实行青年教师助教制，选派优秀指导教师，制定合理的培养计划，充分发挥传、帮、带的作用，加强日常管理和监控，尽快促使青年教师提高教学能力和业务水平。[①] 按照教育教学和教师成长发展规律，拓展教师培训渠道，支持青年教师、骨干教师参加海内外教师发展研修班和研讨会。建立教师能力提升、协同发展平台，构建线上培训资源库，邀请全国优秀教师、课程思政教学专家等来校开展专题讲座，提升教师教学能力和综合素质，2019 年已邀请 40 余名专家学者，累计培训教师5000 余人次。通过微信公众号推出"教师说"专题，开设"教师心声"专栏，为教师提供沟通交流平台。搭建教师思想状况采集调研信息平台，及时掌握教师思想动态，以走访和座谈等形式了解教师工作生活中的困难并及时

---

① 张宇鹏、郭宝龙、赵韩强、李亚汉：《新进教师教学能力提升方法探讨——以西安电子科技大学为例》，《中国电子教育》2015 年第 4 期。

有效地协助其解决，为教师安心从教提供有力保障。

二、注重专业教育与思政育人相结合

西安电子科技大学十分注重专业教育与思政教育相结合，通过强化顶层设计、加强课程育人、一二课堂有机结合、线上线下有机教学等方式，使专业教育和思政教育紧密融合、强化育人效果。

（一）强化顶层设计

发挥和运用各部门力量，促进各专业与思政教育内涵深度融合。以学校通信工程学院为例，形成由学院党委书记统筹，教学副院长、党委副书记全面指导，专业教师、学生工作干部协同参与的工作格局。每年定期举办课程思政研讨会，联合中兴、华为公司共同制定了《课程思政实施方案》；投入专项奖金支持专业课教师围绕课程思政开展集中攻坚，重点探索；组织课程思政骨干教师前往华东师范大学、复旦大学进行学习调研，建立健全课程思政体制机制。[1]

（二）加强课程育人

学校积极打造课程思政示范课和精品课，通信工程学院通过搭建"通院课程思政工作"平台，把思政骨干队伍、专业课程骨干队伍和校外专家队伍进行整合，着力打造多学科背景相互支撑、良性互动的课程教学团队，力求在进行知识传授的同时做好思想道德引领工作。同时，发挥思政工作骨干的思想政治教育主体作用及教授团队的专业素养与人生阅历优势，实现深度融合、优势互补，共同助力学生成长成才。通过开展"课前思政五分钟""中外比较之我看"等课堂思政的创新模式，帮助双语教学

---

[1]　王艳、刘宇鹏：《高校课程思政改革路径研究——以西安电子科技大学通信工程学院为例》，《中国农村教育》2020 年第 15 期。

班的学生树立"四个正确认识"，引导并鼓励他们在对外交流的过程中向世界展示中国形象，宣扬中国文化。

（三）一二课堂有机结合

根据学校和学科特色、人才培养特点，以课程改革为着力点，把显性教育和隐性教育有机结合，全面、系统、科学地规划课程思政的实施路径。一方面，在课堂教学中，鼓励专业课教师将专业课知识与德育知识有机结合，以"潜隐化"的方式将思想政治教育潜移默化地融入专业课教学。在依据课程思政改革思路制定课程教学大纲或教案等教学文件、选编典型教学案例时，注重选择包含思政育人元素的设计方案、兼具知识传授与价值引领相统一的课程作业，以此充分挖掘专业课程蕴含的思想政治教育资源。在这期间，西安电子科技大学涌现出了一批优秀示范课程，如《电磁场与电磁波》《数字信号处理课程》《光通信技术》等。另一方面，高度重视第二课堂在课程思政教学中的重要作用，创新打开方式，采用"专家请进来，学生走出去"的新模式，落实深化实践教学的改革创新。采取"企业请进来，学生走出去"的方式，探索出一条具有学科特色的课程思政新模式。

（四）线上线下联动教学

学校积极推动"互联网＋课程思政"改革实践，充分利用各种网络媒体促进教育教学。一方面，在教学中利用微课堂、网上视频、电子书等多种学习资源，通过 QQ、微信、邮件等方式与学生互动，运用新媒体新技术激活教学活动，增强课堂教学的时代感和吸引力；另一方面，针对"95后""00后"大学生需求呈现出的个性化、多维度、易变化的特点，创作了一系列学生喜闻乐见的"互联网＋课程思政"新模式。如学校潘伟涛老师撰写的《一个通信集成课教师眼中的中兴事件与选课》、马研卓老师的《站讲台，胸有沟壑；课思政，立德树人——从理论研究到课堂实践》等一系列优秀文章，被澎湃新闻网等不少专业的新闻媒体转载报道。

三、导师指导制度融入本科生培养全过程

为更加充分发挥专业课教师教书育人的作用，构建"三全育人"的工作体系，西安电子科技大学按照"结对、指导、评估、改进"四个步骤，构建本科生导师制，帮助学生更好地获取知识、形塑自身价值观，促进学生成长成才，全面提升学生综合能力。本科生全程导师制覆盖学生学习发展的各个环节，旨在通过为学生提供全方位、全过程指导，促进学生知识、能力、素质协调发展，创新了人才培养新模式。①

（一）完善本科生导师制度建设

学校成立校、院级本科生全程导师制工作领导小组，不断领导和组织实施本科生导师制度，并制定出相应的本科生全程导师制实施纲要与考评细则，同时对此项工作的目的、选聘标准、考评标准等作出明确规定；全程导师制委员会负责制定具体政策、时间安排和整体协调推进。各学院在依循学校总体大纲的前提下，对本学院进行深入调研，结合学院的实际情况，制定符合实际的具体实施办法，并为导学提供实体空间。

（二）分阶段、分层次地完成培养目标

在本科一年级，导师以学校大类通识课为出发点，以专业导论课为切入点，将重点放在帮助学生适应大学生活，引导学生了解专业和学科特点上，同时开展专业教育和思想教育，激发学生对本专业的学习动力和兴趣，逐步培养学科意识和科学精神。在本科二年级，导师要创造机会让学生参与实验室和相关课题项目工作，鼓励学生参加学科竞赛和各种创新创业训练项目，通过实践培育学生的实际操作能力和团结协作意识。在本科

---

① 梁双杰等：《全员育人理念下本科生"全程导师制"模式的探索与实践——以西安电子科技大学为例》，《西部素质教育》2020 年第 2 期。

三年级，导师要因人而异，在学生前期知识储备的基础上，让其参与实际的课题项目，提高专业素养。在本科四年级，导师要通过具体的研究课题、毕业设计等，全面提高学生创新能力和解决问题能力，同时，导师要帮助学生树立正确的就业观念，指导学生就业工作。

（三）加强导学平台建设

建设导学平台，搭建师生端互动导学系统，以促进师生日常交流的常态化、实时化、精准化，使对学生的指导有计划、有记录、有监督、有反馈。依据导学平台，导师能够借助大数据、人工智能等信息化手段科学、系统地分析学生学习情况和思维动态，能够通过问卷调查和信息采集等方式较为精准地捕捉到学生的学习行为和情绪波动，了解学生当前的困惑和需求，并及时、精准地给予解答和疏导，从而提高本科生导师制的工作效能。

（四）建立激励本科生导师机制

学院将本科生导师工作纳入学院目标考核体系，组织开展优秀本科生导师评选，对工作认真负责、学生认可度高的导师进行一定的物质和精神奖励。同时，学校设置本科生导师专项资金，为实施本科生全程导师制提供物质保障，并在职称晋升、评奖评优等方面给予一定的政策倾斜。

（五）采用"3+3"培养模式

导师配置采用"3+3"的培养模式，即在目前"任课教师＋班主任＋辅导员"的育人模式基础上，增加"导师＋博士／硕士研究生＋高年级本科生"三个抓手，发挥导师专业优势，引导学生自主学习，提高学生的学习能力和科研水平。

第三节　大连理工大学：以传承红色基因
坚守教师育人根本职责

大连理工大学深入学习贯彻习近平总书记关于教育的重要论述，结合学校实际，以传承红色基因为主线和特色，按照"系统设计、分步实施，重点突破、长期坚持"的工作思路，扎实推进"三全育人"综合改革，着重加强师德师风建设，引导教师回归课堂教学，强化专业课教师育人实效，取得了一定效果。

一、以传承红色基因助推育人实践改革

大连理工大学围绕红色文化，推进"三全育人"综合试点改革、探索实践课程育人路径、实施红色薪火育人计划，以此助推育人实践改革。

（一）扎实推进"三全育人"综合试点改革

首先，大连理工大学制定"三全育人"综合改革试点建设方案，明确改革总体目标、基本要求、建设举措、进度安排、预期效果。其次，成立"三全育人"综合改革试点建设工作领导小组，明确领导班子成员、各职能部门和基层党组织职责，建立纵横联动责任体系，确保每项任务都有人谋、有人抓、有人做，确保全校教职工特别是专业课教师育人责任落到实处。同时，出台构建思想政治工作体系系列配套文件，建立专门台账，在牢牢抓住课程育人主渠道基础上，构建各育人体系主体框架。如将科研育人作为平台团队建设及评价考核的重要指标；建立以"寒暑期社会实践为主，日常志愿服务、社区挂职为辅"的实践育人体系；以爱国主义教育为主线、榜样典型引路为抓手、文化设施建设为保障、学校红色文化为素材，深入推进文化育人；建立学生网络行为大数据分析制度，整合一易班、一门户、两矩阵"112"网络育人载体，创新推动网络育人；建立学校、

院系、班级、宿舍"四级"预警防控体系，构建教育、实践、咨询、预防、保障"五位一体"心理健康教育工作格局；开展管理服务育人标兵和示范岗评选，召开服务育人工作会议，制定后勤服务育人工作实施方案，建立服务目标责任制承诺制；加强诚信、感恩、自强教育，形成"解困—育人—成才—回馈"的良性循环。在学校层面统筹推进的基础上，确定4个院系作为综合改革试点单位，围绕"十育人"体系构建，遴选23个专项试点、资助33项理论研究专项课题，通过集中攻关，推动实践探索和理论转化，力求凝练不同"点"位的经验和成果，汇聚整合成"面"上的工作模式，以"高峰"带动形成"高原"。这些举措充分调动了全校各领域、各环节、各方面的育人资源和力量，推动改革向"全""深""新"发展，实现由外围向中心、由局部向全局、由片段到全程的转变，实现了全员重点抓班子、全过程重点抓机制、全方位重点抓统筹，推动"三全育人"深入人心、深化实践。

（二）探索实践课程育人路径

充分发挥思政课主渠道作用，加强教材体系建设，积极推动青马工程教材与专业课程的编写和使用工作，提高教师的马克思主义理论水平、业务素质和育人影响力。深化思政课程改革，推动"思政课程"向"课程思政"转化，探索"中班授课—小班研讨—作品展演"一体两翼思政课教学新模式。创建习近平新时代中国特色社会主义思想"沉浸式、浸润式情景教室"，设计阅享经典、文艺展演、行走课堂"三位一体"思政课实践教学路径，构建以过程管理为导向的"全程化互动式"考评模式，着力推动习近平新时代中国特色社会主义思想"三进"的理论研究和实践创新。书记、校长多次主持召开课程思政专题推进会和经验交流会，深入挖掘各类课程中蕴含的思政元素，融入大连理工大学的红色基因，建立"纵向到底、横向到边、目标导向、任务驱动"的课程思政建设机制。推行本科课程改革计划，每年建设10门"一专一课一思政"代表性课程，遴选100门研究生课程思政先导课，推动课程思政音视频集锦库、微视频媒体库和在线开放课程库建设。疫情防控期间，组织教师在讲授云端"小班课"的同时，积极上好生命教育、科学教育、爱国奉献、责任担当的"大班课"，进一步落实"课程思政"与"思政课程"同向同行。

（三）实施红色薪火育人计划

大连理工大学自 2016 年 11 月起，在全校范围内启动了传承红色基因的主题教育活动，制定并印发了传承红色基因主题教育实施方案"薪火计划"，全面推进大学生思想政治教育 114 工程，全面提升大学生思想政治教育质量和学生获得感，引导学生树立远大目标，坚定理想信念。在传承红色基因的具体实践中，学校坚持日常教育与节点教育相结合，坚持线上线下与实践教育相结合，坚持总体要求和院系特色相结合，形成了"薪火—楷模""薪火—担当""薪火—阵地"等特色育人平台。搭建"薪火—楷模"选育平台，以红色基因引领大学生成长成才。构建"2211"工作机制，即抓住两个关键节点，开学季组织新生观看原创校史话剧《屈伯川》，校庆季组织开展"玉兰花季"系列校庆活动；利用好两个假期，寒、暑假集中开展"寻访老校友——传承红色基因"专项社会实践活动；推出以红色基因为主题的歌曲、舞蹈、话剧、漫画等一系列原创文化产品；组建一支红色基因宣讲团，深入基层开展宣讲活动，不断推进传承红色基因教育常态化。强化优良学风建设，通过优良学风班建设、新老生学习经验交流会、"晒笔记亮学风"等贴近学生学习生活的特色活动，引导学生继承前辈求实笃学的治学精神，传承"学在大工"的优良传统；打造"奋斗者的足迹"等学生先进事迹宣讲团，抓住新生入学教育等契机开展宣讲，在学生典型的成长故事中传递红色精神，打造榜样宣传品牌。①

---

① 吴琼、郝爽：《"三全育人"在思政工作中的运用——以大连理工大学为例》，《管理观察》2019 年第 15 期；崔强、侯庆敏、胥吉萍：《高校思想政治工作质量提升路径探析——以大连理工大学实施"九大计划"为例》，《北京教育（德育）》2019 年第 10 期。

二、以加强师德建设提高育人水平

大连理工大学聚焦组织体系、制度体系、教育体系，切实加强师德师风建设，着力打造一支政治素质过硬、业务能力精湛、育人水平高超的新时代教师队伍。

(一) 健全学校党委主导与学部（院）主体统筹协调的推进体系

大连理工大学成立由学校党委书记、校长为主任，党委教师工作部牵头，相关责任部门参与的师德师风建设委员会，负责学校师德师风建设相关工作。各学部（院）成立师德师风建设委员会，为各学部（院）发挥师德师风建设主体作用提供组织保障。建立党委统一领导、党政齐抓、责任部门分工合作、学部学院直接领导、教师自我约束的师德建设长效工作机制。建立学校党委联系服务专家和党政领导干部联系一线教师机制，加强政治引领和思想引领。构建教育、宣传、考核、监督、激励、惩处"六位一体"的师德建设体系。

(二) 建立师德涵养培育与职业行为规范协同并进的制度体系

大连理工大学出台一系列相关政策，制定《关于加强师德师风建设的实施办法》《教师职业道德规范及失范行为处理办法（试行）》《教师职业行为负面清单（试行）》《教书育人条例》《学术规范制度和不端学术行为查处办法》等文件，明确师德师风红线，亮明师德师风底线，强化教师的岗位责任意识，促使教师教学活动规范化、制度化，建立健全师德师风建设长效机制和师德惩处问责机制。在教师选聘、职业准入、职称评审、人才项目申报、岗位聘用、评优奖励等环节全面落实师德一票否决制，建立校领导听课制、班级导师制、督导团跟班制、教职工党支部联系学生班级制度等，加强教师队伍的考核、培养与管理，全方位、多途径助推师德师风建设。

（三）完善思想引领与典型示范紧密结合的教育体系

大连理工大学把岗前培训作为师德师风建设和青年教师培养的重要方面，把爱岗敬业和爱国爱校精神、良好职业道德和职业操守作为培训重点。组织新入职教师参加师德师风专题培训，并举行新教师入职宣誓仪式。开展院士讲坛，钟万勰院士为校青年教师和研究生开设《应用力学的辛数学方法》课程，青年教师认真学习和观摩，提升讲授能力；开展"名师讲堂"系列活动，为广大教师树立优秀榜样；举办德艺双馨教授主讲的"青年教师发展之路"专题讲座，引导青年教师弘扬高尚师德，厉行师德规范；开展全校性专题学习和交流研讨，引导青年教师志存高远、德才并重。挖掘选树先进典型，深入宣传优秀教师先进事迹，弘扬学校师德师风优良传统，激励和引导广大教师以先进典型为榜样，弘扬高尚师德，自觉践行立德树人使命。开设"荣誉课程"，聘任"荣誉主讲"，树立一批学生终生难忘的教学名师。学校实地采访89名老教授，形成89篇口述文章，结集为《走近老教授——追寻大工记忆》一书；大工电视台成立专门摄制工作组，完成对63位老教授、累计300多小时的拍摄，制作《老教授讲故事》专题节目，以老教授们科学严谨的治学态度、艰苦奋斗的建设精神以及真诚质朴的大工情怀潜移默化地影响教师群体。

三、实施本科生导师制和"教授回归本科生课堂"计划

大连理工大学积极贯彻"实施精英教育，培养精英人才"育人理念，通过实施本科生导师制和"教授回归本科生课堂"计划，创新人才培养模式，不断落实专业课教师教书育人责任。

（一）实施本科生导师制

大连理工大学建立并实施本科生导师制，研制并落实《大连理工大学本科生导师制实施办法（试行）》。本科生导师需要以"思想引导、学业指

导、心理疏导、科研辅导"为工作重点，逐步建立起稳定的"导学"关系，进而确保本科生导师能够全过程参与到人才培养的整个环节之中，切实发挥好本科生导师"传道、授业、解惑"的作用。学校鼓励各学院结合学科特色、师资力量和学生培养目标，创新开展本科生导师制。如学校管理与经济学部创造性地提出和运用"市场化"思路，按照"完善制度、规范程序、畅通信息、实时监管、有限干预"的工作原则，极大激发和调动了广大师生参与本科生导师制的主动性、积极性。学部对全体本科生开展了集体动员和政策宣讲，公布导师基本信息（如导师的基本情况、学科和研究方向、联系方式等），并要求学生根据自己的专业和兴趣方向主动与导师联系；导师也可以多种方式表达"择生"标准，有的导师还精心制作个人简历供学生参考。师生双方遵循自由、自主、自愿的"市场化"原则，以"市场主体"身份进入到了"供需"双方间的接洽、互选阶段，学部则在每日收集、统计和发布最新的"互选"结果，使师生能够及时准确地了解和掌握"双选市场"的信息，确保整个"互选"过程的紧张、活泼、有序。

（二）实施"教授回归本科生课堂"计划

大连理工大学以"教授回归本科生课堂"为切入点，积极提升本科课堂教学质量，在校园内兴起学术"追星"的新风尚，助力学子成才"星"梦想。学校要求在岗教授、副教授必须具有一门课程以上的主讲教师资格，且每年至少主讲一门不少于32学时的本科生课程。一是建立教学考核一票否决权制度，将职称评聘、岗位履职考核与教学业务、本科教学工作紧密联系起来。二是充分发挥院士、国家级、省级教学名师等高水平教授的示范引导作用，学术大师亲自担任本科生课程主讲教师，促进"教授回归本科生课堂"计划的广泛开展。三是大力宣传高校教师楷模先进事迹，强化知名教授学者对教书育人工作重要性的认识。设立"屈伯川奖教金"，激励教师积极参与教书育人活动。四是深化责任担当教育，充分发挥教授教学示范、科研模范和学术典范作用，在潜移默化中影响学生，培养学生强烈的责任意识、高尚的道德品质、宽厚的知识基础。五是强化爱国主义教育，将专业知识传授与中华民族传统美德、社会主义核心价值观相结合，引导学生关注国情、关心社会、关爱他人。六是优化前沿科技教育，通过"名师面对面"、讲座、论坛等形式加强教授与本科生的交流，促使学生开阔学术视野、领悟学科内涵、激发学习动力。

第四节　西北工业大学：构建大思政格局 深化教育教学改革创新

西北工业大学为了深入学习贯彻全国教育大会、全国高校思想政治工作会议和习近平总书记在思想政治理论课教师座谈会上重要讲话等精神，立足学校实际，紧紧围绕立德树人根本任务，坚持把思想政治教育贯穿人才培养全过程，深入学习，统筹部署，扎实推进，以构建"三全育人"格局和"十育人"体系为目标，多措并举推动专业课教师教书育人取得实效。

一、构建大思政格局，统筹推进思政课程和课程思政建设

对于高校而言，构建大思政格局，就是要整合、运用一切可利用的力量，把思想政治教育贯穿教育教学全过程，搭建多元、一体化的工作矩阵，努力实现全员全程全方位育人。而统筹推进思政课程和课程思政建设，不仅是构建大思政格局、深化思政课改革创新、推动各类专业课程与思政课程同向同行的重要前提，也是高校落实立德树人根本任务的主要抓手，同时对于促进深化教育教学改革创新也具有重要作用。

（一）强化统筹推进思政课程和课程思政建设的政治引领

长期以来，西北工业大学坚持党的全面领导，学校党委高度重视思想政治工作，始终坚持以学习贯彻习近平新时代中国特色社会主义思想为

主线，强化理论武装，突出政治引领，积极推动学校思想政治工作创新发展，具体表现在：其一，党的十九大以来，学校聚焦主线平均每年召开10次以上党委中心组学习研究习近平总书记重要讲话精神和中央有关会议精神，并不断完善校院两级党委理论中心组学习制度，每年对基层党委及师生党支部学习情况进行督导检查，通过考试测试，确保把中央有关部署把握准、理解透。学校坚持建设和用好"学习强国"学习平台，及时推送学校理论学习成果。在"不忘初心、牢记使命"主题教育中，系统全面学习习近平新时代中国特色社会主义思想，借助革命传统教育活动检视查摆问题、改革创新思政课。同时，学校组建习近平新时代中国特色社会主义思想三十讲理论宣讲团，现已面向全校师生开展专题宣讲34次，坚持用习近平新时代中国特色社会主义思想铸魂育人。其二，学校成立由党委书记任组长的思政工作领导小组，不断健全党政齐抓共管的工作机制，坚持发挥和集聚主渠道与主阵地育人合力，更好发挥协同育人功能，把思想政治工作贯穿教育教学全过程，实现全员育人、全程育人、全方位育人，筑牢学校思想政治工作生命线。其三，学校党委坚决履行管党治党、办学治校的主体责任，坚持和完善党委领导下的校长负责制。学校党委制定了《2019年全面从严治党工作要点》，修订出台《党委常委会、校长办公会议事规则》，党委班子成员履行"一岗双责"，结合业务分工抓好思政工作。学校加大重大决策信息公开工作力度，定期向全校师生公开党委常委会和校长办公会研究的主要内容。每位常委联系1个学生党支部和1个教职工党支部，每年至少参加1次党支部活动；每位常委联系1—2名青年教师等，每学期与联系对象开展1次谈心谈话活动，制定校领导与思政课、专业课教师"结对子"制度，把党建和思想政治工作优势转化为学校发展优势。

（二）明确统筹推进思政课程和课程思政建设的时代使命

习近平总书记在全国高校思想政治工作会议上就高校"培养什么人、

如何培养人以及为谁培养人"发表了重要讲话。高校作为思想政治教育的主战场，"培养什么人"是实施课程育人要解决的目标问题，"怎样培养人"是途径与方法，"为谁培养人"则体现政治与阶级属性。① 而明确统筹推进思政课程与课程思政建设的时代使命是提升思想政治教育实效，解决好"培养什么人、怎样培养人、为谁培养人"这一关键问题的重要途径。一直以来，西工大坚持社会主义办学方向，落实立德树人根本任务，旨在培养德智体美劳全面发展的社会主义建设者和接班人，培育能够担当民族复兴大任的时代新人。学校深化落实"四个服务"和"六个下功夫"要求，强化价值引领，把为党育人、为国育才作为办学的出发点和落脚点，深入推进习近平新时代中国特色社会主义思想"进课堂、进教材、进头脑"，广泛宣传时代先进典型，常态化开展爱国主义教育，在厚植师生家国情怀的同时，健全"价值塑造、能力培养、知识传授"三位一体的人才培养体系，深化"以学生为根、以育人为本"的意识，牢固树立人才培养核心地位，不断提升人才培养质量。与此同时，学校在统筹思政课程和课程思政建设的过程中密切关注国际形势的发展变化，教育学生认识世界大势和国际问题，践行国家总体安全观，维护国家意识形态安全。引导学生自觉抵制不良文化和社会思潮的诱惑，提高自身辨别是非的能力，培养学生忧患意识，帮助学生认识到多元文化背景带来便利与机遇的同时，背后所隐藏的威胁与挑战。更为重要的是，要通过开展思政创新等一系列工作，增强学生学习和运用马克思主义理论的能力，敢于直面错误观点，应对各种挑战，在实践中逐步树立正确的世界观、人生观和价值观。

（三）提升统筹推进思政课程和课程思政建设的现实保障

要想统筹推进思政课程和课程思政建设取得良好实效，必须坚持"全

---

① 汪劲松、张炜：《西北工业大学：推动思政课程和课程思政同向同行》，《中国教育报》2021 年第 8 期。

局一盘棋"的建设思路，坚持用联系、系统、整体的观点来审视，进而为其提供现实保障。而西北工业大学一直以来正是基于"协调各方、整体统一"的建设思路，积极为统筹推进思政课程和课程思政建设提供现实保障，具体表现在：一是坚持顶层设计与基层探索相结合。校级层面高度重视课程建设，立足学校实际，制定了《西北工业大学进一步推进课程思政实施意见（试行）》（教字〔2018〕13 号），把课程建设作为重要内容纳入学校教育事业发展战略规划中，统筹各类资源，加大对思政课程和课程思政建设的投入和保障力度。学校要求各个院系从学科专业建设、课堂教学建设、师资队伍建设、评价激励机制等方面出发，谋划课程思政与思政课程建设的实施路径。同时，要求思政课教师强化自身责任感、使命感和对教师身份的认同感，注重自身素质的提升，真正了解掌握学生的成长需求和疑惑；专业课教师要在专业知识传授过程中融入价值观教育，找准育人角度，联系学生思想、学习和生活实际，从而调动学生的积极性，提升课程教学的实效性。二是坚持正面宣传引导，构建浓厚文化氛围。学校为进一步落实推进《中共西北工业大学委员会学习宣传贯彻党的十九大精神实施方案》，学懂弄通做实"两会"精神、全国高校思想政治工作会议精神、全国宣传思想工作会议精神以及全国教育大会精神，制定学习宣传工作方案，开展座谈交流，组建十九大精神宣讲团，开展理论宣传教育。同时，围绕纪念马克思诞辰 200 周年、改革开放 40 周年、学校 80 周年校庆等策划主题、开设专栏、推出专稿、举办活动，提升报道专业性、时效性和影响力。校团委牵头成立融媒体中心，在"两微一端"开设互动窗口，扩大影响力，加强"一会一报"、社团、新闻出版、线上线下媒体等阵地管理，加强理论研究和主流媒体发声。三是发挥以文化人作用，打造文化育人环境。学校在重视文化建设的同时，精心营造文化育人环境，首先完成长安校区启真楼文化建设、启翔楼标识系统建设、两校区路牌建设、校园文化工程等项目，推进学校视觉形象识别系统（VI）完善。校庆期间推出"漫游工大"APP、"VR 数字校史馆"等，拓展线上文化育人空间。结合地域文化资源和学校文化特色，打造文化精品，推出电影《古路坝灯火》、话剧《华航西迁》等，组织《西工大故事》等四本书的再版，以点带面提升文化建设水平。学校还定期组织开展师生革命文化教育，把红色教育融入思政课堂，开设《共产党宣言》等五门经典研读课程；举办"抗联之魂"大型全景素描艺术综合体展览，全景展示东北抗日联军的动人故事；与渭华起义教育基地、遵义会议纪念馆共建爱国主义教育基地，在延安建立红色文化教育教学基地，组织师生前去学习培训、调查研究。

二、凝聚多方力量，多措并举聚焦师资建设

要想保障教书育人责任落到实处、细处，关键在于建立一支政治素养过硬、业务能力强的师资队伍。

（一）坚持外引内育，引进和培养优秀思政教师

在落实专业课教师教书育人责任的过程中，要充分发挥优秀思政教师的示范引领作用，吸引专业课教师学习效仿，汲取成功案例经验，同时还要组织思政课教师和专业课教师研究、学习和交流，起到互学互鉴、共同促进的作用。西北工业大学坚持"外引内育"的工作思路，截至目前已全职引进数十名优秀思政课教师，在全国范围先后聘请 12 位名师、专家担任讲座教授和兼职博导，选拔 14 名校内优秀党政干部和辅导员担任思政课教师，旨在利用优秀师资资源，补充、壮大思政课教师队伍。

（二）坚持以点带面，加大对专业课教师的培训工作力度

学校组织中青年优秀专业课教师到国内外一流院校开展"名师访学"计划，推荐优秀青年专业课教师进行在职博士后培养；组织思政课、专业课教师赴中国延安干部学院、国家行政学院等开展教学观摩和跟班听课；邀请南京大学长江学者胡大平、中国人民大学王向明等一批专家来校示范教学，开展新入职教师挂职锻炼和专业课教师社会实践等形式多样的能力

提升培训计划，以提升专业课教师课程思政建设的意识和能力。与此同时，学校一方面要求专业课教师充分挖掘各专业蕴含的思政素材，引导和鼓励教师围绕课程思政中的重点、难点、前瞻性问题进行探索，制定《西北工业大学进一步推进课程思政实施意见（试行）》，进而确定课程思政改革方向，通过举办"思政课程与课程思政主题沙龙"等系列活动，开展课程思政示范课程建设工作、课程思政评价体系建设研讨会、课程思政经验交流研讨会，支持一批课程思政改革项目等来推进思政课程与课程思政同向同行，推动形成一批研究成果，进一步以研促教，加快课程思政建设。另一方面，在全校面向不同学科专业、不同类型课程，广泛树立先进教师典型，发挥其模范带头作用，以建立一支有代表性的课程思政教师队伍。

（三）加强师德师风建设，争做"四有"好老师

长期以来，西北工业大学坚持选树校内师德师风先进典型，学习宣传"工信楷模""三秦楷模"陈士橹、教书育人楷模周尧和等教师先进事迹，结合"三育人"评选、"翱翔师德榜样"选树、礼敬吾师等活动，教育引导广大教师成为新时代"四有"好老师。通过组织学习"时代楷模"黄大年、"全国道德模范"唐嘉陵、"改革先锋"徐立平等先进典型事迹，充分发挥榜样引领示范作用。同时，学校各级单位贯彻落实《西北工业大学加强和改进新时代教师思想政治工作的实施方案》《西北工业大学关于加强和改进师德师风建设工作的实施意见》等文件要求，把思想政治表现作为教师年度考核、职务评聘、评优奖励的重要标准，严把教师思想政治工作"入口关"和"成长关"。

（四）整合校内力量，壮大思政力量

西北工业大学通过整合校内力量来壮大思政力量。一方面，学校落实"双带头人"培育工程要求，通过"不忘初心、牢记使命"主题教育、师生支部共建、形势与政策授课、"两学一做"学习教育等，努力把教师党

支部书记队伍建设成为党建和业务双融合、双促进的骨干力量。截至目前，学校教师党支部"双带头人"比例达100%。另一方面，从2019年开始，学校每年都会严格选拔数十名校内优秀党政干部和辅导员担任《思想道德与法治》课教师，同时拓展选拔视野，建立了"三专两兼"的辅导员队伍，鼓励青年教师、副高职称教师、领导干部、专家学者、应届博士生等多方参与，优化队伍结构，全面提升思政教师队伍的战斗力。

三、推动教学创新，提升思想政治理论课质量

西北工业大学通过创新教学体系、深化教学研究、优化教学方法等措施不断推动教学创新，提升了思想政治理论课质量。

（一）创新教学体系，发挥课程思政育人实效

为深入贯彻落实《关于深化新时代学校思想政治理论课改革创新的若干意见》，学校上下各级组织通过学习、讨论、交流，逐步明确课程思政的建设和改革方向，要求思政教师和专业课教师共同研究，进一步挖掘专业课教学中的育人元素，在实践中积极探索专业课教学隐性与显性德育功能相结合的教学方法。同时，学校党委常委会研究确定了《西北工业大学进一步推进课程思政实施意见（试行）》（教字〔2018〕13号）的总体落实思路，由党委宣传部牵头对落实《意见》进行任务分解、细化，形成并出台促进各机构、部门、学院落实的具体举措，从而推动构建更高水平的课程体系。并于2020年开展课程思政示范课建设工作，要求打通学校与学校之间、学校与学院之间、学院与学院之间的联系，加强经验交流，实现资源要素的流动与共享。截至目前，经过学院各级层层推优，学校各级层层考核、评选，已立项建设16门课程思政教学示范课程，这对发挥课程思政示范课程在学校课程思政教学改革中的引领示范作用起到了促进作用，同时对发挥课程思政的育人实效也起到了促进作用。

（二）深化教学研究，强化教学管理制度建设

西北工业大学高度重视以教学研究促进教学改革，逐步在学校原有教学制度基础上进行补强，在教研、教学等方面健全了相关制度建设，具体表现在：一是逐步建立思政课校院两级听课督导机制和教师、学生两类评价机制以及校领导讲思政课听思政课机制；二是遴选学科带头人担任集体备课牵头人，在全校范围内建立思政课和专业课教师"手拉手"集体备课机制；三是举办"思政课程与课程思政主题沙龙"系列活动，推动建立思政课教师与其他学科专业教师交流机制；四是在全校开展思政课教师"大练兵"活动，建立激励机制，鼓励思政教学能手、教学名师登上讲台展示自我，分享自我实践教学案例，同时鼓励教师协作积极备战，代表学校参加陕西高校"四好"思政课建设和教师"大练兵"活动。

（三）优化教学方法，率先开设"5G+思政课"

西北工业大学利用技术方面的优势，先后搭建"5G、云校园、数字校园"等平台，大胆尝试将最新5G技术与思政课程相结合，率先成立全国高校首个"5G智慧教室"，利用5G技术将延安、浙江等地红色文化资源和专家学者连入思政课堂，经过多次试验，现已实现校外优质思政资源与思政课的高效对接。同时，西北工业大学鼓励各思政教师、专业课教师在教学方法上做文章，结合社会变化特征，关注学生心理、思想、兴趣点等方面的更新和变化，改变以往单一灌输式、填鸭式的简单教学方法，逐步探索互动式、体验式、共情模式的全新教学方法，利用技术平台优势，将二者充分衔接起来，确立学生在课程中的主体地位。学校一方面积极加强课程内容更新，及时研究、正面回应学生关注的社会热点和现实问题，将传授知识、塑造价值与培养能力有机统一；另一方面把手机作为课堂助手，推动"以教为中心"向"以学为中心"转变，并先后组织教授与学生课后在西安规划馆、校史馆就课堂所学进行开放

式深入研讨，打通思政课学习的"最后一公里"。

四、围绕立德树人，构建"三全育人"格局和"十育人"体系

习近平总书记指出："高校立身之本在于立德树人。只有培养出一流人才的高校，才能够成为世界一流大学。办好我国高校，办出世界一流大学，必须牢牢抓住全面提高人才培养能力这个核心点，并以此来带动高校其他工作。"[①] 高校思想政治理论课是落实立德树人根本任务的关键课程，处于确保社会主义办学方向、健全大学生人格素质、塑造大学生灵魂的至关重要地位。[②] 西北工业大学长期以来，一直把立德树人放在高校工作的突出位置，党委也高度重视新时代思想政治理论课改革创新建设，立足学校实际，勇于改革创新，通过构建"三全育人"格局和"十育人"体系等措施，不断增强思想政治理论课的育人实效，为祖国培育栋梁之材。

（一）开展人才大讨论

围绕着"落实立德树人根本任务，强化人才培养核心地位，确立人才建设方案"的工作思路，西北工业大学进一步明确了"人才培养实效"是评价课程思政建设的首要标准，强化了评价指标体系在教育教学过程中的引导作用，通过建立健全多维度的课程思政建设成效考核评价体系来保障和促进课程思政建设工作落实落细。同时，西北工业大学在全校范围内开展"人才大讨论"，讨论范围覆盖学校学院部门、机构、师生等，并定期进行交流、反馈和总结，并在此基础上开展思政工作理论研究和实践探索，努力将思想政治教育融入人才培养全过程，依托思想政治教育理论课、思想政治教育学习平台等载体，推动"三全育人"格局和"十育人"体系构建。学校制定了《一流本科人才培养方案修订指导意见（2019 版）》，

---

① 《习近平谈治国理政》第二卷，外文出版社 2017 年版，第 377 页。
② 黄蓉生、胡红梅：《高校落实立德树人根本任务关键课程若干论域》，《思想教育研究》2021 年第 8 期。

要求所有培养方案必须融入思政育人元素，提出大类／专业的思政育人资源和具体举措；开展所有类别课程大纲的修订和审核工作，要求必须明确思政育人；持续开展课程思政示范课建设，鼓励教师持续深度挖掘各类课程所蕴含的思政教育元素和资源并加以应用。最后，经过学校各级充分讨论、协商，形成并确定了《西北工业大学构建"三全育人"格局和"十育人"体系工作方案》，该方案的出台为今后学校"大思政"建设和人才培养指明了方向。

（二）加强校内理论宣讲工作

西北工业大学高度重视理论宣传工作，多措并举切实发挥理论宣传工作的先导作用，帮助全校师生深化理解课程思政，将相关的要求细则做实做细，培育"重视人才、爱护人才"的浓厚氛围。一方面，充分挖掘校内校外优秀师资力量，组建一支理论素养和政治素养兼备的理论宣传工作队伍在学校进行巡回宣讲，开展线上线下交流讨论，探究在教育教学过程中遇到的新问题、新现象，及时消化反馈，提供建设意见，进而保障思政教育能够贯穿教育教学全过程；另一方面，学校组建了习近平新时代中国特色社会主义思想三十讲理论宣讲团，由校领导牵头，抽调机关党政干部、思政课教师骨干共40人，经过专家指导、集体备课，现已面向全校师生专题送讲34次。同时还成立了"老同志正能量宣讲小组"，用生动鲜活的事例和人生体验来宣讲习近平新时代中国特色社会主义思想，现已开展14次专题送讲，受益师生超过4000人。

（三）加强理论与实践研究

西北工业大学每年都会定期召开一次教书育人工作的总结、表彰会或研讨会，每学期会召开全校班指导教师会议，围绕教书育人进行专题讨论。不仅如此，学校一直注重将教书育人的理论研究和实践研究相结合，实现理论成果与实践成果之间的相互转化。西北工业大学于2019年获批全国首批高校思政工作创新发展中心，3个项目入选教育部高校思想政治工作培育建设项目，先后有教师在《人民日报》《光明日报》《马克思主义研究》《中国社会科学》《思想理论教育导刊》等报刊发表思想政治工作相关理论文章20余篇，为强化思政课教学实践研究与理论研究提供了有力平台支持和理论支撑。这些举措通过理论探索为具体实践提供理论指导，又通过具体实践来检验理论探索的科学性和合理性，共同深化理论和实践二者之间的结合，推进课程思政建设和提升育人实效。

五、注重实践育人，在疫情防控工作中检验思想政治教育实效

习近平总书记高度重视实践育人，强调"学到的东西，不能停留在书本上，不能只装在脑袋里，而应该落实到行动上，做到知行合一、以知促行、以行求知"①，对于高校而言，实践育人是提升高校思想政治教育实效的重要途径。② 西北工业大学强调因事而化、因时而进、因势而新，注重实践育人，通过疫情防控来检验思想政治教育的实效。

（一）在疫情防控期间坚持做好思政工作

疫情发生后，西北工业大学在第一时间就印发了《关于在打赢疫情防控阻击战中有针对性地做好思想政治工作的通知》。各二级单位根据文件指示，结合工作实际，在疫情防控期间分别开展了特色鲜明、形式多样的大学生思想政治教育工作。值得强调的是，开启线上教学的第一天，校党委书记和校长联名发表致全体学生的一封信，诚挚地向西工大学子送上温暖的问候，号召广大西工大学子风雨同舟担使命、团结一心战疫情。与此同时，全体思政课教师将爱国主义教育、生命教育、社会责任感教育、规则法治教育、爱与感恩教育、学术道德教育等内容相继融入线上教学，引

---

① 习近平：《在北京大学师生座谈会上的讲话》，《人民日报》2018年5月3日。
② 李海娟：《新时代高校实践育人路径探析》，《思想理论教育》2021年第8期。

导学生做好"守护者""修行者""识途者",增强学生"四个自信",鼓起勇气,坚定打赢这场疫情防控阻击战的信心。

(二) 在疫情防控期间加强师生的思想引领

西北工业大学在疫情防控期间将习近平总书记关于疫情防控工作重要讲话、重要指示批示精神进行资料汇编,引导全校师生及时做好有关会议精神的传达学习,积极借鉴、及时总结疫情防控期间涌现出的思政工作先进案例和典型做法,编辑疫情防控期间思政工作简报共9期,收集整理疫情防控期间先进人物事迹60余例,印编《讲述抗疫故事弘扬中国精神》供师生学习感悟。一是在"思政专栏""理论学习"等学校专题网站中及时更新习近平总书记重要讲话、指示批示,分享典型人物事迹,上传相关理论文章70余篇,供师生开展线上学习;二是学校组织全校师生同上一堂疫情防控思政大课,先后成立青春战"疫"爱国力行宣讲团,开展"同心战疫思政沙龙"系列活动,打造国内首部讲述新时代青年抗"疫"的专题图书——《战"疫"中的青春力量》;三是学校组织青年志愿者为战斗在防疫一线的医护人员子女和学校定点帮扶地的学生提供免费家教辅导,同时启动"共抗疫情、爱国力行"主题宣传教育和网络文化成果征集展示工作,凝聚师生同心战"疫"的精神力量。疫情发生以来,学校教师在《光明日报》、《学习时报》、《陕西日报》、学习强国等报纸和学习平台主动发声,发表理论文章10余篇,以笔为援,引领道德风尚,为坚决打赢疫情防控阻击战提供坚强的理论支撑和智力支撑。

(三) 讲好疫情防控中的中国故事

在疫情防控期间,西北工业大学停课不停学,积极组织教师认真开展网络集体备课和试讲,筹备"人人试讲、人人过关"的实战授课演练,形成了讲好疫情防控阻击战的专题教案和丰富的案例素材。一是以抗击疫情一线的广大医务工作者和基层干部群众中的先进群体和先进人物为切入点，深情讲述感人事迹和崇高精神，展现中国人民团结一心、同舟共济的精神风貌，引导学生用辩证和反思的观点分析看待疫情中出现的问题，让学生从抗击疫情的"中国速度""中国优势"中体会社会主义制度的优越性，收获感动、读懂中国、升华思想。二是以西工大人的故事为切入点，讲述身边的感人事迹，激励学生爱国奋斗。比如讲述西工大 600 多名大学生志愿者义务辅导医护人员子女的故事、西工大 2017 级航海学院本科生王俊龙"变身"口罩工人的故事，讲述西工大生命学院微生物免疫课题组研制新冠肺炎即时检测（POCT）试剂盒的故事，讲述西北工业大学计算机测控与仿真技术研究所所长翟正军教授除积极捐款外，还千方百计联系货源，向湖北和陕西援汉工作队捐献消毒物资与隔离服的事迹，讲述人文与经法学院的藏族学生玉中次多克服重重困难在海拔 4000 多米的山顶上课的故事，讲述力学与土木建筑学院 2019 级研究生刘四川由于家住山区，网络信号不佳，每天都要跑到村外高速公路口"蹭"网上课等故事。通过讲述这些身边的榜样和例子，让学生真正理解责任和担当，引导学生强化远大理想、主动担当作为，练就过硬本领。把疫情中的感人事迹融入课程当中，实现价值引领，达到"课程育人"和"思政育人"的目标，提高育人实效。

第五节　国内其他理工科院校专业课教师教书育人责任落实的探索与实践

除了以上 4 所国内理工科高校的经典做法外，国内其他理工科院校中的二级学院、专业、班级和试点课程的探索与实践，也为理工科院校专业课教师教书育人责任落实提供了有益的参考和借鉴。

一、部分理工科院校二级学院的探索与实践

国内部分理工科院校中的二级学院积极探索专业课教师教书育人责任落实模式，其主要围绕着课程思政来开展，这为专业课教师教书育人责任落实提供了有益借鉴。

（一）以上海交通大学机械与动力工程学院为例

上海交通大学机械与动力工程学院探索出嵌入式、支撑式、补充式三种课程思政教学路径①，形成了思政育人效果突出的研究生课程思政试点项目课程群，对工科专业通过课程思政育人起到了很好的示范作用。其立足机械工程、动力工程及工程热物理、核科学与技术三个学科的专业视野，将研究生课程思政试点项目作为推动课程思政改革的重要抓手，深入挖掘专业课中蕴含的育人元素，将国内外研究前沿和行业、产业技术发展情况嵌入价值理念中，将思想政治意识形态教育与专业课程进行融合，极大拓展了专业课教师育人的内容，初步形成了教书育人格局下研究生课程思政与思政课程同向同行的教育体系，在实现知识传授与价值教育的双重功能上取得了一定的成效。第一，提炼了专业课中蕴含的社会责任、文化自信等价值范式，将其有机嵌入课程教学中，实现知识传授与价值引领相融合，提升了专业课程的思政教育感染力和引领力，培养了学生的家国情怀和行业理想。第二，开放了各学科硬性、软性科研资源，将学科的学术科研资源优势转化为课程思政的支撑式育人资源优势，将国内外科学研究前沿融入学术精神培养中，培养了学生的学术志趣。第三，联合工业产业界、国际学术界行业专家与行业重点企业，将学院丰富的产业行业界资源优势转化为课程思政的补充式育人优势，将行业和产业技

①　蔡小春、刘英翠、顾希垚等：《工科研究生培养中"课程思政"教学路径的探索与实践》，《学位与研究生教育》2019 年第 10 期。

术的发展嵌入价值引领。第四，打造出一支课程思政专业教师队伍，形成了一定的示范效应，为理工科院校专业课教师教书育人责任落实提供了有益经验。

（二）以安徽工程大学数理与金融学院为例

安徽工程大学数理与金融学院要求学院全体教师全程参与课程思政建设，通过"5+11+n"的三步走方案，努力实现学院课程思政全覆盖。首先，学院认真贯彻落实学校坚持"五育"并举，构建运行管理新机制的建设思路，旨在促进学生德智体美劳全面发展，随即成立"思政课程＋课程思政"协同育人工作小组，全面统筹领导学院的课程思政建设工作，切实提升育人实效。其次，做好课程思政的具体规划：第一步在推进课程思政建设之前进行研究讨论，动员教师思考通过课程思政建设要解决教学过程中的什么问题，从而有效制定课程思政建设的目标；第二步思考如何合理有效地解决相关问题，加强和完善课程体系的建设；第三步充分思考在课堂教学过程中如何实现既定目标，进而探究课程思政的方法途径。再次，学院积极整合学院内部的思想政治教育与通识教育、相关专业课的教学资源，融合课堂内外、校园内外、线上线下的教育资源。在此基础上，学院践行协同育人工作理念，将学科资源、学术资源转化为育人资源；在保障学校思政课堂发挥显性教育的同时，积极做好专业课堂的隐性教育，二者互为补充；在课程思政协同育人工作中坚持学生主体地位，集中开展对标"六要"标准，争做"四有"好教师专题教育活动，在学校、学院内部组织开展课程思政说课比赛，学习借鉴先进经验。同时，学院的专业课教师定期与思政教师进行交流探讨，不断学习提升育人本领，增加专业课程的趣味性、生动性和内涵性，进而建设一支基本功过硬、高素质的专业课教师队伍；构建责任落实机制，对学院的专业课教师群体明确要求一手抓专业课教学，一手抓课堂思政的"一岗双责"制度，明确教师的自身责任，同时注重各自专业课程中思政元素的挖掘与专业知识的有机融入，鼓励专业课教师通过教学研究形成专业课思想政治教育的文本素材。最后，在"三全育人"背景下，数理与金融学院实行本科生"学业导师制"，安排专业课教师担任本科生的学业导师，导师不仅要解决学生在学习中的困扰，帮助学生做好职业规划和就业指导，还要在日常的学习生活中关注学生的身心健康发展，重视其思想发展，这一制度的实施促进了良好和谐师生关系的形成，有助于关注和把握学生的思想舆情动态，从而对有效开展思想政治教育起到了促进作用。

（三）以天津城建大学建筑学院为例

天津城建大学建筑学院将专业美术课作为建筑学、城乡规划和风景园林专业学生的专业基础课，发掘专业美术课所蕴含的独特思想政治教育价值，将美育思想融入课程思政，从而达到培养学生树立正确的审美观、陶冶道德情操和塑造美好心灵的目的。天津城建大学建筑学院从实际出发，学院和课程教学组经过不断实践，充分探索、改进课程内容和教学方法，现已逐步形成一套针对入学时美术基础薄弱的建筑类专业学生的教学方法，并在全国大学生美术作品大赛中斩获佳绩。这一举措使得教师在教授学生专业课知识的同时，也可以提升学生的人文精神和道德情怀，进而引导学生追求真、善、美，其中具体实践可分为：一是从时代出发，帮助学生树立正确的价值观和审美观。建筑设计类专业大学生作为未来的设计工作者，作为新型城镇化和城市现代化进程事业的建设者和接班人，一定要树立正确的价值观和审美观，更要将其践行于自己的设计创作中，通过作品演绎生动地阐释中国精神、传递中国声音、展现中国气派。因此，在课程设计中，教师会在讲授专业课知识的同时向学生讲解一些优秀经典美术作品，尤其是中国红色经典美术作品，如陈逸飞、邱瑞敏的《在党的"一大"会议上》、李可染的《万山红遍》、董希文的《开国大典》等。同时，教师也会结合不同专业的特点，在社会实践活动中和作业环节将中国红色革命传统建筑作为切入点，通过实际参观、观摩体验、作业设计等，引导学生了解红色建筑背后的历史故事以及建筑本身所蕴含的精神价值，让学生追忆革命先辈们的英勇奋斗足迹、大无畏的革命精神，从而更加珍惜今天来之不易的幸福生活，最终达到思想教育的目的。二是继承和弘扬中华传统美学，培育学生家国情怀。中华传统美学既是中华优秀传统文化的有机组成部分，也是中国人审美精神的典型代表，它突出的是一种奋进向上、兼收并蓄的伦理追求，既强调"天人合一"，又突出"和谐之美"。引导学生继承和弘扬中华传统美学，不仅有利于帮助学生深入了解中华传统文化，而且有利于将中华美学精神发扬光大。同时，加强中华美学教育也有助于将社会主义核心价值观融入教学活动中，帮助学生将社会主义核心价值观内化于心，外化于行。因此，学院教师在课程中会结合学生的专业特点，以中国的传统建筑，尤其是以学生家乡具有标志性的地标建筑和名胜古迹为切入点进行讲解和创作。这一过程不仅有助于增强学生对家乡的自信心和自豪感，也有助于加强对不同地区之间文化的交流与学习，从而借助建筑这一载体，帮助学生了解其背后的历史与文化底蕴，增强对中华文化的自信心和民族自豪感，培育学生的家国情怀。这也有助于激发学生的进取精神，坚定"四个自信"，为实现中华民族伟大复兴贡献自己的力量。三是关注时事热点，激发学生爱国热情。关心关注时事热点既是新时代大学生具有爱国意识的表现之一，也是大学生成长成才的必要条件。如果大学生不关心关注时事政治，会导致自身与时代脱节、降低认知敏感度、影响社会生活经验的积累，这些都不利于国家人才培养战略目标的实现。为此，学院教师在课程设计中会引导学生从大局分析问题，培养树立学生的大局意识，关注国内外时事热点，把握时代主旋律，拥护党中央的方针政策，增强学生的爱国情怀。比如，在新冠疫情防控期间，学院教师引导学生坚定信心，正确看待疫情，保持头脑清醒，做好自我防护，并以专题作业和专题展览的形式来抒发学生内心的爱国热情，为一线英雄献礼，从而帮助学生树立起对国家的信心和战疫必胜的信念。

正是通过上述措施，天津城建大学建筑学院将美育思想融入课程思政建设，实现了二者的有机结合，做到了以"润物细无声"的方式切实提升思想政治教育实效，落实立德树人的教育目标。

（四）以吉林师范大学环境科学与工程学院为例

吉林师范大学环境科学与工程学院围绕建设"思政"格局和"新工科"建设行动计划，结合专业发展，将思政元素列入教学计划和课堂讲授的内容当中，以便培养未来能够在国家生态文明建设、增强全球环保竞争力方面作出贡献的接班人[1]。吉林师范大学环境科学与工程学院通过思政工作夯实"新工科"人才的培养，坚持统筹兼顾的基本思想，将思政内容与专业学科知识进行统一筹划，努力做到在讲授专业知识的同时实现价值引领作用，充分发挥教师的主导作用，尊重学生的主体性，结合专业和课程特色，创新教学方法，提升教学效果，在学生与教师的交流互动中实现课程思政的育人目标，推进高校课程思政教育教学改革。同时该学院积极探索实现课程思政价值引领作用的路径，要求教师在教学过程中应在专业知识体系中寻找与德育知识体系的"触点"，通过教学活动潜移默化地影响学生，实现课程思政的价值引领作用，并体现专业课的功能与属性，教学成果显著，主要体现在以下六个方面。第一，坚持将思政元素融入整个专业课教学过程中的教学理念，不断更新课程内容，根据课程特点，大力宣传国家环境保护法律法规等相关内容，引导学生树立正确的生态观。及时吸纳国家的新思想、新方针、新政策和学科的新动态进入教材和教程大纲之中，以此进一步完善专业人才培养方案、优化课程设置，定期更新和升级课程教学大纲。第二，积极推广优秀教学方法，如案例法、小组讨论法、体验式教学法、问题教学法，用多样的教学方式充分调动了学生学习

---

① 　王艺璇、滕洪辉等：《新工科背景下"环境学导论"课程思政教学改革路径探索》，《西昌学院学报》（社会科学版）2020年第1期。

的积极性，培养学生独立思考的能力、各抒己见的勇气，同时帮助学生更加全面、深刻地掌握知识点，不断提高发现问题、分析问题和解决问题的能力。第三，有机结合社会实践开展思政教育。专业课教师指导和鼓励学生积极参加以环境为主题的实践活动，引导学生利用假期社会实践对家乡的环境质量进行调查，参与家乡的环保行动，让学生们通过参加力所能及的环境保护行动，增强环保意识。第四，强化线上与线下协同，充分利用网络教育教学平台，力求改变过去传统的课堂教学观念。把线上线下的学习资源整合起来，不断拓展网上课程、慕课等学习渠道。第五，优化教学考核与评价，着力构建以课程思政为主体的课程教学评价体系。对现有的课程学习评价方式进行改革，明确课程中的思政元素，并围绕其采取多元的评价方式，保证思政元素真正融入课程教学之中。第六，完善课程思政工作机制，从教学和管理两方面实施一体化的改革，加强各组织的联动作用，加强教师思想政治教育，完善课程育人评价体系，使思政元素在课程中的德育功能可督可查。

（五）以大连海洋大学航海与船舶工程学院为例

大连海洋大学航海与船舶工程学院强调落实工程伦理教育，将工程伦理内涵进行深化和推广，成立课程思政教学改革领导小组，启动课程思政教学改革工程，开设《工程伦理学》选修课，致力于保障社会的良性发展①。大连海洋大学航海与船舶工程学院经过调查研究发现，一方面，研究生走向社会必然会遇到来自现实世界的复杂实践问题，必然会遇到职业伦理困境，但国内高校普遍缺乏伦理教育；另一方面，专业硕士研究生来源于工科，学生在专注于考研的过程中，对思想政治学习关注度相对较低，且成长经历比较单一，易受外界不良思潮的干扰。因此，学院将伦理

---

① 隋江华：《船舶与海洋工程领域专业学位硕士研究生工程伦理思政课程建设》，《教育教学坛》2019 年第 48 期。

教育嵌入专业研究生教育过程之中，开设专门的课程，促进伦理教育与专业教育的紧密结合，在工程伦理课程中引入思政元素，形成思政教育工作者、专业教育工作者共同打造思想政治教育进入专业课堂的教育模式，给专业学位研究生教育提供了参考案例，为开展学生思想政治教育提供了一种新思路。第一，注重爱国主义教育。将爱国主义教育贯穿教学全过程。通过视频或者播放纪录片的方式向学生展现中国科研前辈们的奋斗史和爱国主义情怀。学生充分地了解专业学科发展的历史，并借此机会关注国内外动态，不但拓宽了视野，更增强了民族自豪感。第二，积极开展道德教育。在校期间就对学生进行职业伦理教育，加大专业知识教育中思想政治教育的比重，着重提高学生的职业道德修养和提升学生的团队凝聚力，让学生体验到海上专业不能靠个人单打独斗，而是需要"同舟共济"。

（六）以安徽中医药大学医药信息工程学院为例

安徽中医药大学医药信息工程学院开展信息类专业课程思政教学改革试点工作，打造信息工程学院课程思政建设的品牌示范课程，逐步形成大思政教育体系，达到了课程思政教育的目的，取得了较为满意的效果[①]。其以专业主干课程软件工程为试点，立足于工程化角度，从技术和管理方面规范和指导软件的开发过程，将科学素养培养、创新意识强化、生活处事、哲理灌输等作为专业课教师教书育人责任落实的着眼点，在专业知识传授与指导中强调主流价值引领，并分别从教学内容设计、教学方法改革和教学评价改进等方面开展思政教学改革。其软件工程课程组已在明确思政教育和该课程的结合点、教学方法和载体途径基础上完成了本课程教学大纲的修订完善工作，并根据修订完善后的教学大纲完成了体现软件工程课程思政特点的教学设计，并积极改革教学方法和课程考核方式，取得了

---

① 俞磊、吴成海等：《大思政教育背景下软件工程课程思政教学改革探索与实践》，《西昌学院学报》（自然科学版）2020 年第 1 期。

较好的教学效果。第一，根据专业课程中的自然科学类课程教学内容，充分挖掘其德育内涵，精心梳理出该门课程教学中思想政治教育内容与专业知识技能教育内容有机融合的知识点，在此基础上精心设计融入育人元素的授课内容。第二，将育人内容自然地融入课堂教学中。主要采用多元化教学方法，例如以小组为单位开展任务驱动式教学、结合生活实例开展案例教学、与校外企业合作进行开放式教学、活跃课堂氛围开展讨论式教学等，让学生潜移默化地接受思想政治教育。第三，改革考核评价方式，强化育人效果。学期结束时，要求学生撰写以《软件工程这门课程所蕴含的某一概念、思想、理念对自身的启发》为题的相关论文。专业课教师要对学生提交的每篇论文进行认真批阅，并记录下大家存在的共同问题和困惑，以便掌握学生的思想动态，为今后的课程思政教学积累案例，从而丰富该门课程的思政教学资源。同时鼓励学生积极申报计算机软件著作权，给予一定的平时成绩附加分，培养其知识产权意识，要求其今后恪守学术道德。

（七）以东北林业大学生命科学学院为例

东北林业大学生命科学学院把课程作为大学教育质量的"阿基米德支点"，基于自然科学课程特点和课程思政的教育理念，分析思想政治教育在《植物发育生物学》课程中的楔入点和实施路径，构建全程育人、全方位育人的《植物发育生物学》课程教学体系[①]。东北林业大学生命科学学院积极挖掘《植物发育生物学》课程教学中蕴含的育人资源，以知识传授、能力培养、价值引领为目标，发挥课程育人的立德树人功能。该学院将《植物发育生物学》课程建设成为知识传授、能力培养与价值引领的重要载体，在课程教学过程中贯彻"德育为先、能力为重、全面发展"的教育理念，深入挖掘该课程的思想政治元素，实现专业教育与思想政治教育的

---

① 徐启江、周波、闫海芳：《将"课程思政"理念融入"植物发育生物学"课程教学的实践探索》，《中国林业教育》2019 年第 4 期。

相融相长，培养符合社会需要的德才兼备的高素质生物学人才。该学院的课程教学改革，充分体现了学生的主体地位，采取的基于问题的研究型教学模式让学生体验了成就式学习的乐趣，改变了以前死记硬背、考后全忘的浅层学习方式，激发了学生创新进取的学习热情，同时对学生的价值引领和心智发展具有很大的帮助，取得了较好的教学效果。在课程教学中，第一，注重整合专业领域相关的前沿研究成果，培养学生的国际视野和创新精神。专业课教师主动查找最前沿的与生物相关的知识和文献，将其整合到课程相对应的章节中，从而使课堂教学成为学生汲取新知识、启发创新思维、获得学术成长的探索园地，让学生了解生物学的前沿进展，在全球视野下学习专业知识。第二，注重展现民族文化底蕴与相关研究领域取得的领先成果相结合，增强学生的民族自信心和文化自信心。在熟悉课程内容的基础上，努力找到我国古代与之相关或对应的发明、记录，如将生物学知识的古诗词和古书相关语句融入该课程课堂教学，解析其中所包含的生物学基本原理。这样不仅能激发学生的学习兴趣、提升其人文素养，还能让学生更加深入认识博大精深的中华文化及其璀璨历史，培养学生的爱国、强国情怀，增强其文化自信。第三，讲好科学家故事，激励学生汲取榜样的力量。在课程实践中提高专业课教师的思想政治教育意识和水平。同时，丰富课程教学模式，营造"学术立教、学德树人"的课堂生态环境。

（八）以大连海事大学轮机工程学院为例

大连海事大学轮机工程学院采取"课程思政＋混合式学习"的教学模式，将立德树人作为课程教学的根本任务，充分挖掘课程中的育人资源，以线上和线下相结合的混合式学习方法为手段，建立了一套专业课课程思政混合式学习设计方案①。其以轮机工程专业的主干专业课《船舶动力装

---

① 姜兴家、杜太利等：《轮机工程专业"课程思政＋混合式学习"专业课教学设计——以"船舶动力装置技术管理"课程为例》，《航海教育研究》2020 年第 1 期。

置技术管理》为改革对象，将课程思政有机地融入专业课教学全过程，不仅重视专业技能训练，而且注重国家使命感、工匠精神、敬业精神等综合素质的养成，有助于学生理解和喜爱未来所从事的职业，从而能真正担负起振兴祖国航运事业的使命和责任。在课程实践中，其从爱国主义、职业素养、道德品格、环保意识四个方面与教学内容有机融合，充分挖掘其中的育人元素。同时，积极探索混合式学习方式的成功经验，推动结合面对面学习与在线学习两者的优势，针对专业课程从教学资源完善、教学环节设计、课程评价体系构建、师生互动和信息化支撑等方面着手，将慕课与传统课程相结合，应用现代化教学工具（雨课堂），将课堂延伸到全时空，构建了"课前—课中—课后"的立体化教学模式。经过多年的教学改革探索，验证了混合式学习方法在调动学生学习积极性、提升学习效果方面所起到的积极作用，帮助学生充分参与教育全过程，为学生提供了一系列高度互动的学习体验。通过课程实践，验证了课程思政教学效果，实现了专业课隐性思政教育的目标，教学模式也受到学生的一致认可和好评。

（九）以山东德州学院生命科学学院为例

山东德州学院生命科学学院"通过设立 7 个模块解决难点、4 种途径使思政元素有机融合到专业知识当中，规划出在专业课中开展育人的路径，建设成生物化学课程思政体系"①。该学院以课程为载体，充分挖掘蕴含在专业知识中的德育元素，实现专业教育与德育的有机融合，将德育渗透、贯穿教育和教学的全过程。其根据生物化学的课程内容及其特点，经过仔细研究和梳理，在生物化学中充分发掘生物化学课程知识与思政元素的融合点，并在其中找到重点与难点，运用相关方式方法进行深度剖析，实现两者的有效融合，从而成功实施课程思政，提升思政育人实效。

---

① 谢兆辉、焦德杰、李学贵等：《穿石于滴水，润物在无声——生物化学课程思政建设的实践与探索》，《生命的化学》2020 年第 5 期。

该学院创新性提出在课程知识中引入思政元素应该是软着陆、顺理成章和潜移默化的，避免让学生感到突兀和牵强附会，从而不断提高生物化学课程思政的育人效果，其成功经验也为其他课程的思政建设提供了一定的借鉴和参考。第一，梳理课程主要知识，将其与人生、生活哲学结合，促使学生感悟启智。在课堂教学讲到特定知识点时，便通过教师引导、学生共振，启迪学生联想，感悟人生哲理。第二，寻找恰当的名言警句，对课程内容和思政内容进行画龙点睛总结，将具有新意和警醒作用的名言警句或古诗词穿插在课程中。这不仅有助于促进民族优良文化的传承，而且为理工科课程注入了人文情怀。第三，开展深入讨论，帮助学生对课程精神进行内化提升。教师积极应用讨论法，通过师生之间、学生之间的语言交流、观念碰撞和思想交锋，使师生之间相互学习、共同完善，引导学生在愉快的氛围中，表达自己，倾听他人，引起思想共鸣，或激发出更鲜明的主张，逐渐形成健康的是非观和批判能力，并将其内化于心，外化于行。第四，推动实验教学，让育人方式升华铸魂。学院采取实验课程的课程思政，将育人方式进一步升华，培养学生的团队合作精神、诚信理念及创新能力，强化通过切身实践得到的感悟，使其深耕于学生的心灵深处，铭记不忘，升华铸魂，为培养高水平创新型应用型人才，初步探索出了一条成功之路。

二、理工科院校二级学院中部分专业和教研室的做法

除了以上二级学院，理工科院校二级学院中部分专业和教研室也在积极探索专业课教师教书育人责任落实的路径，并取得良好实效。

（一）以东北林业大学工业设计专业为例

东北林业大学工业设计专业在教学过程中进行了切实有效的改革实践，将专业教学各个环节与思政教育融会贯通，对接国家发展战略，增强学生对专业课程学习的专注度，培养能够立足新时代中国国情的优秀青

年设计师①。该专业在教学改革实践中，首先，全面贯彻"为民生而设计"的教学宗旨。该专业将师生的设计聚焦点对准国家的民生状况，将设计实践深入社会基层，以工业设计服务乡村振兴计划，明确以工业设计服务精准扶贫战略，探索出一套"为民生而设计"的教学方法与策略，培养大学生用专业知识建设美丽中国的情怀和能力。其次，面对工业设计本土化和全球化的碰撞问题，其将设计教学与中华优秀传统文化相结合，从历史文化中为方法论溯源，将中华传统美学、传统文化元素与现代工业设计相融合，将专业课程与地域性文化资源相结合，助力中华优秀传统文化的创造性转化和创新性发展，进一步提升了工业设计专业学生的文化自信。最后，为实现服务创新型国家建设，其鼓励工业设计专业大胆、充分发挥资源优势，开展校企联合模式，以企业需求为课题，进驻企业实习实践，让学生直面企业的创新瓶颈，提出解决思路，既得到了锻炼，又提升了就业竞争力。对于企业而言，既能收获解决设计创新难题的方案思路，又弥补创新人才的缺口，实现双赢。

（二）以海军军医大学基础医学院生理学教研室为例

海军军医大学基础医学院生理学教研室着重在医学生上课之初，就培养人文精神，能尽早打下良好的基础，培育更高的职业素养②，以此不断落实专业课教师教书育人的责任。该教研室为专业课教师教书育人责任落实带来新的思路和视角，第一，结合诺贝尔生理学或医学奖，在课堂上引入育人内容。第二，结合近代我国生理学的发展，宣扬生理学家的爱国精神。教师在课上讲好老一辈知识分子爱国报国、无私奉献的感人故事，弘扬他们为新中国解放和建设事业奋斗终生的崇高理想信念，让学生接受正

---

① 刘九庆、李博：《思政教育融入工业设计专业教学的研究与实践——以东北林业大学为例》，《设计艺术研究》2020 年第 2 期。

② 高灵通、袁建强等：《让生理学课堂思政飘香——〈生理学〉课程思政教学的理论与运用初探》，《医学教育研究与实践》2020 年第 2 期。

确的世界观、人生观和价值观的熏陶。第三，结合生理学教材，弘扬我国生理学家求真求实的精神。第四，结合教研室的创建与发展，传承教研室优秀的文化底蕴。第五，结合教学内容，讲好医学人文素养。教师在将育人内容融入生理学课堂、达到科学教育与人文教育融通的过程中，不仅要充分挖掘生理学课堂的思政内容，还要在有限的时间内讲述更多的知识点，这对教师提出了更高的要求：首先，教师要具备扎实的专业功底，做好课程、课堂规划，讲课时语言精练，在规定的时间内讲完课、讲好课。其次，教师不仅要掌握生理学专业知识，还需要加强政治理论学习，提升自身政治觉悟，树立大思政格局意识，紧跟中央的指示，积极探索思政课融入生理学课堂的方式，提高自身的育人能力和育人艺术。再次，教师要时刻牢记自己的职业道德修养，注重提升和维护自身的形象，以自身的良好涵养感染学生，为学生树立榜样。复次，教师要积极探索教学改革，引入新的教学模式如雨课堂等，提高课堂效率。最后，教师要积极做好课后教学评价和教学反馈，形成总结。

第七章　理工科院校专业课教师教书育人的实现路径

专业课教师作为理工科院校教师群体的绝大多数，陪伴学生时间长、与学生学科专业同源，具有其他教师无可比拟的自身优势，是理工科院校落实立德树人根本任务、教师履行教书育人职责使命的中坚力量。专业课教师能否准确把握教书育人的时代内涵和辩证逻辑，在教学实践中做到教书和育人相统一，会直接影响理工科院校立德树人根本任务的落实，直接体现着理工科院校人才培养的规格和质量，也势必关系科技人才的持续培养和补充。因而，专业课教师不仅要时刻铭记教书育人的神圣使命，而且要落实到具体的教学管理实践中。

反观理工科院校专业课教师教书育人实践却大相径庭。理工科院校重智育轻德育、重学术轻思想政治工作、重科研轻课堂教学的现象仍很普遍，专业课教师教书育人的现实与预期相去甚远。故而，理工科院校应在重塑教育理念、优化制度设计、拓展教育阵地、增强育人能力等方面积极探索有效路径，增强和提升专业课教师教书育人的实际效度，提高人才培养质量。

第一节　加强专业课教师教书育人责任落实的制度保障

没有规矩，不成方圆。习近平总书记指出："治理一个国家、一个社会，关键是要立规矩、讲规矩、守规矩。"① 要用制度思维解决理工科院校专业课教师教书育人的问题。专业课教师落实教书育人，倘若没有系统的制度保障和具体的操作规程，就会致使其在教书育人过程中表现出育人意识薄弱、德育实践缺位、教而不育等不良行为。理工科院校应以此为突破，进一步完善和优化高校管理的制度体系，为专业课教师落实教书育人责任提供制度保障，以规则的硬性约束提升专业课教师育人质量。

一、强化立德树人的制度设计理念

立德树人的根本任务是高校教育制度设计的根本遵循，教书育人的双重责任是高校制度设计的重要指向。理工科院校推进落实立德树人的根本任务，落实专业课教师教书育人的责任，首先要确立"育人为本、德育为先"的设计理念。

（一）明确育人为本的基本内涵

教育是民族振兴、社会进步的基石，是提高国民素质、促进人的全面发展的根本途径。强国必先强教，把教育摆在优先发展的战略地位是党和国家提出并长期坚持的一项重大方针。"育人为本、德育为先"是实施教育的主导思想，是教育科学发展的本质要求。要以学生为主体，以教师为主导，充分发挥学生的主动性，把促进学生健康成长作为学校一切工作的出发点和落脚点。关心每个学生，促进每个学生主动地、健康快乐地发

---

① 《习近平关于严明党的纪律和规矩论述摘编》，中央文献出版社、中国方正出版社2016年版，第6页。

展，尊重教育规律和学生身心发展规律，为每个学生提供适合的教育。努力培养造就数以亿计的高素质劳动者、数以千万计的专门人才和一大批拔尖创新人才。①

（二）牢记德育为先的具体要求

高等教育承担着培养高级专门人才、发展科学技术文化、促进现代化建设的重大任务。提高教育质量是高等教育发展的核心任务，是建设高等教育强国的基本要求。高校落实立德树人的根本任务，就是要把立德树人摆在学校各项工作的中心环节，坚持德育为先的办学理念。也就是说，要在教育教学过程中融入社会主义核心价值体系教育，加强马克思主义中国化最新理论成果教育，引导学生形成正确的世界观、人生观、价值观；加强理想信念教育，坚定学生对中国共产党的领导、社会主义制度的信念和信心；加强民族精神和时代精神教育，增强学生爱国情感和改革创新精神；加强社会主义荣辱观教育，培养学生团结互助、诚实守信、遵纪守法、艰苦奋斗的良好品质。加强公民意识教育，树立社会主义民主法治、自由平等、公平正义理念，培养社会主义合格公民。把德育渗透到教育教学的各个环节。② 故而，理工科院校落实立德树人的根本任务，提高人才培养质量，必须坚持德育为先的办学理念，并且将其贯穿于学校管理和教育教学的全过程。

二、完善教书育人责任落实的制度体系

各高校要依据党和国家关于高等学校德育工作开展的方针政策，在教书育人责任落实的既有制度上，不断完善运行管理、学生管理、教育教学

---

① 《加强和改进大学生思想政治教育重要文献选编（1978—2014）》，知识产权出版社2015年版，第401页。

② 《加强和改进大学生思想政治教育重要文献选编（1978—2014）》，知识产权出版社2015年版，第402页。

等方面的制度体系；要不断细化办学章程、基本制度、专门制度中关于教书育人的具体要求，明确育人责任、强化制度约束、完善考核指标，建立健全专业课教师落实教书育人责任的制度体系。

（一）在根本制度中体现德育为先的教育思想

在理工科院校教育实践中，多数人认为专业课教师应当注重满足学生职业发展需求，把传授专业知识和专业技能作为核心任务。这种认识不仅弱化了专业课教师的德育责任，也影响了理工科院校人才培养的质量。就高校制度建设而言，根本制度主要是规定学校办学思想、办学定位、发展规划、人才培养目标、社会服务面向等内容，是学校坚持正确办学方向，落实党的教育方针政策和开展人才培养的基本遵循。在根本制度中体现德育为先的教育思想，就是要在章程起草、论证、征求意见、反复修订的过程中始终注重立德树人的思想引领。具体而言，在学校校训、办学定位、人才培养目标、学校学风教风等方面，要凸显学生德育思想，而且要明确相关要求，既要有可读性，也要有可操作性。

（二）在基本制度中体现育人为本的教育思想

基本制度，即支撑学校决策管理、人才培养、思想教育、科学研究、学生管理等各项重点工作的规章制度。这些制度的制定必须以坚持育人为本的教育思想为前提。比如，在涉及学校决策管理的《"三重一大"决策事项》《全委会议事规则》《常委会议事规则》《校长办公会议事规则》中，不仅要把立德树人的根本任务作为指导思想，而且要在具体章节条款中有明确要求。在学校人才培养管理方面的制度建设层面，如《教学工作职责》《教学管理规定》《教学过程管理办法》等基本教学管理办法中，明确专业课教师既要教书也要育人的双重任务，并且要尽量通过指标量化的方式提出方向性指导。在涉及学生思想政治教育方面的制度文件中，如《学生学籍管理办法》《学生日常教育管理规定》《学生社会实践管理办法》等制度中，要明确专业课教师育人的具体要求。在涉及科学研究相关工作的制度中，如《科研管理办法》中，要注重引导专业课教师围绕学生思想教育展开研究。

（三）在专门制度中明确专业课教师育人的具体任务

在专门制度中明确专业课教师育人的具体任务是完善教书育人责任落实制度体系的必要举措，具体而言：一是要明确专业课教师岗位职责。要出台专业课教师工作规范，不仅要求专业课教师具备本专业的知识和技能，而且要求专业课教师必须熟知《教师法》《高等教育法》等相关内容，准确了解习近平总书记关于教师教书育人的新论断和新要求。要制定专业课教师岗位职责，明确专业课教师不仅要教书，也要育人的双向任务。二是要严格专业课教师准入制度。在专业课教师聘用过程中，改变唯学历、唯论文、唯科研的单维标准，要把政治思想考核摆在重要位置，要增加应聘人员的政治素养考核内容，要仔细查验其在校期间的综合表现。比如，在招聘教师环节，通过学生干部、社会实践、志愿服务等经历了解其人文素养能力；在考核环节，除了专业课程试讲外，还要增加学生日常管理和思想教育方面的考核内容；等等。三是要优化专业课教师考核评价制度。习近平总书记指出，"办好教育事业，家庭、学校、政府、社会都有责任"[1]。构建多元主体共同参与的关于专业课教师教书育人责任落实的立体评价体系是强化理工科院校专业课教师教书育人责任落实的重要保障。而评价指标是建立科学的教书育人评价体系的关键。基于此，要构建这一立体评价体系必须先着眼于评价指标的优化设计。从评价的指导思想上看，要坚持定性与定量相结合。既要选取有客观标准的、容易量化的指标，对于师德师风表现等难以量化但极其重要的指标也要纳入其中。因此，评价

---

① 《习近平在全国教育大会上强调　坚持中国特色社会主义教育发展道路　培养德智体美劳全面发展的社会主义建设者和接班人》，《人民日报》2018 年 9 月 11 日。

结构总体是定量的，但在确定评价结果时，还要与定性评价相结合。比如，从评价内容上看，既考察教师的育人意识、师德表现，又考察教师教书育人的工作业绩；从评价方法上看，既要看教师的教学工作量、人才培养数量和质量等硬指标，也要通过问卷调查和深度访谈看学生和同行评价等软指标的得分情况；等等。四是要健全专业课教师教学管理制度。要在人才培养方案修订、教学目标确立、教学大纲编制、教学课程设计等环节，增加育人的具体要求。要突出德育在课程设计中的重要地位，要求专业课教师在课程设计中列出明确的德育目标，并进行详细的方案设计。要赋予专业课教师更多的教学自主权，鼓励教师把教学从课堂转向校园、企业、车间、工厂，开展丰富的课程实践。

三、构建合理的教书育人长效机制

1987 年，中共中央《关于改进和加强高等学校思想政治工作的决定》指出，"为了使广大教师真正做到教书育人，需要有相应的政策、制度做保证。对教师要进行全面的考核，既包括教学的质量，也包括教书育人的情况"[①]。1994 年，中共中央《关于进一步加强和改进学校德育工作的若干意见》中指出，教育行政部门和学校要加强教师思想政治工作，制定和完善有关制度、政策，采取切实措施调动全体教师的积极性与责任感。[②]2013 年，中共中央《关于培育和践行社会主义核心价值观的意见》中把"健全教师资格准入制度"作为"建设师德高尚、业务精湛的高素质教师队伍"的重要措施之一。[③]2017 年，中共中央、国务院《关于加强和改进新形势下高校思想政治工作的意见》指出："坚持全员全过程全方

---

① 《加强和改进大学生思想政治教育重要文献选编（1978—2014）》，知识产权出版社 2015 年版，第 72 页。

② 《加强和改进大学生思想政治教育重要文献选编（1978—2014）》，知识产权出版社 2015 年版，第 145 页。

③ 参见《十八大以来重要文献选编》（上），中央文献出版社 2014 年版，第 580—581 页。

位育人。把思想价值引领贯穿教育教学全过程和各环节，形成教书育人、科研育人、实践育人、管理育人、服务育人、文化育人、组织育人长效机制。"① 显然，党和国家始终强调要发挥制度建设的保障作用，推进教师教书育人责任的落实。理工科院校要贯彻落实党委领导下的校长负责制，发挥党委的领导核心作用，发挥好制度优势在专业课教师教书育人问题上的关键作用，就要建立健全全方位的长效机制。

（一）完善专业课教师育人工作的领导机制

落实专业课教师育人工作是一项涉及全校各单位的系统工程，学校领导部门必须从思想上、行动上高度重视。由党委书记和校长任组长，分管教学和人事工作的校领导任副组长，责成教务处和人事处具体负责，成员单位要涵盖所有职能部门和教学单位。就理工科院校而言，专业课教师人数最多。因此，必须围绕专业课教师育人面临的认知障碍、制度障碍、能力障碍等突出问题，定期召开会议，确保专业课教师育人工作常态化发展。只有这样，才能使这项工作推得开、做得实、看得到效果。

理工科院校要重视专业课教师教书育人工作，就必须认识到高校教师的育人工作对国家、社会、学生终身发展的重要意义，进而建立和健全专业课教师育人的领导机制。第一，要建立在高校党委领导下的各部门分工合作的领导机制。由校领导和教务处、人事处、宣传部、学生处、科研处、工会、财务、各院系负责同志组成教师育人建设工作领导小组，并由校长挂帅，建立以育人为主的工作目标，负责育人工作的总体部署和相关政策的制定，落实各个部门和院系的工作及职责，指导检查各院系建设工作的开展情况。同时，要把专业课教师育人工作纳入学校年度党政工作要点，明确具体要求，设定具体考核办法，并将各部门和单位专业课教师育人的实际情况作为年底单位考核的重要指标。第二，要建立目标管理制度

---

① 《十八大以来重要文献选编》（下），中央文献出版社 2018 年版，第 480 页。

和领导问责机制。这就要定期围绕专业课教师育人的实际情况，深入基层走访专业课教师和教学管理人员，摸清专业课教师育人现状，剖析障碍和成因，制定科学合理的实施策略。同时，对各个部门的各项工作进行检查监督，对未达到目标和完成职责的部门领导要进行批评，情节严重者要给予相应的处分。第三，要建立育人建设工作会议制度。学校党委要高度重视专业课教师育人功能发挥，把提高专业课教师育人功能明确为学校的重点工作，每年每学期都要定期召开专业课教师育人的专门会议，专门研究解决方案。高校教师教书育人建设工作是一项系统工程，更是一个复杂而艰巨的任务。因此，高校必须要把它放在十分突出的位置，切实抓紧抓实抓好这项工作。也就是说，学校领导要高度负责，把教师教书育人建设工作放在各项工作的首位，要将这项建设工作落到实处。学校领导要注意听取教师和学生的意见，积极改进工作，促进育人建设工作的良好发展。学校领导要深入教师和学生工作学习的第一线，发现教师和学生在工作、学习和生活中的实际困难并及时加以解决，为教师育人和学生的成长创造良好的环境。

同时，各职能部门要形成协同育人的工作机制。一方面，围绕专业课教师育人工作，各职能部门要各司其职，协同配合，形成合力。比如，宣传部要加强专业课教师教书育人思想宣传工作，要充分利用各种宣传形式挖掘专业课教师育人中的典型案例和感人事迹，扩大宣传，增强专业课教师育人的荣誉感和获得感。教务处要在教师教学质量考核中增加专业课教师育人的考核内容，把育人要求量化为可执行的具体标准。人事处要把专业课教师育人的效果与职称评聘、评优评先、职务晋升、薪酬奖励等相结合，激励专业课教师发挥育人主观能动性。教师工作部要加强专业课教师育人能力培训，要组织专业课教师与思想政治理论课教师和辅导员定期沟通交流，使专业课教师真正融入育人队伍，增强其育人的主人翁意识。另一方面，基层单位是专业课教师的直接管理部门，是组织和考核专业课教师教育教学实际工作的责任部门，在促进专业课教师落实教书育人责任的过程中负有直接责任。除了认真领会和学习关于专业课教师教书育人工作的各项要求部署外，基层单位还要能结合本单位实际、结合本单位学科专业情况以及专业课教师的人员构成、职称结构、年龄结构等实际情况，制定详细而具体的任务指标。通过组织专业课教师召开座谈交流会，探索切实可行的育人模式和经验，并且提供必要的条件支持和保障，形成极具典型性的推广效应。

(二) 建立良好的教书育人激励机制

我国目前这种以科研为主的评价和激励机制虽然在一定程度上促进了高校科研水平的发展，提高了教师研究本专业疑难问题的积极性，但也使得部分教师为了多出成果、早日晋升而拼命写文章，搞自己的研究，甚至不惜学术造假。这在某种程度上使教师分身乏术，没有更多的精力来关注教学、关注学生的全面发展、关注自身的育人观。因此，改变目前这种完全以科研为主的评价激励机制就显得非常重要。

第一，建立以育人为主的教师评价机制。在这个机制中要包含评价标准、操作办法以及结果反馈等内容。其中，评价标准不仅要体现教师的教学质量和学术水平，还应该体现教师的育人观念和育人水平。评价时要进行学生、教师和学校多向互评，对教师的育人观和育人实践展开全面的评价。评价时的操作方法要科学合理，要使评价客观公正地反映教师的育人水平。同时，在监控评价过程期间，要将评价结果及时有效地反馈给专业课教师本人，使教师能够正确认识自己的教育活动，以便在以后的育人过程中扬长避短，改正自己的不足。

第二，建立以育人为主的教师激励机制。这主要包括物质激励、精神激励和发展激励三个方面。要在工资福利、住房补贴等物质待遇上向育人成果显著、得到学生一致好评的教师倾斜，大力奖励育人优秀的专业课教师。同时，给予这些教师以相应的荣誉称号和表彰，使他们在精神上也得到满足。激励是为了给予育人优秀的专业课教师更大的发展空间和更多的发展机会，可以让育人优秀的专业课教师有优先出国考察、进修、参加各种学术会议的权利，也要对育人不认真、不合格的专业课教师进行处罚，及时清理和淘汰学生评价不合格的教师。这样一来，专业课教师既有获得更好发展机会的外在动力，又有饭碗不保的内在压力。他们不仅会更加关注自身的育人实践，也会更加注重加强育人理念和提升育人水平。

（三）强化教书育人的监督机制

三分部署，七分执行。政治路线制定以后，关键看落实。而行之有效的监督体系是助推工作落实的重要保障。在专业课教师落实教书育人职责的过程中，构建行之有效的监督体系是推进此项工作的有效之方。

第一，明确专业课教师教书育人的监督标准。明确任务要求，是完成监督任务的前提和基础。围绕专业课教师教书育人进行监督，要围绕教书和育人的双重责任形成统一的监督标准。应该从教师教学工作行为规范、教师师德建设标准、教师教学管理考核等制度中梳理专业课教师教育教学的具体要求，汇总形成专业课教师教书育人的任务清单，以此为基础形成量化指标评分表。其中的关键，就在于可量化。要明确专业课教师教书育人责任落实的参考标准，把专业课教师课堂教学中的育人标准、参与指导学生科研经验、参加社会实践活动的具体行为作为量化标准，尤其要注重考核和检查专业课教师在教育教学过程中的育人理念、做法和实践，将其作为职工年终考核的重要参照。

第二，广泛发动形成监督合力。在理工科院校，专业课教师是教师队伍的最大多数，教书育人的教育实践也是学校各项工作的重中之重，因此只有广泛发动师生群众监督力量，形成监督合力，才能避免监督流于形式。要组建一支专门考核队伍，首先要遴选德高望重的优秀教师代表组成专家组和督导组，通过走访班级学生、辅导员，随机课堂听课等方式，督促专业课教师坚持教书和育人相统一。其次要建立专业课教师教书育人责任落实信息员制度，各单位造定专门信息员，形成专门队伍。最后要广泛发动广大师生，对于专业课教师教学中的失范行为进行监督，督促专业课教师真正实现教书和育人相统一。

第三，建立联动监督机制。要成立由分管校领导为组长，人事处、教务处、学生处等相关部门负责人为成员的专业课教师教书育人责任落实的过程监督领导小组。加强对各项监督工作的统筹协调，定期召开监督工作例会，交流互通信息，强化联动协作，提升工作合力。要借助信息技术，探索建立课堂教学视频监督、日常监督综合信息库以及监督信息发布平台等，推动监督信息收集汇总、分析研判、共享利用一体化，强化监督结果运用，督促专业课教师把教书育人落到实处。

第二节　强化专业课教师教书育人责任落实的使命意识

英国文艺复兴时期的哲学家弗朗西斯·培根在《习惯论》中写道："思想决定行为，行为决定习惯"。思想是行动的先导和内在动力，在任何时代，人类的实践都是思想付诸行动的过程，只有在正确思想指引下，人们才能不断前进，最终抵达理想的彼岸。马克思说："理论一经掌握群众，也会变成物质力量。理论只要说服人，就能掌握群众；而理论只要彻底，就能说服人。所谓彻底，就是抓住事物的根本。而人的根本就是人本身。"[①] 也就是说，从理论到实践的过程，尤为关键的一点就是要树立正确的理念。关照当下理工科院校专业课教师育人责任落实不到位的问题，究其根本原因，是专业课教师未能从思想上准确把握教书育人的时代内涵和逻辑关系，从而在教学实践的过程中没能做到教书和育人相统一。因而，发挥理工科院校专业课教师的育人功能，首先就要帮助专业课教师厘清自身应承担的双重责任，强化其在教学实践中坚持教书育

---

① 《马克思恩格斯选集》第 1 卷，人民出版社 2012 年版，第 16 页。

人相统一的使命意识，真正激活其内在动力。

一、正确认知教书育人的科学内涵

专业课教师是理工科院校教书育人的责任主体，其能否在教育实践中落实教书育人责任，一个基本前提就是能否正确认知教书育人的科学内涵。

调查显示，理工科院校多数专业课教师能够立足教育的基本属性和高等教育的目标任务，坚持马克思主义基本立场，正确把握教书育人的时代内涵。在教学实践中，坚持以人为本的理念，关心关注学生发展，切实担当起教书育人的职责；能够按照党的教育方针政策要求，致力培养德智体美劳全面发展的社会主义建设者和接班人。但是，部分专业课教师对教书育人的理解存在误区。如有些专业课教师没能以马克思主义辩证法的思维去解读教书育人的内涵，容易犯形而上学的错误，主要表现为教书育人分工论、等同论和可有可无论等。这一系列突出问题使得专业课教师教书育人的实际效果大打折扣。

毛泽东说过："人类总是要犯一些错误才能显出他们的正确"，"错误往往是正确的先导"。① 因此，首先，要通过各种宣讲活动，使得"教师要时刻铭记教书育人的使命，甘当人梯，甘当铺路石，以人格魅力引导学生心灵，以学术造诣开启学生的智慧之门"②。其次，要通过各种培训活动，使得专业课教师认识到"分工论""等同论""可有可无论"的荒谬之处。"分工论"是教条式根据学校不同岗位内部分工不同，把教书和育人割裂开来，专业课教师只负责教书，辅导员、学生管理部门等政工干部主要负责育人；"等同论"则是把教书和育人直接画上等号，认为教书就是育人，育人就是教书；"可有可无论"片面强调教学的主要任务是如何使学生掌

---

① 《毛泽东文集》第八卷，人民出版社1999年版，第326页。
② 《十八大以来重要文献选编》（中），中央文献出版社2016年版，第9页。

握知识，形成技能，发展能力，而其他方面都是传授知识过程中的副产品，片面认为学生的主要任务是学习，只要把知识学会了、技能掌握了，就能够成为有用之人。要让专业课教师明白这些错误观点忽略了学生道德情感的培养，弱化了育人在理工科大学生人才培养中的重要作用。再次，要在纠正专业课教师错误观点的过程中积极引导他们正确认识教书育人的科学内涵，坚定贯彻教书育人的科学理念，传递正向信息，加深其对教书育人内涵的理解。最后，要引导专业课教师树立在教书育人的过程中，坚持知识传授和价值引领相统一，既教给学生科技知识和专业技能，又教会学生做人做事的教书育人理念。

二、树立培养时代新人的责任担当

我国是中国共产党领导的社会主义国家，这就决定了我们的教育必须把培养社会主义建设者和接班人作为根本任务，培养一代又一代拥护中国共产党领导和我国社会主义制度、立志为中国特色社会主义奋斗终身的有用人才。[①] 因而，必须增强专业课教师教书育人的思想认同，坚持以立德树人为导向，树立培养时代新人的责任意识，才能在教学实践中一以贯之。

（一）坚守育人初心统一全员思想

2015 年 12 月 11 日，习近平总书记在全国党校工作会议上的讲话中指出："我们干事业不能忘本忘祖、忘记初心。我们共产党人的本，就是对马克思主义的信仰，对中国特色社会主义和共产主义的信念，对党和人民的忠诚。我们要固的本，就是坚定这份信仰、坚定这份信念、坚定这份忠诚。"[②] 强调做任何事情都必须坚定信念坚守初心，这是取得胜利的关键。对于教师而言，最大的初心就是落实好教书育人责任，为国家培养一

---

① 《十九大以来重要文献选编》（上），中央文献出版社 2019 年版，第 647 页。
② 习近平：《在全国党校工作会议上的讲话》，《求是》2016 年第 9 期。

代又一代德智体美劳全面发展的社会主义建设者和接班人。

专业课教师是理工科院校教师的主体，其教书育人责任的落实不仅依赖于自身思想素质和专业能力，还受到理工科院校教师队伍整体素质和氛围的影响。因此，要促进理工科院校专业课教师教书育人责任的落实，学校首先要统一全员思想，营造全员育人的氛围。一方面，学校管理者作为经营和组织学校办学的决策者，其教育理念既直接影响着学校管理的设计，也影响整个学校各项工作的部署安排。解决理工科院校专业课教师教书育人的观念问题，就需要学校管理者科学把握专业课教师教书育人责任的落实。学校领导必须在准确把握教书育人内涵和规律的基础之上，积极利用党委中心组学习会、党委常委会、校长办公会等系统学习教书育人的重要文献和研究习近平总书记关于教师教书育人的重要论述，并在管理决策过程中融入教书育人的责任意识，抓好专业课教师落实教书育人双重责任的顶层设计，科学回答理工科院校"谁来培养人"的根本问题。另一方面，各职能部门、基层单位管理者和其他教师队伍成员，也要把思想和行动统一到学校的总体部署上来，要从本单位的教学实践和全校的教学管理角度出发，优化和改进教学环节、教学检查、教学讨论等，把各项工作的出发点和落脚点集中到教书育人上来。

（二）加强育人理念宣传牢记育人责任

宣传是让思想观念深入人心的有效方法。要通过各种宣传形式，实现教书育人的责任理念在所有教师中入脑入心。学校管理者要在全体干部大会、教学工作大会、教职工代表大会等规格高、参会人员多的重要场合突出强调专业课教师也要育人的思想观念，把育人的任务要求传递给每一位专业课教师。要在全校范围内开展"专业课教师教书育人"的思想观念大讨论，通过开座谈会、搞调查研究、交流经验等方式，筑牢专业课教师也要育人的思想根基。要广泛利用校园官方微博、微信公众号等新媒体平台，以及校内宣传栏、校报等现实媒介，做好专业课教师要教书育人的舆论引导。要通过校园文化、学术讲堂、群体生活等方式，为专业课教师传递育人的理念。通过这些举措，把教书育人的时代要求潜移默化成专业课教师的习惯，形成思想认同，激发育人热情。

（三）发挥育人楷模典型示范作用

列宁曾强调"多用行动少用言语来进行宣传。要知道，现在用言语既不能说服工人，也不能说服农民，只有用榜样才能说服他们"。① 而"典型本身就是一种政治力量"②，学习具体的典型榜样，往往比接受抽象的原则方法要方便得多，特别是榜样如果就在身边的话，人们会不知不觉地受到影响，这样由一到十、由点到面，相互感染、竞相仿效，最终的结果自然是先进典型的普及。

在理工科院校，发挥专业课教师队伍中教书育人责任落实的楷模典范引领作用，不仅能够为专业课教师提供成功经验和鲜活案例，而且能激发专业课教师承担教书育人双重责任的热情。第一，要树好标杆。要深入选拔和挖掘那些学高为师、身正为范，在教书育人上作出不平凡业绩的教师，树立榜样。比如，著名地球物理学家、吉林大学黄大年教授，放弃国外优厚待遇，毅然回国，潜心科研，潜心教书育人，虽然身患重病，但仍坚持给学生们答疑解惑；河北农业大学李保国教授，35年如一日情系太行，被誉为太行山上的新愚公；享誉世界的"魔芋大王"、安徽大学教授何家庆为推广魔芋流浪31600公里，途经8省108县207个乡镇，步行超过一万公里，后来为推广栝楼种植倒在了扶贫路上，他把自己活成了一束光芒，让一个民族的产业得以腾飞，人称"乞丐教授"。这种教书育人、敢为人先的敬业精神深刻影响着老师和学生，值得传承给高校专业课教师。讲活身边故事是发挥育人楷模典型示范作用的重要方法，以看得见摸得到

---

① 《列宁全集》第40卷，人民出版社1986年版，第37页。
② 人民日报评论部：《习近平用典》，人民日报出版社2015年版，第89页。

的身边榜样激励和鼓舞更多教师把育人自觉作为光荣的使命和职责。我们要讲好这些楷模典范的育人故事，激发专业课教师见贤思齐、主动育人的主动性和积极性。第二，要抓好关键少数。要注重发挥专业课教师队伍中党员干部的模范带头作用，激发他们率先垂范，坚持教书育人相统一，努力形成"头雁效应"。要注重发挥专业课教师队伍里中青年骨干教师的带动作用，鼓励其发挥与学生年龄相近、志趣相投的自身优势，促进他们在教书育人的实践中见仁见智，形成以点带面连带整体的规模效应，增强专业课教师教书育人的持续活力。

三、养成争做"大先生"的责任意识

经师易得，人师难求。习近平总书记曾指出："教师做的是传播知识、传播思想、传播真理的工作，是塑造灵魂、塑造生命、塑造人的工作。教师不能只做传授书本知识的教书匠，而要成为塑造学生品格、品行、品味的'大先生'。"① 因此，理工科院校专业课教师应该将成为"大先生"作为自己的职业定位，树立良好的师风师德，在教学实践中坚持教书与育人相统一，坚持知识教育与人格教育并重。

（一）加强师风师德建设

"传道者自己首先要明道、信道。高校教师要坚持教育者先受教育，努力成为先进思想文化的传播者、党执政的坚定支持者，更好担起学生健康成长指导者和引路人的责任。"② 高校教师的"本分"就是教书育人，这是师德师风的集中反映，但在教师队伍中出现的这样那样的问题，让教书育人的实际工作难以取得预期效果。要适应时代发展的要求，适应新变化与新特点，解决现实问题，引导教师把教书育人和自我修养结合起来，争

---

① 《习近平首次点评"95 后"大学生》，《人民日报》2017 年 1 月 3 日。
② 《习近平谈治国理政》第二卷，外文出版社 2017 年版，第 379 页。

做新时代的"大先生"。这就要切实加强师德师风建设，以严格的制度规定、日常的教育督导、健全的培训体系、完善的奖惩机制为保障，以帮助教师自觉地履行教书育人职责，坚定教书育人追求，并把教书育人作为自我修养的目的和动力，严于律己、敬重学问、关爱学生，把教书育人这一使命与追求真正地内化于心、外化于行，渗透于自己的一言一行，以文化人、以德育人，不断提高道德修养，加强自我修养。

首先，要明确高校师德规范要求。只有制定全国性或本地本校的师德规范实施细则，出台明确的教育教学规范、学术研究规范等内容，才能明确高校青年教师师德考核标准，做到有章可依，更好地保护高校教师的权益并监督其履行义务。其次，要加强师德教育。要把师德教育作为教师培训的重要内容，引导其自觉提升个人师德水平和人格魅力。可以通过评选师德标兵和教书育人楷模等活动，增加高校教师的荣誉感和自豪感，并营造尊师重教的良好环境。最后，要不断完善高校青年教师的师德考核。要将师德纳入教师考核评价体系，并作为教师考核的重要标准，严格执行一票否决制。对师德表现优秀的，要给予精神与物质的奖励；对出现严重师德失范的，要依法依规严肃处理。习近平总书记明确指出："这些年，媒体报道了个别老师道德败坏、贪赃枉法的事，对这些害群之马要清除出教师队伍，并依法进行惩处，对侵害学生的行为必须零容忍。"① 同时，他进一步指出："要加强师德师风建设，坚持教书和育人相统一，坚持言传和身教相统一，坚持潜心问道和关注社会相统一，坚持学术自由和学术规范相统一，引导广大教师以德立身、以德立学、以德施教。"② 因此，理工科院校专业课教师教书育人责任落实，要求专业课教师必须拥有良好的师风师德，不仅仅做会教书的先生，更要争做既教书又育人的新时代"大先生"。

---

① 习近平：《做党和人民满意的好老师——同北京师范大学师生代表座谈时的讲话》，《人民日报》2014 年 9 月 10 日。

② 《习近平谈治国理政》第二卷，外文出版社 2017 年版，第 379 页。

（二）做"经师"更做"人师"

专业课教师要树立既要做"经师"，更要做好"人师"的责任意识。在教学过程中既要教给学生专业知识，又要以爱党、爱国、爱社会主义、爱人民、爱集体为主线，深入挖掘专业课程中的育人要素，如政治认同、家国情怀、科学精神、工匠精神、奋斗精神、奉献精神等，利用专业课中的案例结合社会现实对学生开展中国特色社会主义和中国梦教育、社会主义核心价值观教育、中华优秀传统文化教育、宪法法治教育、劳动教育、心理健康教育、职业理想和职业道德教育等，将知识技能教育与思想人格教育融合起来，实现教书与育人统一。一方面，专业课教师要主动学习关于高校思想政治工作的相关文献，学习习近平总书记关于教师教书育人职责的重要论述，深刻领会新时代教师教书育人的双重使命内涵，对照党和国家"三全育人""课程思政"等教育方针关于教师教书育人的任务要求，转变观念，牢固树立既要教好书又要育好人的教育理念。同时，要明白教书育人的辩证关系，决不能以"只教书不育人""教书就是育人"的谎言自欺欺人。要清醒认识到专业课教师传授知识不仅是传授书本文字，也包含其中蕴含的育人智慧和人生道理，明悟传授知识的教学过程也是道德教化的育人过程的真谛。另一方面，专业课教师不仅要以渊博的学识教好书，也要帮助学生养成良好的道德品行。《礼记》中说："师者也，教之以事而喻诸德也。"理工科院校专业课教师要在教学实践中深入研究理工科大学生的表征，摸索教书育人的针对性方法，努力做好人师，在教学实践中做到教书和育人相统一。

第三节　增强专业课教师教书育人责任落实的本领能力

专业课教师既是理工科院校教书育人的中流砥柱，也是教书育人的直接行为主体。其专业素质的高低、育人能力的强弱，直接影响着理工科院校人才培养的水平和质量。教书育人是一项集思想性、动态性、复杂性、挑战性于一身的系统工程，要求专业课教师不仅要具备扎实的专业科学文化知识，而且要具备较高的思想政治素养和育人能力。然而，当下理工科院校的专业课教师队伍，普遍存在学历高学识博、思想政治素养不高、育人本领不强的现象，本领恐慌成为专业课教师履行教书育人责任的突出问题。按照马克思"教育者本人一定是受教育的"论断的思维逻辑，根据习近平总书记"传道者自己首先要明道、信道"的重要论断，理工科院校必须致力于增强专业课教师教书育人的本领能力，这是固本培元之策。

一、增强专业课教师价值引领能力

大学之道，在明明德，育人是大学的根本。人无德不立，育人的根本在于立德。习近平总书记强调："要把立德树人内化到大学建设和管理各领域、各方面、各环节，做到以树人为核心，以立德为根本。"① 因此，理工科院校落实立德树人的根本任务，就必须增强专业课教师育人能力，在加强专业课教师品德修养上下功夫，增强专业课教师的价值引领能力，教育引导学生培育和践行社会主义核心价值观，踏踏实实修好品德，成为有大爱大德大情怀的人。

（一）专业课教师要提高思想政治素质

2017年11月20日，习近平总书记主持召开十九届中央全面深化改革领导小组第一次会议，审议通过《全面深化新时代教师队伍建设改革的意见》（以下简称《意见》）。该《意见》就大力提升教师思想政治素质、全面加强师德师风建设作出总体部署，明确提出要全面贯彻党的教育方针，坚持社会主义办学方向，遵循教育规律和教师成长发展规律，全面提

---

① 习近平：《在北京大学师生座谈会上的讲话》，人民出版社2018年版，第7页。

升教师素质能力，深入推进教师管理体制机制改革，形成优秀人才争相从教、教师人人尽展其才、好老师不断涌现的良好局面。①《意见》中关于提高教师思想政治素养的措施和要求为理工科院校着力提升专业课教师思想政治素养提供了参照。故而，理工科院校除了要进一步健全专业课教师政治理论学习制度，鼓励专业课教师关心关注国家大事，通过与思政课教师定期交流、开展习近平新时代中国特色社会主义思想专题学习活动、加强爱国主义教育等方式提高政治素养外，还要在专业课教师队伍中加强理想信念教育，深入学习领会习近平新时代中国特色社会主义思想，引导教师树立正确的历史观、民族观、国家观、文化观，坚定中国特色社会主义道路自信、理论自信、制度自信、文化自信。同时，不仅要引导专业课教师准确理解和把握社会主义核心价值观的深刻内涵，增强其价值判断、选择、塑造能力，带头践行社会主义核心价值观，而且要引导专业课教师充分认识中国教育的辉煌成就，扎根中国大地，办好中国教育。

(二) 专业课教师要提升语言感染能力

中国的汉字和语言博大精深，自古以来"以言传道"就是最直接、最广泛的文化传承和道德教化方式。"三尺讲台、一支粉笔、一张嘴"的传统教学方式，靠的就是过硬的语言表达能力，要能用简明扼要且具有示范性、生动形象且具有幽默性、条理清楚且具有层次性的语言，讲清楚原本较为枯燥乏味、逻辑严谨、结构复杂的学理知识，讲清楚内在的人文精神、思想精髓和价值理念。然而，多数理工科院校专业课教师的"嘴上功夫"火候欠佳。因此有必要通过教学基本功培训、教学业务能力比赛等方式，帮助专业课教师在教学中真正发挥言传之效。引导专业课教师认真研究理工科大学生的内外表征，了解其兴趣爱好、行为习惯、思想状态，增

---

① 《中共中央 国务院关于全面深化新时代教师队伍建设改革的意见》，《人民日报》2018 年 2 月 1 日。

进师生之间的情感认同。要组织专业课教师参与辅导员工作会，以大学生思想政治工作中的真实案例和成功经验做法帮助专业课教师掌握育人的有效方式和话语表达。要鼓励教师抓住教育教学的重点环节，在实现知识传授、能力培养等基本功能的基础上实现价值引领功能。

（三）专业课教师要增强师生交往艺术

亲其师，方能信其道。良好的师生关系不仅能够促进教学活动的有效开展，而且能够促进教师育人功能的发挥。心理学研究发现，人际交流过程中，由肢体动作和面部表情等第二语言系统的信息传递效果远大于语言表达。所谓学高为师、身正为范，教师在教书育人过程中尤其要注重身教，一言一行都要为人师表，方方面面为学生做出表率，做到知行合一。诚然，理工科院校专业课教师严谨的治学精神和勇攀科学高峰的坚韧精神为学生求真知作出了典范，但因专业课教师以身示范的主动意识缺位，导致育人实效不足。因此，理工科院校专业课教师要能主动挖掘自身优势，凝聚品德精神，在与学生朝夕相处中，向学生不断渗透。要尊重学生，淡化师生界限，模糊对立关系，学会师生平等对话的交流方式。专业课教师要主动关心关注学生，在学生学习上、思想上、经济上、情感上真正帮助学生解决实际困难，坚持以学生为本的教育理念。

二、增强专业课教师育人素质

梅贻琦先生就职清华大学校长时说道，所谓大学者，非谓有大楼之谓也，有大师之谓也。专业课教师要努力学习各方面知识，在教书育人的实践中增加阅历、拓展视野、更新知识、提升自我，才能克服育人本领不足、育人效果欠佳的现实问题。

（一）专业课教师要掌握扎实专业知识

教育界有句俗语，"教师要给学生一滴水，自己要有一桶水"。身为教师，若要胜任传道授业解惑之职，自身首先要有真学问、真本领。专业课教师教书育人，必须掌握两种看家本领，一种是专业知识，一种是马克思主义理论。专业课教师不仅要能系统掌握本专业领域的基础理论知识，也要涉足学科专业前沿问题和重大课题，在课堂教学中既能讲清楚学科发展脉络，又能讲清楚自然科学的内在逻辑，还能讲得通专业知识在解决经济社会发展现实问题时的关键作用。要学活悟透马克思主义理论中蕴含的思想精髓，把握好事物发展的本质规律，才能在课堂上旁征博引给学生以启迪。这就要求专业课教师要通过参加学术会议、开展科学研究、钻研业务学习、关注学术前沿动态，持续更新自身专业知识储备，保持持续的学习劲头和学习热情，在实现自我提升的同时，也能给学生起到表率、模范作用。

（二）专业课教师要提高人文素养

教师的人文素养不仅是提升教师自身形象的要求，更是促进学生心理健康成长的需要。人文素养可以区分为三个不同层面，即人文知识、人文态度和人文精神。作为专业课教师，不仅要具备扎实的专业知识，还需要拥有对生命及个人独特价值的尊重、对人的整体性的认同、对自然和文化传统的关怀、对不同观念的宽容、对群体合作生活的真诚和热情等人文素养。当前多数理工科院校专业课教师，因长期学习和教学习惯，精力主要集中于专业知识学习和专门技能习得，整体呈现人文素养不高的现实状况。这就要求专业课教师要制定个人学习计划，广泛涉猎人文社会科学知识，认真学习教育学、心理学、社会学、艺术学、美学等学科知识，通过与哲学社会科学教师交流思想、旁听哲学社会科学课程、参与丰富的社会实践活动等方式，提高自身人文素养。同时，提高思想觉悟，以阳光积极的心态向学生传授知识，教书育人，传承人类优秀文明成果，积极向学生传播正能量。不仅如此，专业课教师还要在教学中大胆地进行实践，在课后及时反思总结。只有所思，才有所悟，最后才能有所得。

（三）专业课教师要提高道德修养

教师是天底下最光荣的职业，是人类灵魂的工程师。古人云，学高为师、身正为范。因此，具备高尚的道德修养是身为人师的首要条件。从古至今，这也一直是衡量教师素质的重要标尺。尤其是立德树人过程中的专业课教师主体，必须把道德修养作为教师资格的首要标准，将其定为师德底线。子曰："其身正，不令而行，其身不正，虽令不从。"专业课教师作为学生传道授业解惑之师，必须自律要严，人格要正，以高尚的道德品质和修养潜移默化隐性育人。专业课教师要努力提高自身修养，对照好老师"四个标准"和"六方面"要求，严格自律，且要推己及人，言谈举止皆应为学生树立典范，以便更好地担当起助力学生健康成长的指导者和引路人的责任。专业课教师要做到"课上课下一致、校内校外一致、网上网下一致"，以渊博的学识赢得学生的尊重，以高尚的人格赢得学生的敬仰，做学生喜爱的人。专业课教师要严谨治学，敬畏科学，以德立教，以身示范，以己育人，一言一行做到为人师表。

三、增强专业课教师育人要素转化融入能力

人才培养的质量是衡量专业课教师教书育人的重要标准，立德树人是衡量学校办学水平的根本标准。专业课教师能否将专业知识转化为育人资源，在教学过程中融入育人要素，把知识能力转化为育人的实际效果，这是发挥专业课教师育人功能的关键，因此必须提高专业课教师育人过程中的转化融入能力。

（一）专业课教师要提高将知识教育与道德教育相融合的能力

专业课教师教书育人，不是简单的知识和理论灌输。尽管专业课教师更加注重知识的传授和技能的培养，但是专业课教师绝不是简单的"搬运工"。他们要在教书育人的过程中结合学生的实际特点，将知识转化为学

生易接受、能吸收的知识养分和能力技能。这就要求专业课教师要具备知识转化能力，要善于发现和挖掘学科专业课程蕴含的育人要素，寻找专业知识和价值观培育的契合点，将思想引领和价值观培育融入专业教学。专业课教师在具体的教学实践中，要注意结合本专业在我国社会主义建设中的成就和当前要解决的重大问题，要把进行辩证唯物主义、历史唯物主义的教育同阐明本专业的理论、方法科学地结合起来，把严谨的治学态度和创新精神统一起来，把专业的知识转化为解决当代社会现实问题的实践能力。

（二）专业课教师要将媒体素养转化为育人能力

专业课教师的教学活动以现实社会发展为前提和基础。为了实现教书育人的职能，专业课教师就要针对学生的身心发展规律，结合时代特点，善于借助媒介力量，促进教书育人功能的发挥。当下，网络的迅速发展催生了新媒体这一传播新业态，也成为广大学生获取知识、关注时事、娱乐交往、日常生活的重要平台。基于此，专业课教师要提高自身新媒体素养，利用好新媒体平台，运用新媒体技术赋予图片、视频、文字等基本知识载体以生动的语言符号，提高专业知识学习的趣味性，进而使得自身在学习中获得专业知识和人生感悟。同时，专业课教师要更新话语表达方式，要讲学生讲的话，要用学生的语言来表达，把枯燥乏味的科学知识以学生喜闻乐见的方式形象表达出来，在提高学生学习效率的同时增进师生情感，进而达到育人之效。

（三）专业课教师要提升在实践中知行合一的能力

宋代学者朱熹强调："为学之实，固在践履。"习近平总书记指出："学习的目的全在于运用。"[①] 专业课教师增强本领能力的目的就是在实践中实

---

① 习近平：《在中央党校建校80周年庆祝大会暨2013年春季学期开学典礼上的讲话》，人民出版社2013年版，第10页。

现教书和育人的双重使命，要能发现育人中存在的瓶颈问题，带着问题学，在学中思考做的方法，在做中探索最佳方案，增强教书育人的实践本领，只有做到知行合一，才能学以致用，学用相长。专业课教师在实践中的知行合一还体现在课堂教学和日常生活的点点滴滴。专业课教师要始终保持为人师表、率先垂范的师者形象，要以严谨的治学态度、勇攀科学高峰的求知精神、笔耕不辍的钻研精神感染和引领学生。

第四节　创新专业课教师教书育人责任落实的方式方法

理工科院校专业课教师要通过岗前培训、在岗培训、教学能力专题培训以及自我学习等方式，不断加强自身的育人知识储备和育人技能训练。他们不仅要精通本学科的专业知识和技能，而且要熟练掌握马克思主义的基本立场、观点和方法。同时，专业课教师既要加强教育理论知识的学习，掌握人才培养的基本教育理念、思想政治教育规律和思想政治工作技巧，也要熟练运用各类教育教学方式方法，创新课堂教学模式，推进现代信息技术在教育教学中的应用。他们还要善于用巧妙的教学设计将思想政治教育内容完美地嵌入专业知识和技能中，贯穿课堂授课、教学研讨、实验实训、论文指导、课外实践等各个环节，使专业知识传授与思想道德教育紧密结合起来，从而真正贯彻落实专业课教师的教书育人责任。

一、善于挖掘专业课程蕴含的育人要素

深入挖掘育人要素是专业课教师教书育人责任落实的必要条件。各门学科专业知识包罗万象，不仅蓄含广博的科学知识，而且蕴含丰厚的道德滋养。《高校思想政治工作质量提升工程实施纲要》指出："要梳理各门专业课程所蕴含的思想政治教育元素和所承载的思想政治教育功能，融入课

堂教学各环节，实现思想政治教育与知识体系教育的有机统一。"① 因此，要在传授各学科的专业知识和专门技能的同时，充分挖掘学科专业课程中蕴含的思政要素和育人资源，结合课程特色，将理论知识点融入课程内容，并且要注意方式方法的使用，充分考虑学生的客观实际和思维特点，选择合适、恰当的载体进行宣讲。只有这样将其中的育人要素进行充分发掘，实现二者的有机结合，才能切实增强专业课教师教书育人实效，在提升学生专业知识本领的同时提升学生的思想政治理论素养。

（一）挖掘专业课程中蕴含的价值观念

专业课程蕴含丰富的价值观念，可以为社会主义核心价值观教育提供教育资源。党的十九大报告指出，社会主义核心价值观是当代中国精神的集中体现，培育和践行社会主义核心价值观，要以培养担当民族复兴大任的时代新人为着眼点。② 这就要求，理工科院校立德树人应当把社会主义核心价值观教育作为重中之重。就当下理工科院校教育教学过程中的社会主义核心价值观教育而言，思想政治理论课和哲学社会科学课无疑是绝对的主阵地，而专业课程的教学却鲜少涉及。这主要是因为思想政治理论课和哲学社会科学课具有明显的政治倾向性和价值引导性。当然，这也并非就意味着专业课不具备开展社会主义核心价值观教育的土壤和条件。其实，专业课程中也蕴藏着丰富的价值观教育内容，只不过一定程度上带有隐蔽性。因而，理工科院校专业课教师要善于梳理和发现专业课程中蕴含的价值观念，将其转化为教育教学过程中价值观教育的育人资源。要结合理工类学科专业特点，在纵横比较、爬梳剔抉中找准专业知识与社会主义核心价值观相融通的结合点。比如可以把航母、火箭、导弹、核武器等专业的新成果与科技强国的国家战略相结合，可以把太阳能、风能、地热

---

① 《中共教育部党组关于印发〈高校思想政治工作质量提升工程实施纲要〉的通知》，教育部，http：//www.moe.gov.cn/srcsite/A12/s7060/201712/t20171206_320698.html。

② 《十九大以来重要文献选编》（上），中央文献出版社 2019 年版，第 30 页。

能、核能等能源动力领域的新技术与生态文明的发展理念相结合，激发青年学生科技报国的热情。所以，专业课教师要充分挖掘专业课程中蕴含的思想观念，进而将其转化为教学过程中的育人资源，引导学生树立正确价值观念。

（二）挖掘专业课程中蕴含的人文精神

专业课程中蕴含着丰富的人文精神，可以为提高学生的人文素养提供滋养。马克思曾说："在科学上没有平坦的大道，只有不畏劳苦沿着陡峭山路攀登的人，才有希望达到光辉的顶点。"[①] 任何一门学科的创立和发展，都是无数先辈在生产实践中不断发现问题、分析问题、解决问题的经验总结，这其中闪耀着科学家为了追求真理而奋斗的精神光芒。这应当成为激励当代青年艰苦奋斗、开拓创新的精神力量，应当成为专业课程教学的重要内容。然而，多数专业课教师在教学过程中对于学科发展历程、前人的艰辛付出等内容只是作为课程学习的课外知识，三言两语一带而过。殊不知，相比之下，这些内容比具体的公式、定律等更能触动学生最深处的灵魂。因此，理工科院校专业课教师在讲明白课程专业知识的同时，还应挖掘其中蕴含的人文精神。比如，实事求是、求真务实、开拓创新的科学精神，敬业、精益、专注、创新的工匠精神，特别能吃苦、特别能战斗、特别能攻关、特别能奉献的载人航天精神，等等。专业课教师还可以结合专业课程中学科发展史、代表人物的突出贡献、专业领域的最新成果等知识点，把无数科学家汇集而成的人文精神融入其中，转化为生动的育人资源，激发学生艰苦奋斗、敢于创新、勇于攻关，培养学生踏实严谨、耐心专注、吃苦耐劳、追求卓越的优秀品质。

---

① 《马克思恩格斯全集》第43卷，人民出版社2016年版，第13页。

（三）挖掘专业课程中蕴含的专业伦理

专业课程中蕴含着丰富的专业伦理，可以为学生个体社会化提供必要的道德规范。马克思曾指出："人的本质不是单个人所固有的抽象物，在其现实性上，它是一切社会关系的总和。"[①] 强调了社会性是人的本质，人的价值只有在社会实践中才能实现。大学生作为社会主义建设者和接班人，最终是要投入社会实践中去的。当然，因所学专业不同，所进入的社会领域会有所不同，但无论从事哪个行业，都必然以一定的社会道德规范为准则，这就需要大学生在校期间接受专业伦理教育。所谓专业伦理教育，就是以社会行为中人与人之间应遵守的道德规范和职业规范的教育活动为基本方式，按照社会要求进行相关的培养。因此，专业课教师应当挖掘专业课程中蕴含的专业伦理并在教学实践中将其转化为帮助学生掌握道德规则的重要内容。这就要求专业课教师要针对不同专业的学科特点，挖掘内蕴的专业性职业伦理操守和职业道德，比如，包含生命伦理、基因伦理、生态伦理、新材料伦理、信息伦理等在内的科技伦理，同时能够正确、合理地把这些资源要素巧妙融入教育教学过程，能够更好地提高学生道德素养。

（四）挖掘理工科专业蕴含的科学思维

马克思主义认为，真理是人们在认识世界和改造世界过程中形成的规律性认识。理工类各门学科专业知识就是人们在改造世界的实践中通过发现问题、分析问题和解决问题的持续反复积淀而成的规律性认识，其中蕴含着丰富的科学思维。比如，物理学通过研究自然界各种元素的运动规律、相互作用、存在状态和结构层次，在科研实验的基础上形成了热学、光学、力学、电学、磁学等为内容的知识体系，引发了人类社会生活的极

---

① 《马克思恩格斯选集》第 1 卷，人民出版社 2012 年版，第 135 页。

大变革，其中蕴含的在科学实验中发现真知的思维方法，也为人们解决现实问题提供了重要途径。再如，化学通过研究物质的组成、结构、性质以及变化规律，带来了从手工生产到社会化大生产的变革，不仅创造了丰富的社会物质文明成果，也为人们提供了认识世界的重要方法。从当下的专业课教学看，专业课教师十分注重专业知识的讲授和专业能力的培养，但忽视了这些科学思维蕴含的思想政治教育力量，忽略了科学思维跨学科应用的本来属性。科学思维不仅适用于对自然科学的研究，也同样适用于人文社会科学的问题解决。由此，专业课教师要吸取挖掘学科专业蕴含的科学思维，积极推广解决社会问题的有效方法和为人处世的基本法则，培养学生的科学思维和理性心态。比如，可以从工程类专业中挖掘系统思维帮助学生掌握分析社会问题的系统分析方法；可以从计算机类专业中挖掘算法逻辑帮助学生形成区块链技术时代的计算思维；也可以从生物类专业中通过把握自然界发展生态思维帮助学生找到人与自然和谐共生的治理路径。从某种程度上而言，这些科学思维方法都可以成为专业课教师专业教学的育人资源。

二、善于创新教书育人的话语表达

当前部分理工科院校的专业课教师虽然具有一定育人意识，但缺乏育人艺术，话语表达方式有待创新。有的专业课教师在对学生进行思想政治教育时采用的方式方法相对简单生硬，容易将育人过程与专业知识传授割裂开来，不能将专业课中蕴涵的思想政治教育要素有机地融入其教育教学活动中，达到融会贯通、润物无声的效果，容易使学生产生抵触情绪和逆反心理，降低专业课教师教书育人责任落实的成效。专业课教师应该熟谙理工科大学生的沟通表达方式，摒弃照本宣科、声无平仄的枯燥说教，用学生常用的语言和惯用的思维方式把结构严谨的学理逻辑、复杂无序的规律推演生动化、形象化，让学生听得懂、听得进、愿意听、想去听，进而才能在知识传授中把家国情怀、工匠精神等融入其中，提升育人艺术，实现润物无声的育人效果。

（一）专业课教师要运用可视化的表达方式

当前我们的社会进入信息化时代，手机等移动客户端的快速发展使得人们形成了随时随地阅读接收信息的习惯。人们对图片、视频等可视化表达方式的接受程度远高于普通文字。尤其是当前的大学生群体，作为网络时代的"原住民"和"弄潮儿"，时时刻刻都在被虚拟情景展现出来的信息所包围。特别是理工科专业的学生，更加适应图表等可视化信息所体现出来的科学理性的思维方式。依托大数据技术形成的图形图像可以更加直观形象地表达育人要素，使其更具有真实可靠性，有助于增强说服力，提升育人效果。因此，理工科院校专业课教师在专业课教学中不仅要注重用图表等方式表达传授专业知识，更要注重利用专业优势，运用计算机图形学和图像处理技术，将中国特色社会主义建设中取得的与其专业相关的成就用数据表达出来，从而在专业课教学中传播正确的观点和思想，以数据、事实来阐述中国特色社会主义道路的合理性、科学性、优越性，增强学生对中国特色社会主义的道路自信、理论自信、制度自信和文化自信。

（二）专业课教师要运用故事化的表达方式

用故事讲道理是教书育人的重要方法之一，"讲好中国故事，传播好中国声音"不仅是媒体宣传领域的任务，也是理工科院校专业课教师应该具备的能力。将枯燥平淡的专业知识进行故事化的表达更容易吸引学生的注意力，是年轻一代喜闻乐见的表达方式。习近平总书记在论及治国理政的重大问题和理论时，也常常引用大量的故事来表达自己的观点，其中的故事涉及古今中外，覆盖面十分广泛。人民出版社还将其汇集成册，出版了《习近平讲故事》一书。习近平总书记讲故事的方式为专业课教师落实教书育人责任提供了重要启示。一方面，专业课教师可以将专业知识背后的故事讲给学生，深化学生对专业知识的理解和掌握；另一方面，专业课教师还可以把专业知识中蕴含的育人要素融入故事讲述中，使学生在生动形象的故事里潜移默化地接受教育，熏陶心灵。此外，专业课教师还应注重关照当前"00后"这一代青年学生群体的兴趣爱好，利用动漫、影视、游戏等形式提升故事化表达的效果。

（三）专业课教师要运用批判化的表达方式

受文化多样化和社会信息化的影响，当代大学生有便捷的渠道可以接收到各种社会思想观念和价值导向。这种情形一方面为青年学生开阔眼界、了解世界带来了便利；另一方面也导致错误思潮和虚假谣言很容易侵蚀学生心灵，给教育者的正确引导带来挑战。尤其是理工科院校的学生，在学习理工科专业知识时，可以更多地接触世界上先进的科学技术和理论观点。但是也正因如此，西方反华势力常常利用青年学生的思想意志薄弱等弱点恶意引导大学生，向其灌输错误思想，使其出现政治认同虚化、信仰迷失、价值观混乱等问题。同时，近年来，网络历史虚无主义借助自媒体和网络圈群，肆意蔓延。他们打着"揭秘""戏说"历史的幌子，以调侃戏谑的网络话语方式任意裁剪和拼贴历史事件、任意丑化和抹黑英雄人物，企图达到歪曲历史真相、解构历史事件、颠覆人们价值观、动摇人们民族观的目的，这在大学生群体中产生了极大负面影响。面对虚假信息、政治和社会谣言以及一些话语承载的错误思潮，理工科院校专业课教师必须使用批判式的话语，把握底线，敢于亮剑。专业课教师要提升科学地批判错误思潮的能力，并不是利用批判式话语表达直接给出批判性的结论，而是要进行"科学性地批判，辩证分析问题，合理对待各类思潮的进步与落后"[①]，从而在专业课教学过程中引导学生树立正确的理想信念和价值观念。

[①] 曹金龙：《马克思恩格斯批判错误思潮的方法与启示》，《思想教育研究》2017年第10期。

三、善于运用灵活多样的育人方法

教书育人方法是教师通过一定手段和方式实现教书育人目标的办法，是教书育人质量的决定性因素。毛泽东曾指出："我们不但要提出任务，而且要解决完成任务的方法问题。我们的任务是过河，但是没有桥或没有船就不能过。不解决桥或船的问题，过河就是一句空话。不解决方法问题，任务也只是瞎说一顿。"① 当下理工科院校专业课教师教书育人的主要方式是"知识本位、教师主导、灌输为主"的填鸭式教育模式。虽然这种方法能够充分利用有限时间传授知识，但背离了教育本真的育人追求。因此，找到正确的教学方法是促进专业课教师教书育人责任落实，提升教书育人实效的重要途径。

（一）倡导"对话式"育人法

"对话式"育人是提高教书育人质量的有效方法。这是批判教育理论家保罗·佛来雷提出的强调在教书育人中通过师生对话交流让学生学有所获的教学方法。从本质上讲，就是彻底改变以知识搬运移植为主的传统教学模式，激发学生从被动式学习转变为主动式参与的内在动力，从而提高教书育人的实际效果。落实到专业课教师的教书育人实践中去，除了用好课堂提问和课堂讨论的传统对话模式外，更为关键的是要给予学生"与大师对话"的机会。故而，专业课教师要能立足专业领域，把知名学者、学术大咖请进课堂，让学生既掌握专业技术知识又能了解学科领域最前沿的学术问题，激发学生勤奋好学的求知欲的同时拓展视野。要把行业领域的精英骨干请进课堂，讲述从职场新人到行业精英的蜕变历程，让学生了解专业发展前景找到前进的方向，并启迪学生明悟美好的未来要靠自己坚持不懈奋斗的人生智慧。要把本校的教学名师请进课堂，以他们数十年如一

---

① 《毛泽东选集》第一卷，人民出版社1991年版，第139页。

日对科学的热爱和对教育的奉献，感召学生的家国情怀和道德修养。此外，更要把思想政治理论课教师请进课堂，换一个视角诠释专业课程教书育人的价值和方法。

（二）倡导"体验式"育人法

"体验式"育人是增强教书育人实效的关键一招。人最真实的知识须靠自身的体验得来，靠自身体验得来的知识，才能发展成智慧。[①]"体验式"育人法就是在专业教书育人中，结合教学实践，引入、创设具体场景和氛围，以学生的情感体验，促进知识理解和心理发展的方法。这种方法是破解理工科院校专业课教师教书育人中单纯说教的有效方法。落实到具体实践中，专业课教师要借助先进的仪器设备，以情景模拟创设科学发现的历史场景，通过学生感官上的亲历，激发其追求真理的内在动力。要注重科学试验，尤其是机械加工、磨具设计制造、钢铁淬炼等操作性强的专业课程，更要把课堂搬进实验室，让学生在具体的实践中经历从失败到成功的过程，启发学生百炼成钢的人生智慧。要鼓励学生结合自身实际和专业特点，选择恰当的教学内容，要求学生在自我学习的过程中提出问题并回答问题，或者在课堂讨论中阐明观点，以培养学生应有的科学思维。要注重社会实践，专业课教师要择机把教书育人的范围拓展至与专业相关的企业车间，在知识传授和现场观摩中感悟企业文化、职场法则，升华个人对社会的认知。

（三）倡导"生活化"育人法

"生活化"育人是增强教书育人实效的重要方法。美国教育家杜威提出"教育即生活"，我国教育家陶行知进一步提出"生活教育理论"。也就是说，生活即教育，社会即学校，教学做合一。从根本上说，"生活化"

---

① 黄武雄：《童年与解放》，首都师范大学出版社 2014 年版，第 44 页。

育人就是把专业知识和学生现实生活相结合的育人方法。它要求专业课教书育人中的师生从单纯的书本知识中走出来，在运用知识解决现实社会问题的思考中获得思想和精神力量。这也是理论应用于实践的本质要求。因此，专业课教师推行"生活化"育人方法提高教书育人的实际效果，就要把本学科的专业知识与人们现实生活中的实际问题相结合，以问题意识提高学生兴趣，以头脑风暴法训练学生分析问题和解决问题的思维能力，从而让学生在接受知识习得技能的同时，能够增强运用所学知识解决实际问题的能力，提高综合素养。

第五节　拓展专业课教师教书育人责任落实的渠道阵地

习近平总书记在全国高校思想政治工作会议上指出，要坚持把立德树人作为中心环节，把思想政治工作贯穿教育教学全过程，实现全程育人、全方位育人，努力开创我国高等教育事业发展新局面。[①] 这便明确了高校所有人、各项工作都要开展思想政治工作的要求。因此，专业课教师不仅要把握好课堂教学这一教书育人的主阵地、主渠道，还要将教书育人责任落实贯穿到社会实践、学生活动、科技竞赛等各个方面。故而，专业课教师落实教书育人责任，要在占领课堂教学主阵地的同时，不断拓展其他阵地，形成教书育人的有效体系。

一、在课堂教学中落实教书育人责任

课堂教学是专业课教师教书育人的主要阵地。习近平总书记在全国高校思想政治工作会议上指出，要用好课堂教学这个主渠道，思想政治理论课要坚持在改进中加强，提升思想政治教育亲和力和针对性，满足学生成

---

① 《习近平谈治国理政》第二卷，外文出版社 2017 年版，第 376 页。

长发展需求和期待，其他各门课都要守好一段渠、种好责任田，使各类课程与思想政治理论课同向同行，形成协同效应。① 这就说明，专业课对学生人生观、世界观和价值观的塑造也有重要作用，理工科院校专业课教师要在课堂教学中融入思想政治教育。德国教育家赫尔巴特认为："教学如果没有进行道德教育，只是一种没有目的的手段，道德教育，如果没有教学，就是一种失去手段的目的"②。苏联教育家凯洛夫曾提出："教学与教育是互相渗透的，教学具有教育意义，而教育的许多任务是要通过教学来实现的"。然而从当前的实际情况看，理工科院校部分专业课教师在发挥专业课堂教学育人问题上意识不强，甚至有些专业课教师在专业课程教学时，脱离生动的中国实践和中国问题，不讲马克思主义的"真经"，习惯于"西天取经"，不仅不能育人，反而唱反调，逆向而行。因此，落实立德树人根本任务，履行教书育人的双重责任，理工科院校必须用好课堂教学主渠道，切实提升专业课教师课堂教学育人的实际效果，寓育人于专业课堂教学，实现知识传授和价值引领同频共振，发挥润物无声的隐性教育功能。

（一）明确课堂教学育人的目标定位

2014 年 9 月，习近平总书记在同北京师范大学师生代表座谈时指出："好老师应该懂得，选择当老师就选择了责任，就要尽到教书育人、立德树人的责任，并把这种责任体现到平凡、普通、细微的教学管理之中。"③对理工科院校专业课教师而言，就是要在课堂教学实践中履行教书育人、立德树人的责任。

---

① 《习近平谈治国理政》第二卷，外文出版社 2017 年版，第 378 页。
② ［德］赫尔巴特：《普通教育学·教育学讲授纲要》，浙江教育出版社 2001 年版，第 238 页。
③ 习近平：《做党和人民满意的好老师——同北京师范大学师生代表座谈时的讲话》，《人民日报》2014 年 9 月 10 日。

第一，专业课教师在课堂教学教书育人过程中要找准身份定位。高等学校所有教师都负有育人职责。《教师法》中明确提到"促进学生在品德、智力、体质等方面全面发展"为教师应当履行的义务①。《关于进一步加强和改进大学生思想政治教育的意见》中也提到："高等学校所有教师都负有育人的职责……广大教师要将思想政治教育融入大学生专业学习的各个环节，渗透到教学、科研和社会服务的各个方面。"② 显然，教书育人是所有教师义不容辞的责任使命，所有教师不仅要教好书，也要育好人。因此，理工科院校专业课教师要认真学习党的教育方针政策，熟知教育法律法规，厘清教书和育人的双重职责定位，摒弃"教而不育""重教轻育"等错误思想，时刻铭记教书育人的使命，进而在教学实践中，甘当人梯，甘当铺路石，以人格魅力引导学生心灵，以学术造诣开启学生的智慧之门。③

第二，专业课教师在课堂教学教书育人过程中要找准课程定位。高等学校各门课程都有育人功能。社会主义大学与资本主义大学的本质区别，就在于它培养出来的学生具有社会主义觉悟，拥护共产党的领导，热爱社会主义祖国，努力为人民服务，刻苦钻研业务，立志为建设社会主义现代化强国而奋斗。④这是所有高校扎根中国大地办大学恪守不渝的基本准则，也是高校所有课程理应坚守的政治前提。因而，理工科院校专业课程作为学生人才培养的核心课程，不仅承担着教授专业知识和培养专门技能的职能，还承担着对学生进行思想政治教育的德育任务。列宁指出："在任何学校里，最重要的是课程的思想政治方向。这个方向由什么来决定呢？完

---

① 《新编教育法律法规规章》，外语教学与研究出版社 2016 年版，第 59—60 页。

② 《加强和改进大学生思想政治教育重要文献选编（1978—2014）》，知识产权出版社 2008 年版，第 267 页。

③ 习近平：《青年要自觉践行社会主义核心价值观——在北京大学师生座谈会上的讲话》，《人民日报》2014 年 5 月 5 日。

④ 《加强和改进大学生思想政治教育重要文献选编（1978—2014）》，知识产权出版社 2008 年版，第 4 页。

全而且只能由教学人员来决定。"① 所以，部分专业课教师持有的"专业课只管传授知识、思政课才管道德培育"观点从根本上犯了形而上学的错误。因此，专业课教师不仅要准确把握专业课程的功能定位，认清专业课程兼具知识传递和价值引领的任务要求，而且要遵循教书育人的规律，在人才培养方案修订、课程教材选定、课程目标设定、课程大纲制定等环节融入育人理念，确保专业课程"种好田""守好渠"。

第三，专业课教师在课堂教学教书育人过程中要找准课堂定位。课堂教学是教书育人的主要阵地，是高校立德树人的主渠道，是学生成人成才的主场所，应当"教"和"育"相容共生。然而，部分专业课教师单纯把课堂教学理解为传授知识的教学过程，或者将课堂教学的所有任务都归结为知识的传递和技能的培养，进而在教学设计、教学过程、教学考核等课堂教学的各个环节弱化了课堂教学的育人指向，使得课堂教学育人的效果大打折扣。故而，专业课教师能否把握课堂教学育人的本位功能，能否在课堂教学的全过程注重育人实效，是高校立德树人、教书育人责任落实的关键所在。这就要求，专业课教师在课堂教学中，既要注意讲述本专业在我国社会主义建设中的成就和当前要解决的重大课题，又要把进行辩证唯物主义、历史唯物主义的教育同阐明本专业的理论、方法科学地结合起来，把严谨的治学态度和创新精神统一起来。②

（二）加强课堂教学纪律的育人建设

课堂纪律是课堂教学得以正常进行、教学目的得以实现的重要保证。毛泽东曾指出："军队向前进，生产长一寸，加强纪律性，革命无不胜。"③ 突出强调了加强纪律的极端重要性。在课堂教学场域中，课堂纪律

① 《列宁全集》第45卷，人民出版社1990年版，第249页。
② 《加强和改进大学生思想政治教育重要文献选编（1978—2014）》，知识产权出版社2008年版，第71页。
③ 《毛泽东文集》第五卷，人民出版社1996年版，第194页。

也至关重要。在当下理工科院校的专业课堂教学中，学生迟到旷课、看课外书、听音乐、打游戏的现象十分普遍，严重影响了专业课教师教学热情和课堂教学的实际效果。因而，加强课堂纪律，是提高课堂教学育人效果的重要保障。

第一，理工科院校专业课教师要严格自律。俄罗斯教育家乌申斯基曾说过，教育的力量只能从人格的活的源泉中产生，任何规章制度，都不能代替教育事业中教师人格的作用。专业课教师作为课堂教学的主导者，其一言一行都会对学生产生直接的影响，这种影响不仅是对待学习的态度，还包括为人处世的道德修养。因此，理工科院校专业课教师抓课堂纪律首先要抓个人纪律。这就要求专业课教师不仅要博闻强识增长自身学识，而且要以德修身。也就是说，专业课教师要注重提高个人修养，包括提高个人思想政治素养、道德修养等人文素养，进而在课堂教学中能够言行一致。同时，专业课教师还要提高学术道德，遵守师德红线，不得在课堂教学中散播谣言，违背教学纪律。

第二，理工科院校专业课教师要严格要求学生。当前，"00后"正逐渐成为在校大学生的主体，他们理想信念正、道德意识强、文化认同高、学习能力强，但同时也存在自控能力差、利己倾向浓、自我中心强等问题。这就要求专业课教师严格要求学生在课堂教学的表现，使得学生借助管理的外力健康成长。然而，当前有些专业课教师却不以为然。讲台之上自说自话，全然不管不顾学生的实际反映，对于课堂之上学生的种种失范现象，不管不问。《三字经》中说："养不教，父之过。教不严，师之惰。"因此，专业课教师要做严师，培养学生纪律意识，提高学生遵规守纪的思想自觉。在开课第一课，不仅要讲清楚专业课程学习的目标和要求，更要讲清楚课堂纪律的各项要求。在具体的课堂教学过程中，要有真抓真管的决心和态度，对于违反课堂纪律的学生绝不姑息。同时，还要把学生的课堂纪律表现同课业成绩挂钩，增强威慑力。

第三，理工科院校专业课教师要以情动生。总体上看，多数学生有强烈的求知欲，能够在课堂教学中认真听讲，主要是一小部分学生不守纪律，专业课教师抓课堂纪律实际上就是抓部分问题学生。就教学管理实际看，对这部分学生空洞地说教收效甚微，甚至是警告、留校察看等处分有时候也未能达到预期效果。因此，只能另辟蹊径。著名的教育家夏丏尊说过，教育没有情感，没有爱，如同池塘没有水一样。没有水，就不能称其为池塘；没有情感，没有爱，也就没有教育。故而，专业课教师要学会用爱和真心、诚心等情感艺术来实现润物无声的育人效果。这就要求专业课教师在课堂教学中要能关注这部分问题学生，通过课下与辅导员、班干部、同学的沟通了解问题学生的基本情况，要主动找这些学生谈心谈话，拉近与他们的情感距离。要发现他们的优点予以肯定。要在课堂教学中，根据其学习基础提问问题，激发其学习兴趣和自信。要关心帮助其解决学习和生活中的实际困难。

（三）增加课堂教学育人的评价指标

教学评价是课堂教学活动的重要环节，科学的考核评价是增强课堂教学效果、改进教学质量的动力来源。当下理工科院校专业课课堂的教学评价，主体是学生、内容是专业知识、方式是考试。这种评价方式使得专业课教师在课堂教学中只关注知识传授效果，鲜少关注育人情况，不仅严重挫伤了专业课教师育人的积极性，也易导致课堂教学中教书和育人的脱节分离。故而，理工科院校专业课教师要着眼教学的育人指向，优化课堂教学评价，真正发挥科学评价的正向引导作用。

第一，要重构课堂教学评价标准。理工科院校要把育人要求明确为课堂教学评价标准的重要内容。教育的根本任务是立德树人，不仅要注重学生在知识与技能、过程与方法、情感态度与价值观层面的发展，也要注重学生的个体成长。教师的责任是教书育人，就是既要教书，也要育人。从这个角度看，教书和育人都是教师的工作范畴，对教师进行考核理应包括教书和育人双重效果的考查。1987 年，中共中央颁发《关于改进和加强高等学校思想政治工作的决定》指出，为了使广大教师真正做到教书育人，需要有相应的政策、制度做保证。对教师要进行全面考核，既包括教学的质量，也包括教书育人的情况。[1]2017 年，中共中央《关于加强和改进新形势下高校思想政治工作的意见》要求"在教师年度考核、职务（职称）评聘、评优奖励中，把思想政治表现和课堂教学质量作为首要标准"[2]。因而，理工科院校必须重构专业课教师课堂教学的评价标准，把课堂教学的育人情况纳入其中。具体来说，就是要把专业课教师在课堂教学中进行的理想信念教育、爱国主义教育、传统美德教育等方面的工作，确定为课堂教学评价的重要内容。

第二，要优化课堂教学评价机制。高校要建立切实可行的课堂教学评价长效机制。在课堂教学评价考核过程中，除了要坚持公正、公平、公开的基本原则外，还要构建由管理者、学生、同行等共同组成的多元评价主体，对课堂教学的实际效果进行全方位的考核。要建立由分管教学工作校领导牵头，教务处、人事处、学生处等部门共同参与的评价工作领导小组，具体负责专业课教师评价工作。要针对专业课教师的实际情况，把握好专业课教师育人的评价尺度，制定具体的考核办法。要围绕教书和育人两个方面，以学生座谈、问卷调查、同行评价等多种方式，考察专业课课堂教学的实际效果。要把专业课教师单学期、单学年、单门课程课堂教学的阶段性考核和每届学生整个大学阶段课堂教学的整体性考核相结合，确保考核评价的真实性和科学性。

第三，要用好课堂教学评价结果。教学评价的目的在于激励和引导专业课教师重视发挥课堂教学的育人功能。故而，要把课堂教学评价和专业教师的评优评先、职称职务晋升挂钩。对于既能教好书，又能育好人的优

---

① 《加强和改进大学生思想政治教育重要文献选编（1978—2014）》，知识产权出版社2008 年版，第 72 页。

② 《中共中央 国务院印发〈关于加强和改进新形势下高校思想政治工作的意见〉》，中国政府网，http://www.gov.cn/xinwen/2017-02/27/content_5182502.htm。

秀专业教师，除了按照绩效分配职称和奖励方案给予物质奖励外，还要公开表彰、培塑典范，在评优评先、职称职务晋升等涉及其个人利益和自身发展的关键节点给予倾斜，以此激发其育人的积极性和主动性。

二、在社会实践中落实教书育人责任

社会实践是高校人才培养的重要环节。大学生只有在学习科学文化知识的同时积极参加社会实践，更多地了解国情，了解社会主义建设和改革的实际，了解人民群众的思想感情，才能树立起为社会主义祖国而献身的信念，逐步锻炼成为有用人才。2020 年，中共中央、国务院印发的《关于全面加强新时代大中小学劳动教育的意见》明确指出："高等学校要注重围绕创新创业，结合学科和专业积极开展实习实训、专业服务、社会实践、勤工助学等，重视新知识、新技术、新工艺、新方法应用，创造性地解决实际问题，使学生增强诚实劳动意识，积累职业经验，提升就业创业能力，树立正确择业观，具有到艰苦地区和行业工作的奋斗精神，懂得空谈误国、实干兴邦的深刻道理；注重培育公共服务意识，使学生具有面对重大疫情、灾害等危机主动作为的奉献精神。"[1] 显然，社会实践是教书育人过程的重要部分，是理工科院校专业课教师落实教书育人责任的重要平台。社会实践可以让学生坚持学以致用、知行合一，使其不仅在实践中应用所学专业知识，更在实践中加强对国家和社会的认知，培养对人民的情感，从而练就过硬本领，站稳人民立场，投身强国伟业。这不仅是学生内化专业知识的过程，也是塑造理想信念的过程，更是专业课教师落实教书育人责任的最终目标。

马克思主义认为，实践的观点是辩证唯物论的认识论之第一的和基本的观点。[2] 人们只有通过实践实际地改造和变革对象，才能准确把握对象

---

① 《中共中央 国务院印发〈关于全面加强新时代大中小学劳动教育的意见〉》，中国政府网，http://www.gov.cn/zhengce/2020-03/26/content_5495977.htm。

② 《毛泽东选集》第一卷，人民出版社 1991 年版，第 284 页。

的属性、本质和规律，形成正确的认识，并以这种认识指导人的实践活动。① 因此，要想有所作为，加快个人成长进度，不仅要努力学习，而且也要多多参加实践活动。当前，就高校现有的社会实践看，除了团中央组织的全国大学生暑期三下乡社会实践活动外，还包括以志愿服务活动为主的其他社会实践活动。调研发现，在各类社会实践活动中，专业课教师参与度并不高，这也使得专业课教师教书育人的职责履行在一定程度上有所弱化。在全员、全过程、全方位的育人体系中，充分发挥社会实践的育人功能应当成为专业课教师普遍关注而且要有所作为的重要方向。

在高校深入开展丰富多彩的社会实践活动，增强大学生的社会体验，引导其深入思考理想信念问题，能够强化大学生理想信念教育效果。② 一方面，高校要把社会实践纳入人才培养的课程计划，拓宽实践教学渠道。专业课教师在课程设计时，要根据学科专业特点，结合工厂车间实习实践、实验室科学试验等方式，提高学生对课业的感悟和体验；另一方面，专业课教师应该主动参与学生暑期社会实践、志愿服务等各类实践活动，在此过程中指导学生提高社会实践能力。此外，要积极拓展校外实习基地，安排学生到行业领域的企业参观调研、顶岗实习，在具体的工作实践中提升自我。

三、在校园文化活动中落实教书育人责任

校园文化生活是青年大学生活的重要组成部分。从当前各高校的校园文化生活看，活动种类丰富、形式多样、各有特色，是对大学生进行思想政治工作的重要途径。一般来说，校园文化活动的组织者和实施者多为辅导员及各类政工干部，结合学校自身实际，围绕青年学生德智体美劳全面发展的培养目标，有计划地组织学生参与。而且，多数高校也将学生参与

---

① 《马克思主义基本原理概论》，高等教育出版社 2018 年版，第 61 页。

② 佟怡：《新形势下提升大学生理想信念教育有效性探析》，《思想政治工作研究》2017 年第 8 期。

校园文化活动的现实表现作为各类奖学金评定、党团评选的重要参考。所以，校园文化活动呈现出学生参与度高、活动覆盖面广等特征，不仅是学生校园生活的重要组成部分，也是高校思想政治工作的重要途径。遗憾的是，专业课教师对学生校园文化活动关注度低、参与少、重视不够，除了极少一部分教师会参与其中外，大多数专业课教师在校园文化活动中长期处于缺席状态，未能利用和发挥好校园文化活动育人的重要作用。按照全方位育人的实践逻辑，有必要把校园文化活动拓展为专业课教师教书育人的重要阵地。

　　校园文化活动是高校思想政治教育的重要载体，以青年大学生为主体，以校园环境为基础，通过丰富多彩的文化活动，提高青年大学生的文化素养和道德品质，以实现培养德才兼备、全面发展的人才目标。[①] 它主要包括文艺体育类、志愿服务类、文明礼仪类、学术论坛类等，是高校大学生最活跃、最丰富、最多样的载体。从新生入学教育到毕业前的欢送毕业生晚会，从各类爱国主义教育活动到优秀传统文化的经典诵读，从人文社科的礼仪素养到科技类的专业比评等校园文化活动都有其特定的组织形式、话语体系和主题内容。总体上看，这些校园文化活动更偏重人文社科，注重文化育人，旨在培养青年学生的人际交往、口语表达、文化传承、团结协作等人文素养。从当前理工科院校专业课教师实际看，专业课教师与学生专业相近、持续交往时间长、课业关系久等优势有利于其在校园文化活动中实施教书育人，但关键的问题在于有些专业课教师缺乏必要的人文素养能力。故而，专业课教师要认真研究大学生校园文化活动的种类、话语、方式、特征等，对照自身查找在校园文化活动中教书育人的差距，提高自身能力，这是基础和前提。

　　把校园文化活动拓展为专业课教师教书育人的重要途径，鼓励专业课

---

① 迟淑清：《论蕴含于高校校园文化活动中的隐形思想政治教育》，《黑龙江高教研究》2014 年第 2 期。

教师参与校园文化活动，并非要求专业课教师经常性参与各类校园文化互动，而是要求专业课教师要结合自身优势和学科专业有选择地参与其中。要优先选择与专业课程相近或相关的校园活动，优先选择自身感兴趣的校园活动，优先选择与自身特长相关的活动，这样才能发挥专业课教师的自身优势，在参与活动的过程中更好塑造良好的师者形象，赢得学生的钦佩和尊重，以便取得校园文化活动中的教书育人与课堂教学中的教书育人相得益彰的效果。

专业课教师在校园文化活动中教书育人主要表现为对学生活动的专业指导和个人示范的榜样作用。专业课教师要在校园文化活动中，尤其是对学生社团和学术交流活动要提供专业的指导和咨询服务，引导学生树立热爱科学、追求真理、敢于创新、勇于发表自己见解的理念。另外，专业课教师还要在与学生的活动交往中，保持应有的师者风度，以渊博的学识、严谨的品格、平易近人的风格等感化学生，为大学生树立典范。

四、在日常生活中落实教书育人责任

加强和改进大学生思想政治教育是高校推进立德树人各项工作的战略任务。在理工科院校开展大学生思想政治教育工作，不仅仅是思想政治理论课教师、辅导员的任务，专业课教师也应主动参与其中，自觉承担起促进大学生德智体美劳全面发展的时代使命。

当前，高校思想政治教育工作正在努力构建"全员、全过程、全方位"的育人体系。专业课教师作为理工科院校教师群体的绝大多数，具有与学生相伴时间长、与学生所学专业相近等优势，不仅能给予大学生更多学业上的指导，而且能够帮助学生完成学习这一天职任务。如此种种，都与大学生的学习和生活息息相关。因而，无论是从全员、全过程，还是从全方位看，专业课教师都理应成为理工科院校大学生日常思想政治教育工作的重要力量。从理工科院校思想政治教育的现状看，思想政治理论课教师和辅导员队伍相对较为薄弱，在学校各项工作安排中不受重视，理工科大学生人文素养总体偏低，这也要求必须充分发挥专业课教师的重要作用。另外，从专业课教师的具体工作看，无论是承担的专业课程教学，还是具体的知识传授过程，都不可能脱离育人工作单独进行。可见，参与大学生日常生活是理工科院校专业课教师落实教书育人责任的有效方式。

理工科院校专业课教师教书育人工作是一项系统工程，涉及大学生在校期间学习、生活、情感等方方面面，要让专业课教师真正参与到教师育人工作中并达到预期效果，就要把专业课教师融入教书育人工作的各个方面。一是学校层面要结合专业课教师参与教书育人工作的实际情况，完善各项制度。二是专业课教师要在课堂教学中融入德育内容。教学活动不仅是专业课教师的主要任务，也是学生参与的主要活动，专业课教师应在知识传授的过程中融入德育内容，在教书的过程中开展思想政治教育。但绝非把专业课上成思政课，故而专业课教师要掌握好一个度。三是专业课教师要主动担任班主任工作。目前，对于教师职称晋升，有的省份职称晋升文件中明确规定要有学生辅导员经历。所以，理工科院校应积极探索专业课教师担任班主任的有效路径，可尝试"以专带兼""先培训后上岗"等模式，让专业课教师成为既能辅导专业学习又能指导生活实践的"双面手"。四是专业课教师要在学生成长发展的关键点上给予帮助。专业课教师要能充分利用自身资源给予学生一定帮助，尤其是要帮助学生解决学习、情感或成长中的实际困难。如在学生面临就业和考研选择问题上能够给予正确引导，在力所能及的范围内帮助学生联系升学导师或者提供就业岗位，帮助学生解决生活中的临时性经济困难等。五是专业课教师要走近学生。学生思想政治教育更强调春风化雨的渗透性，尤其注重心与心的沟通，这就要求专业课教师不仅要缩短与学生的距离，而且要实现心灵共鸣。所以，专业课教师要经常性关心关注学生，尤其是单亲家庭，或者性格内向的学生，主要通过谈心的方式，让学生感受到温暖。

理工科院校专业课教师教书育人责任落实是保障学生全面发展，成长为中国特色社会主义建设者和接班人的重要方式。因此，理工科院校及其专业课教师应总结经验成就，直面现存问题，借鉴吸收国外经验，发挥自身优势，优化育人方法，破解现实困境，切实落实自身的育人责任。概言之，只有在各方的共同努力下，"教书育人"才能不再只是空洞的口号，而是教育教学过程中最扎实的实践。

参考文献

1. 《马克思恩格斯选集》第 1—3 卷，人民出版社 2012 年版。

2. 《马克思恩格斯全集》第 1 卷，人民出版社 1956 年版。

3. 《列宁全集》第 45 卷，人民出版社 1990 年版。

4. 《列宁全集》第 40 卷，人民出版社 1986 年版。

5. 《毛泽东文集》第一卷，人民出版社 1993 年版。

6. 《毛泽东选集》第一——四卷，人民出版社 1991 年版。

7. 《邓小平文选》第二卷，人民出版社 1994 年版。

8. 《中华人民共和国法律》，人民出版社 2018 年版。

9. 《马克思主义基本原理概论》，高等教育出版社 2018 年版。

10. 《毛泽东著作专题摘编》（上），中央文献出版社 2003 年版。

11. 《毛泽东著作专题摘编》（下），中央文献出版社 2003 年版。

12. 《十八大以来重要文献选编》（上），中央文献出版社 2014 年版。

13. 《十八大以来重要文献选编》（下），中央文献出版社 2018 年版。

14. 《加强和改进大学生思想政治教育重要文献选编（1978—2014）》，知识产权出版社 2008 年版。

15. 《党的十九届四中全会〈决定〉学习辅导百问》，党建读物出版社、学习出版社 2019 年版。

16. 习近平：《决胜全面建成小康社会 夺取新时代中国特色社会主义伟大胜利——在中国共产党第十九次全国代表大会上的报告》，人民出版社 2017 年版。

17. 《新编教育法律法规规章》，外语教学与研究出版社 2016 年版。

18. 全国十二所重点师范大学联合编写：《教育学基础（第二版）》，教育科学出版社 2008 年版。

19. 全国人民代表大会常务委员会法制工作委员会：《中华人民共和国法律汇编(1990-1994)》（下），人民出版社 1996 年版。

20. 中共中央文献研究室：《社会主义精神文明建设文献选编》，中央文献出版社 1996 年版。

21. 杨伯峻：《论语译注·雍也第六》，中华书局 1980 年版。

22. 扬雄：《法言·学行》，中华书局 2012 年版。

23. ［德］黑格尔：《美学》，商务印书馆 1981 年版。

24. ［美］哈瑞·刘易斯：《失去灵魂的卓越》，侯定凯等译，华东师范大学出版社 2012 年版。

25. ［苏］苏霍姆林斯基：《给教师的建议》（上），教育科学出版社 1980 年版。

26. ［德］赫尔巴特：《普通教育学·教育学讲授纲要》，浙江教育出版社 2001 年版。

27. 纪宝成：《中国大学学科专业设置研究》，中国人民大学出版社 2006 年版。

28. 冯刚、沈壮海：《中华人民共和国学校德育编年史》，中国人民大学出版社 2010 年版。

29. 湖南省教育厅：《高等教育学》，湖南大学出版社 2005 年版。

30. 冯刚：《改革开放以来高校思想政治教育发展史》，人民出版社 2018 年版。

31. 冯建军：《当代主体教育论》，江苏教育出版社 2001 年版。

32. 瞿葆奎：《教育学文集·教学》，人民教育出版社 1988 年版。

33. 黄武雄：《童年与解放》，首都师范大学出版社 2014 年版。

34. 习近平：《在中国科学院第十九次院士大会、中国工程院第十四次院士大会上的讲话》，人民出版社 2018 年版。

35. 《习近平在全国教育大会上强调 坚持中国特色社会主义教育发展道路 培养德智体美劳全面发展的社会主义建设者和接班人》，《人民日报》2018 年 9 月 11 日。

36. 习近平：《青年要自觉践行社会主义核心价值观——在北京大学师生座谈会上的讲话》，《人民日报》2014 年 5 月 5 日。

37. 《习近平主持召开学校思想政治理论课教师座谈会强调 用新时代中国特色社会主义思想铸魂育人 贯彻党的教育方针落实立德树人根本任务》，《人民日报》2019 年 3 月 19 日。

38. 《习近平在全国高校思想政治工作会议上强调 把思想政治工作贯穿教育教学全过程 开创我国高等教育事业发展新局面》，《人民日报》2016 年 12 月 9 日。

39. 习近平：《做党和人民满意的好老师——同北京师范大学师生代表座谈时的讲话》，《人民日报》2014 年 9 月 10 日。

40.《习近平首次点评"95 后"大学生》,《人民日报》2017 年 1 月 3 日。

41.《中共中央 国务院关于全面深化新时代教师队伍建设改革的意见》,《人民日报》2018 年 2 月 1 日。

42. 习近平:《在纪念五四运动 100 周年大会上的讲话》,《人民日报》2019 年 5 月 1 日。

43. 习近平:《在纪念马克思诞辰 200 周年大会上的讲话》,《人民日报》2018 年 5 月 5 日。

44.《中共中央 国务院关于加强和改进新形势下高校思想政治工作的意见》,《光明日报》2017 年 2 月 28 日。

45. 习近平:《在北京大学师生座谈会上的讲话》,《人民日报》2018 年 5 月 3 日。

46. 习近平:《在全国党校工作会议上的讲话》,《求是》2016 年第 9 期。

47. 陆国栋:《发展迅速 成果卓著——70 年我国理工科院校发展变迁分析》,http://www. hie.edu.cn/perspective_12580/20200103/t20200103_994358.shtml,2020 年 1 月 3 日。

48. 冯刚:《改革开放四十年中国高校教书育人的发展与展望》,《上海交通大学学报》(哲学社会科学版)2019 年第 2 期。

49. 张苗苗:《习近平关于教书育人的重要命题》,《思想教育研究》2019 年第 4 期。

50. 秦德祝:《高校教师教书育人原则新探》,《高等函授学报》(哲学社会科学版)2011 年第 5 期。

51. 王长瑞:《把思想教育融入教书育人工作当中》,《品牌研究》2014 年第 5 期。

52. 郑永廷、林伯海:《教书育人规律及其遵循对策研究》,《思想教育研究》2017 年第 6 期。

53. 焦洁庆:《理工科院校大学生思想政治状况及其优化》,《学校党建与思想教育》2017 年第 12 期。

54. 肖香龙、朱珠:《"大思政"格局下课程思政的探索与实践》,《思想理论教育导刊》2018 年第 10 期。

55. 林志凯:《术与道:从工匠精神到科学精神》,《福州大学学报》(哲学社会科学版)2017 年第 6 期。

56. 赵旻:《中华优秀传统文化育人功能与价值的创造性转化》,《思想教育研究》2018 年第 8 期。

57. 任燕红:《大学功能整体性的内在构成》,《国家教育行政学院学报》2018 年第 4 期。

58. 成尚荣:《立德树人与教师发展的新境界》,《西北师范大学学报》(社会科学版）2020 年第 5 期。

59. 杨晓慧：《高等教育"三全育人"：理论意蕴、现实难题与实践路径》，《中国高等教育》2018 年第 18 期。

60. 汪劲松、张炜：《西北工业大学：推动思政课程和课程思政同向同行》，《中国教育报》2021 年第 8 期。

61. 黄蓉生、胡红梅：《高校落实立德树人根本任务关键课程若干论域》，《思想教育研究》2021 年第 8 期。

62. 李海娟：《新时代高校实践育人路径探析》，《思想理论教育》2021 年第 8 期。

63. 黄兆信、张中秋、赵国靖、王志强：《英国高校创业教育的现状、特色及启示》，《华东师范大学学报》（教育科学版）2016 年第 2 期。

64. 布超：《改革开放 40 年高校教书育人的基本经验论析》，《思想教育研究》2018 年第 11 期。

65. 康秀云、郜厚军：《国外高校师德建设的实践特质、内在逻辑及经验借鉴》，《东北师范大学报》（哲学社会科学版）2016 年第 6 期。

66. 潘文军：《论专业课教师在高校立德树人中的作用》，《教育现代化》2018 年第 40 期。

67. 迟淑清：《论蕴含于高校校园文化活动中的隐性思想政治教育》，《黑龙江高教研究》2014 年第 2 期。

68. 吴爱华、侯永峰、杨秋波等：《加快发展和建设新工科，主动适应和引领新经济》，《高等工程教育研究》2017 年第 1 期。

69. 叶民、孔寒冰、张炜：《新工科：从理念到行动》，《高等工程教育研究》2018 年第 1 期。

70. 李琦、徐亦斌：《新工科背景下材料学科育人体系的构建》，《中国大学教育》2019 年第 3 期。

71. 姚林群、郭元祥：《新课程三维目标与深度教学——兼谈学生情感态度与价值观的培养》，《课程·教材·教法》2011 年第 5 期。

72. 孙美荣：《牛津大学教学评价的特色与启示》，《重庆高教研究》2014 年第 6 期。

73. 任小琴、程廷廷：《中美大学教师发展中心比较研究》，《中国高等教育评估》2017 年第 2 期。

74. 邓嵘：《世界一流大学教师发展中心的运作模式及启示：以帝国理工学院为例》，《黑龙江高教研究》2019 年第 9 期。

75. 崔骋骋：《英国高校教师发展的"楷模"——剑桥大学教师个人与专业发展中心的经验与启示》，《比较教育研究》2016 年第 2 期。

76. 张桂春：《国外教师职业道德建设的经验及启示》，《教育科学》2001 年第 1 期。

77. 康秀云、郗厚军：《国外高校师德建设的实践特质、内在逻辑及经验借鉴》，《东北师范大学报》（哲学社会科学版）2016 年第 6 期。

78. 马廷奇、吴佳欣：《麻省理工学院教师的教学责任及其保障机制》，《现代大学教育》2017 年第 1 期。

79. 杜智萍：《今日牛津大学本科导师制的特点及启示》，《现代大学教育》2006 年第 6 期。

80. 黄亚生、张世伟：《充满创意的"工厂"——美国麻省理工学院创新创业模式揭秘》，《中国科技奖励》2015 年第 7 期。

81. 胡剑、张妍：《麻省理工学院创新创业教育课程体系建设特点研究》，《高教探索》2019 年第 12 期。

82. 张宇鹏、郭宝龙、赵韩强、李亚汉：《新进教师教学能力提升方法探讨——以西安电子科技大学为例》，《中国电子教育》2015 年第 4 期。

83. 王艳、刘宇鹏：《高校课程思政改革路径研究——以西安电子科技大学通信工程学院为例》，《中国农村教育》2020 年第 15 期。

84. 梁双杰、李超、李栋、陈强：《全员育人理念下本科生"全程导师制"模式的探索与实践——以西安电子科技大学为例》，《西部素质教育》2020 年第 2 期。

85. 吴琼、郝爽：《"三全育人"在思政工作中的运用——以大连理工大学为例》，《管理观察》2019 年第 15 期。

86. 崔强、侯庆敏、胥吉萍：《高校思想政治工作质量提升路径探析——以大连理工大学实施"九大计划"为例》，《北京教育（德育）》2019 年第 10 期。

87. 冯晓丽：《人才培养质量：内涵式发展与"双一流"建设的和谐变奏》，《高教探索》2019 年第 4 期。

88. 林雯：《工匠精神融入新时代高校师德建设的实践探索》，《学校党建与思想教育》2019 年第 14 期。

89. 王海威、王伯承：《论高校课程思政的核心要义与实践路径》，《学校党建与思想教育》2018 年第 14 期。

90. 李海娟：《新时代高校实践育人路径探析》，《思想理论教育》2021 年第 8 期。

91. 蔡小春、刘英翠、顾希垚等：《工科研究生培养中"课程思政"教学路径的探索与实践》，《学位与研究生教育》2019 年第 10 期。

92. 王艺璇、滕洪辉等：《新工科背景下"环境学导论"课程思政教学改革路径探索》，《西昌学院学报》（社会科学版）2020 年第 1 期。

93. 隋江华：《船舶与海洋工程领域专业学位硕士研究生工程伦理思政课程建设》，

《教育教学坛》2019 年第 48 期。

94. 俞磊、吴成海等：《大思政教育背景下软件工程课程思政教学改革探索与实践》，《西昌学院学报》（自然科学版）2020 年第 1 期。

95. 徐启江、周波、闫海芳：《将"课程思政"理念融入"植物发育生物学"课程教学的实践探索》，《中国林业教育》2019 年第 4 期。

96. 姜兴家、杜太利等：《轮机工程专业"课程思政 + 混合式学习"专业课教学设计——以"船舶动力装置技术管理"课程为例》，《航海教育研究》2020 年第 1 期。

97. 谢兆辉、焦德杰、李学贵等：《穿石于滴水，润物在无声——生物化学课程思政建设的实践与探索》，《生命的化学》2020 年第 5 期。

98. 刘九庆、李博：《思政教育融入工业设计专业教学的研究与实践——以东北林业大学为例》，《设计艺术研究》2020 年第 2 期。

99. 高灵通、袁建强等：《让生理学课堂思政飘香——〈生理学〉课程思政教学的理论与运用初探》，《医学教育研究与实践》2020 年第 2 期。

100. 赵炳坤：《理工科院校专业课教师教书育人的困境与突破》，《廊坊师范学院学报》（社会科学版）2020 年第 4 期。

101. 曹金龙：《马克思恩格斯批判错误思潮的方法与启示》，《思想教育研究》，2017 年第 10 期。

102. 佟怡：《新形势下提升大学生理想信念教育有效性探析》，《思想政治工作研究》2017 年第 8 期。

103.《中共中央 国务院印发〈深化新时代教育评价改革总体方案〉》，中国政府网，http: //www.gov.cn/zhengce/2020-10/13/content_5551032.htm。

104.《中共中央 国务院印发〈关于加强和改进新形势下高校思想政治工作的意见〉》，中国政府网，http: //www.gov.cn/xinwen/2017-02/27/content_5182502.htm。

105.《中共中央 国务院印发〈关于全面加强新时代大中小学劳动教育的意见〉》，中国政府网，http: //www.gov.cn/zhengce/2020-03/26/content_5495977.htm。

106.《中共中央 国务院印发〈深化新时代教育评价改革总体方案〉》，http：//www.gov.cn/zhengce/2020-10/13/content_5551032.htm。

107.《教育部关于印发〈高等学校课程思政建设指导纲要〉的通知》，教育部，http：//www.moe.gov.cn/srcsite/A08/s7056/202006/t20200603_462437.html。

108.《中共教育部党组关于印发〈高校思想政治工作质量提升工程实施纲要〉的通知》，教育部，http: //www.moe.gov.cn/srcsite/A12/s7060/201712/t20171206_320698.html。

后　记

习近平总书记在全国教育大会上指出："教师是人类灵魂的工程师，是人类文明的传承者，承载着传播知识、传播思想、传播真理，塑造灵魂、塑造生命、塑造新人的时代重任"①，教师要努力成为学生锤炼品格、学习知识、创新思维和奉献祖国的引路人。这要求所有教师必须履行教书育人的责任和使命。作为教师群体的重要组成部分，理工科院校的专业课教师不能只做传授书本知识的"教书匠"，而应做将知识传授和思想教育相结合的"育人师"，成为塑造学生品格、品行、品味的"大先生"。作为理工科院校思想政治教育一线工作者，本书作者深感有责任为提高理工科院校专业课教师教书育人实效尽微薄之力。

本书聚焦"理工科院校专业课教师教书育人责任落实"这一主题，厘清了理工科院校专业课教师教书育人责任落实的科学内涵、基本特征、关键要素和重要意义，通过问卷调查和深度访谈等实证研究准确概括了当前我国理工科院校专业课教师教书育人责任落实的现实状况，全面分析了理工科院校专业课教师教书育人责任落实的优势及面临的机遇

---

① 《习近平在全国教育大会上强调 坚持中国特色社会主义教育发展道路 培养德智体美劳全面发展的社会主义建设者和接班人》，《人民日报》2018 年 9 月 1 日。

和挑战，归纳梳理了国内外理工科院校专业课教师教书育人责任落实的典型做法和成功经验，从使命意识、本领能力、方式方法、渠道阵地和制度保障等五个方面系统探讨了理工科院校专业教师教书育人责任落实的路径与运行模式，提出要激发专业课教师正确认识教书育人的科学内涵、树立培养时代新人的责任担当和争做"大先生"的责任意识，增强专业课教师的价值引领和育人能力，使其能够善于挖掘专业课程蕴含的育人要素，并通过大学生易于接受的话语表达和育人方法在课堂教学、社会实践、校园文化活动、日常生活中落实好教书育人责任。同时学校层面要强化立德树人的制度设计理念、完善教书育人责任落实的制度体系、构建合理的教书育人长效机制，为专业课教师教书育人责任落实提供制度保障。当然，上述研究是否准确，还需各位专家指教，更需要付诸实践检验。

本书主要由张红霞教授、于成文教授、王维才教授、盛佳伟教授共同完成。其中，第二、四、七章由张红霞教授撰写，第一章由张红霞教授、王维才教授撰写，第三、五章由于成文教授、杜嘉庆副教授撰写，第六章由盛佳伟教授、刘震讲师撰写。全书由张红霞教授统稿、修改及审定。在本书写作过程中，得到了众多良师益友的支持和帮助。北京科技大学的彭庆红教授、张颖教授、董春阳教授和潘洪涛副教授等对本书的选题立意和谋篇布局提出了许多宝贵意见。另外，北京科技大学马克思主义学院研究生张道明、孙振、赵金、钱秋蓉、张克克、李明、张婧梅、刘剑等也在本书的修改、校对及问卷调查等过程中付出了大量的时间和精力，保障了本书的顺利完成。同时，本书依托北京社科基金项目暨2018年度首都大学生思想政治教育研究战略重点课题"理工科院校专业课教师教书育人责任落实研究"展开研究，参考借鉴了众多前人的研究成果。本书的出版还得到了人民出版社和北京科技大学党委宣传部、马克思主义学院、科学研究院的大力支持。在此，谨向为关心和支持本书出版的各位领导和专家学者致以最真挚的谢意。

囿于作者研究领域及学术水平，本书对理工科院校专业课教师的研究可能还存在一些问题，有待进一步思考和探讨，恳请各位专家、学者批评指正。

张红霞

2022 年 3 月

责任编辑：邓浩迪

封面设计：汪　莹

版式设计：吴　桐

图书在版编目（CIP）数据

理工科院校专业课教师教书育人责任落实研究／张红霞，于成文等 著 .—
　　北京：人民出版社，2022.11

ISBN 978 - 7 - 01 - 025135 - 6

I.①理… II.①张… ②于… III.①理科（教育）- 高等学校 - 教师 -
社会责任 - 研究 - 中国 ②工科院校 - 教师 - 社会责任 - 研究 - 中国

IV.① G645.1

中国版本图书馆 CIP 数据核字（2022）第 185142 号

理工科院校专业课教师教书育人责任落实研究

LIGONGKE YUANXIAO ZHUANYEKE JIAOSHI JIAOSHU YUREN
ZEREN LUOSHI YANJIU

张红霞　于成文　等　著

人民出版社 出版发行
（100706　北京市东城区隆福寺街 99 号）

中煤（北京）印务有限公司印刷　新华书店经销

2022 年 11 月第 1 版　2022 年 11 月北京第 1 次印刷
开本：710 毫米 ×1000 毫米 1/16　印张：16
字数：226 千字

ISBN 978 - 7 - 01 - 025135 - 6　定价：70.00 元

邮购地址 100706　北京市东城区隆福寺街 99 号
人民东方图书销售中心　电话（010）65250042　65289539